행복의 철학사

Philosophie der Lebenskunst

국립중앙도서관 출판시도서목록(CIP)

행복의 철학사 : 삶의 기예에 대한 철학 / F. 펠만 지음 ; 최성환 옮김. -- 서울 : 시와진실, 2012
p. ; cm

원표제: Philosophie der Lebenskunst
원저자명: Ferdinand Fellmann
독일어 원작을 한국어로 번역
ISBN 978-89-90890-43-6 93100 : ₩15000

서양 철학사[西洋哲學史]

160-KDC5
190-DDC21 CIP2012005466

행복의 철학사
- 삶의 기예에 대한 철학적 성찰

2012년 11월 23일 초판 1쇄 인쇄
2012년 11월 30일 초판 1쇄 발행

지은이 F. 펠만
옮긴이 최성환
펴낸이 최두환
펴낸곳 도서출판 시와진실
등 록 제2-2389호(1997. 6. 11)
주 소 서울시 동작구 상도1동 557
전 화 (02) 813-8371
전 송 (02) 813-8377
이메일 ambross@hananet.net

ISBN 978-89-951746-43-6 93100

Philosophie der Lebenskunst

행복의 철학사

- 삶의 기예(技藝)에 대한 철학적 성찰

F. 펠만 지음

최성환 옮김

시와 진실

역자 서문

독일어 책 제목(*Philosophie der Lebenskunst*)에 포함된 'Lebenskunst'의 번역어를 선택하는데 어려움이 있었다. 독한사전에는 'Lebenskunst'의 번역어로 '인생의 지혜'와 '처세술'이라는 두 표현만 존재한다. 그러나 이 둘은 모두 절반의 진리만을 담고 있다. '인생의 지혜'는 너무 고상한 표현이라 삶의 현장과는 거리가 멀어 거부감이 생길 것 같고,처세술은 뭔가 철학의 격格과 어울리지 않을 것 같은 선입견이 있다. 이 책의 저자인 페르디난트 펠만(F. Fellmann)이 기술적 지침을 제공하는 처세술 Klugheitslehre, Lebenstechnik 이라는 표현을 별도로 사용하기에, 이 책에서는 현실 문제를 해결하는 '기술技術의 차원'과 자기실현으로서의 '예술藝術의 차원'을 모두 포괄한다는 의미에서 'Lebenskunst'를 '삶의 기예技藝'로 표기하기로 했다. 지금까지 내세운 철학의 고상함이 결코 철학의 역할에 대한 시대의 요구를 담아낼 수 없다는 성찰에서 '처세술'이라는 표현에 미련이 없었던 것은 아니다. 그러나 인간의 행복이 단순히 세상에 잘 적응하는 기술技術에 국한될 수 없다는 생각, 즉 인간은 삶의 가치를 '창조적으로' 만들어가는 존재라는 생각이 역자를 '삶의 기예'라는 표현으로 기울게 했다. 이런 고민이 행복 이야기와는 무관한 사치스러운 것처럼 보일지 몰라도 사실 여기에 본질적 물음이 포함되어 있다. 행복이 '기술' 혹은 '예술'의 차원에서 제시될 수 있는지, 행복이 '상태'인지 '목표'인지, '과정'인지 '부수효과'인지, 이런 복잡한 물음에 대해 아무도 쉽게 답할 수 없다. 그래서 고민은 깊어가고 행복에 대한 기대는 점차 멀어만 간다. 행복은 자신의 모습을 쉽게 드러내지도 명확히 그려지지도 않는, 결코 녹록한 상대가 아니다.

역자가 이 책을 번역하게 된 동기는 학문적 관심에서 비롯되었다. 2009년 늦은 여름 연구년을 맞아 역자가 공부했던 독일 본Bonn의 한 서점에서 이 책을 발견했을 때 묘한 기분이 들었다. 우선 펠만의 전공분야('해석학Hermeneutik', '삶의 철학Lebensphilosophie' 등)가 역자와 거의 일치한다는 점에서 흥미로웠다. 그의 전공분야에서의 연구가 자연스럽게 삶의 기예에 대한 관심으로 이어졌을 것이라는 생각에 이 책은 역자에게 새로운 전망을 제공해주었다. 이 책의 목적은 '삶의 철학Lebensphilosophie'과 '윤리학Ethik'을 융합하고, 올바른 삶의 길을 위한 생활세계의 토대를 제시하는 것이다.

'행복의 철학사'라는 제목을 보고 이 책을 접하게 될 독자는 곧 '실망'을 할 수밖에 없다. 이 책은 기대할만한 행복을 위한 직접적 지침을 담고 있지 않다. 이 책은 삶의 기예에 대한 '철학적 성찰'을 그 중심적 주제로 다루고 있다. 오히려 이 책은 '웰빙 시대'에 등장하는 무분별한 행복의 주장에 대한 경고를 담고 있다. 저자는 이 책이 소박한 행복의 기대를 파괴하고, 그러나 쉽게 실망하지 않는, 성찰적 행복의 경험을 위한 길을 마련해주기를 기대한다고 표현한다.

좋고 바람직한 삶에 대한 희망은 항상 인간의 희구의 대상이었다.

칸트가 철학의 본질적 물음이 궁극적으로 '인간이란 무엇인가?'라는 물음으로 귀결된다고 했다. 그렇다면 결국 인간 삶의 희망과 철학의 본질적 주제를 결합하면 그것은 '(인간) 행복의 철학'이 될 것이다. 현실을 떠나서는 안 되겠지만 철학은 현실 속에 안주하고 있는 인간들에게 다소 당혹스러운 해법을 제시하고 자신의 지평을 확장하라고 요구한다. 스페인 사상가 그라시안(B. Gracian, 1602-1658)은 행복을 찾기 전에 먼저 자기 자신을 냉정하게 성찰하라고 주문한다. 이른바 '환멸의 체험desengano'을 거쳐야만 인간과 사회에 대한 올바른 이해가 가능하다. 그런 의미에서 '행복의 철학사'는 인간의 입장에서 '고통스러운 자기극복의 역사'이다.

그렇다면 우리는 어디서 행복을 구할 수 있는가? 그 보다 먼저 행복이 무엇인가? 그게 무엇인지 알아야 찾을 것이 아닌가! 가톨릭 순교성인인 로마의 보에티우스(Boethius, 480~524)는 『철학의 위안』에서 사람들이 물고기가 필요하면 바다로 가고, 포도 줄기에서 보석을 기대하진 않지만 행복은 엉뚱한 곳에서 찾고 있다고 한탄하고 있다. 세상이 어지럽고 혼란스러울수록 많은 사람들은 철학을 포함한 인문학에 '뭔가' 기대하곤 한다. 사실 철학에 별로 해 준 것도 없이 이러한 기대를 피력하는 것은 적어도 현실 '안에서'는 적절한 해법이 보이지 않는다는 자기고백일 수도 있다, 물론 철학이라고 별 수 있겠는가 하는 조금은 '조소적 체념'도 섞여 있겠지만! 정말 묻고 싶은 것은 세상 사람들이 '철학의 권고'를 수용할 자세가 되어 있는지 여부이다. 철학사에는 수많은 '답'들이 제시되어 있다. 때로는 소극적으로, 때로 적극적으로, 때로는 우주적 관조 속에서, 때로는 일상적 삶 속에서 철학은 적절한, 그러나 결코 쉽지 않은 '행복의 길'을 그려주었다. 그럼에도 그런 길을 선뜻 따라나서지 않은 이유는 무엇일까? 행복이 마트에서 물건 구입하듯 그렇게 쉽게 얻을 수 있는 것이 아니라고 생각하는 분들도 철학의 권고는 외면한다. 철학이 하루하루 그렇게 살아가는 것이 바로 행복이라고 말하면 그들은 아마도 '더 큰 행복', '진정한 행복'을 요구할 것이다. 어차피 철학의 답은 선택하는 자에게만 가치가 있다. 철학을 포함한 인문학은 '인간의 영혼을 돌보는 학문'이다. 인문학이 필요하지 않다고 하는 사람은 영혼의 존재를 부정하거나, 영혼을 돌볼 때 생기는 고통을 두려워하거나 둘 중의 하나일 것이다, 그러나 영혼의 존재를 부정하며 인문학의 필요성을 부인하는 사람에게도 '부정하고 선택하는 영혼'은 존재하는 것이 아닐까!

살아가는 인간에게 자신의 삶에서 자기 고유의 행복을 찾는 방법 이외에 그렇게 많은 선택이 주어진 것은 아닌 것 같다. 모두가 자기 행복을 찾아 떠나야 하며, 이 때 우리는 철학이 제공하는 선의의 안내를 기대할 수 있다. 그러나 푸코는 "담론은 삶이 아니며, 그것의 시간은 너희의 시간이 아니다"라고 설파하고 있다. 바둑을 배우기 위해 바둑 정석을 익혀야 하지만 실력을 키우기 위해서는 정석을 무시할 줄도 알아야 한다. 무엇보다도 삶 자체가 '행복의 보고寶庫'이다, 물론 그것이 고통의 심연深淵일 수도 있겠지만!

마지막으로 이 책의 번역에는 많은 분들의 도움이 있었다. 2010년 1학기 대학원 수업에서 학기를 마치고도 고달프게 이 번역의 앞부분을 같이 읽었던 대학원생들, 2010년 중앙대 자유 인문캠프의 <2010 자기 교육 운동. 해방의 인문학>에서 '행복의 철학사'를 수강하신 분들께 감사의 마음을 전한다. 또한 칸트 부분을 검토해 주신 맹주만 교수님, 참고

문헌 작업과 인명색인 작업을 도와준 김항아, 특강의 파워포인트 자료를 준비해준 최정아에게 감사를 표한다. 아울러 역자에게 많은 격려를 해주시는 도서출판 <시와 진실>의 최두환 교수님의 도움으로 이 책이 나오게 되었다는 것도 기억되어야 할 것이다.

재작년 봄 사랑하는 어머님(朴奉伊, 1920~2010)께서 세상을 떠나셨다. 평생을 자식을 위해 헌신하신 어머님에게 과연 행복은 무엇일까? 라는 생각에 마음이 아프다. 더욱이 자식도 아닌 남을 위해 희생하는 많은 분들에게 행복은 과연 무엇일까 하는 생각도 머리에 스친다. '헌신'과 '사랑'을 실천하신 분들께 이 책을 바친다.

2012. 9.

최성환

차 례

역자 서문 _5

서문: 삶의 기예의 철학은 무엇이며, 무엇을 위해 필요하며, 어떻게 가능한가

삶의 기예의 철학은 무엇인가? _16

삶의 기예는 철학적으로 무엇에 기여하는가? _20

삶의 기예의 텍스트를 학문적으로 다루는 것은 어떤 형태를 취하는가? _23

기예와 삶 _25

1. 철학체계에서 삶의 기예의 장소

1. 현존재의 은유로서의 자기창조자 _30
2. 의견과 인식사이에서 _31
3. 규범적 분과와 기예론 _33
4. 생활세계의 선험성 _34
5. 규범과 가치 _38
6. 철학적 인간학과 실존철학 사이에서 _40
7. 체계적 의도에서의 역사적 관점 _44

2. 헬레니즘의 개인주의: 행복에서 쾌락주의로

1. 소크라테스 이전의 성현의 가르침 _48
2. 소크라테스의 산파술 _51
3. 아리스토텔레스: 실천적 지혜의 체계수립자 _53
4. 에피쿠로스학파: 자기만족으로서의 자유 _56
5. 스토아학파: 자연에 순응하는 삶 _60
6. 전도서: "모든 것이 산들바람이니" _64
7. 헬레니즘 삶의 기예의 지도이념 _66

3. 르네상스의 휴머니즘에서 재발견한 삶의 기예

1. 기독교인의 삶 _70
2. 이탈리아 르네상스의 인본주의 _72
3. 르네상스의 인간 _74
4. 자기경험의 우위 _78

4. 도덕주의자들로부터, 윤리학과 삶의 기예를 분리하는 칸트까지

1. 도덕주의자들 _86
2. 그라시안: 환멸의 체험 _87
3. 프랑스의 도덕주의자들 _91
4. 도덕감 _94
5. 인간들과의 교제에서의 영리함 _96
6. 형식주의와 행복주의의 대결 _99
7. 칸트 이성 윤리학의 결함 _102
8. 세계지식과 인간지식으로서의 인간학 _105
9. 실용적 인간학의 불가피성 _109
10. 칸트의 답변 _111

5. 19세기 도덕심리학과 삶의 기예론

1. 시민적 삶의 형식으로서의 인륜성 _116
2. 공리주의 혹은 결과 평가의 기예 _117
3. 철학을 대신하는 세계의 변혁 _118
4. 심리학과 교육학 _119
5. 쇼펜하우어: 고통으로서의 삶 _120
6. 삶의 예지로 귀환하는 생철학 _123
7. 니체: 예술작품으로서의 삶 _128

6. 삶의 의미에서 사랑의 기예로
1. 철학과 치료 _136
2. 유용한 허구로서의 삶의 계획 _140
3. 존재를 위한 자유 _145
4. 삶의 기예를 위한 정신치료 모델 _149

7. 쾌락의 정원에서의 자기 돌봄
1. 성과 자기경험 _155
2. 푸코 계획의 한계 _159
3. 새로운 기초 놓기 _162
4. 철학적 삶의 기예에 대한 최근의 비판 _165
5. 삶의 기예의 철학으로서의 실용주의 _167

8. 넘치는 행복의 철학
1. 형식적 의미에서의 행복 _176
2. 현대적 의미에서의 행복 _181
3. 주관적 의미에서의 행복 _186
4. 후기 낭만주의의 기회원인론 _189

9. 삶의 기예의 상호문화철학
1. 신화에서 이성으로 그리고 회귀 _192
2. 합리성과 주체성 _193
3. 중국의 삶의 기예 _195
4. 인도의 삶의 기예 _199
5. 문화의 다양성과 삶의 기예의 통일성 _203
6. 다문화적 삶의 기예의 실천 _206

10. 삶의 기예와 삶의 철학의 수렴

1. 철학적 삶의 기예는 가능한가? _213
2. 삶의 생철학적 개념 _216
3. 삶과 시간성 _218
4. 시간 경험과 인격존재 _220
5. 카이로스와 크로노스 _222
6. 전통적 삶의 기예의 열린 물음으로서의 시간 _225
7. 세계 시간에서 생애로 _228
8. 생애와 삶의 시간 _231
9. 시간화의 규칙들 _234
10. 시간과 친숙하게 되는 것 _237

역자 해제 _243

참고문헌 _261

서 문

삶의 기예의 철학은 무엇이며, 무엇을 위해 필요하며, 어떻게 가능한가

Einleitung: Philosophie der Lebenskunst-Was? Wozu? Wie?

삶은 얼음과 같아서
남김없이 먹어치우지 않으면
남는 것이 아무것도 없게 된다.
_Charlie Brown

삶의 기예의 철학을 소개하는 책은 먼저 세 가지 물음을 해명해야만 한다. 첫째, '삶의 기예의 철학이 도대체 무엇인가'하는 것이다. 이 물음이 정당한 이유는 원리의 학문으로서의 철학은, 처신Lebensführung[1]을 위해 실천적으로 목표된 기예 혹은 기술과 아주 어렵게 조화를 이룰 수 있기 때문이다. 그러나 금방 이 철학이 잡종물이 아니라 하나의 유기적 전체라는 것이 드러나게 될 것이다. 둘째, '그러한 철학의 존재를 전제한다면 그것이 과연 무엇을 위해 좋은 것인가'하는 것이다. 좋은 삶을 위한 처방 이상의 것이 문제가 되고, 철학이 자신의 이론적 요구를 유지해야만 하기에 삶의 기예의 철학은 서로 대립적 물음들과 관계가 있는 것처럼 보인다. 이 책의 내용은 이 대립을 해소하고 조화를 창출하려고 노력

1 역자 주: 독일어 'Lebensführung'은 '생활태도', '처신, '품행' 등의 다양한 의미를 가지고 있다. 여기서는 대체로 처신으로 번역하고 경우에 따라 생활태도 혹은 품행으로 표기한다.

하게 될 것이다. 셋째, '삶의 기예에 관한 텍스트를 학문적으로 다루는 것은 어떤 형태를 취하는 가'라는 것이다. 삶의 기예에서는 일차적으로 실천적 목표가 중요하므로 텍스트를 순수하게 내재적으로 해석하는 것만으로는 아마 불충분할 것이다. 오히려 체계적 개념들이 자신의 실천적 중요성을 인식하게 만드는 맥락을 고려하는 어떤 방법을 찾아야만 할 것이다.

삶의 기예의 철학은 무엇인가?
Was ist Philosophie der Lebenskunst?

오래전부터 서점에는 어떻게 사람들이 자신의 삶을 잘 헤쳐 나갈 것인가에 대한 충고들을 담은 책들로 넘쳐흐른다. 가장 소박한 형식에서 텍스트들은 기술적技術的 본보기에 의거하는 방법을 취하고 있으며, 마치 삶이 인공물ein Artefakt인 것처럼, 자기실현을 위한 지침을 제공한다. 유통되고 있는, 삶의 기예를 담은 텍스트들의 다수가 당연히 높은 수준에서 논의를 전개한다. 스스로를 책임지는 방식으로 행위하는 존재로서의 인간에서 출발하여 이러한 텍스트에는 인격적 삶의 결단, 실존적 문제들이 중요한 의미를 가진다. 당연히 이 문제의 해결 가능성은 "모든 삶은 문제해결이다"라는 모토에 따라 원칙적으로 전제된다. 종종 유명한 삶의 기예에 관한 서적들은 '실현가능성Machbarkeit'의 한계에 대해 유의하도록 하며, 전문가들의 외부 도움을 권유한다. 그리하여 삶의 기예는 심리학자와 신경정신과 의사에 의해 추구되는 방식과 유사하게 상담자의 실천으로 옮아간다.

물론 사회에 만연하고 있는 철학적 "치료요법Therapeutisierung"의 경향을 조롱하는 것은 매우 쉽다. 그러나 그것은 너무나 단순한 일이 될 것이다. 주관주의가 수많은 사람들이 더 빈번하게 개인 상담을 필요로 하는 형식들을 만들어낸 게 분명하다. 게다가 대중적 삶의 기예의 배후에는 언제나 도덕적 가치관이 숨겨져 있기 마련이다. 만약에 '행복한', '훌륭한' 혹은 '성공한' 삶이 언급된다면 그것은 이기적 목표의 관철이라는 목적을 위한 단순한 처세술Klugheitslehre을 훨씬 넘어선다. 삶의 기예의 도움으로 얻게 된다는 행복은 보통 상업적이고 외적 재화와 구별하여 내적 가치로 여겨진다. 여기서 삶의 기예는 순수한 기술적 문제해결능력의 한계를 넘어서며, 더 이상 경험적으로 측정되지 않는 의미 발견의 공간으로 나아가는 지점에 도달하게 된다.

삶의 기예는 보편적 행동 규칙을 정식화하기 위한 조건들을 반성함으로써 철학적이 된다. 그와 동시에 인간존재Menschsein에 대한 또 하나의 관점이 통용된다. 그것은 바로 철학적 인간학이 '상징적 동물*animal symbolicum*'(카시러E. Cassirer)이라는 핵심적 표현으로 나타낸 것이다. 자신의 존재Sein가 자기의식에 종속된 본질Wesen로서의 인간은 처신을 위해 행위의 지도뿐만 아니라 자기 자신에 다가가는 통로 또한 발견해야만 한다. 여기서 삶의 기예는 일차적으로 해석의 기예, 일찍이 델포이 신전의 신탁이 '너 자신을 알라'*gnothi seauton, Erkenne dich selbst!*와 함께 요구하는 '자기의 해석학Hermeneutik des Selbst'이다. 행위와 자기인식이라는 인간의 이 두 가지 측면은 삶의 기예를 칸트의 의무윤리학에 의해 택해졌던 것처럼 규범의 논증이라는 엄격한 합리적 방식으로는 충분히 해결할 수 없는 과제와 직면하게 한다. 오히려 삶의 기예에 대한 철학적 반성은 주관적 관점과 객관적 관점이 서로 마주하고 있는 관계에 대해 해명해야만 한다. 그렇게 해야만 어떻게 규범들을 추종하도록 동기가 부여될 수 있는가라는 문제가 해결되기 때문이다.

철학적 삶의 기예가 절대적으로 타당한 도덕규범의 논증과 상관없는 것이라면 그것은 도덕철학의 측면에 대한 가치의식에서 철학적 윤리학에 속한다. 아마도 우리는 삶의 기예를 도덕적 판단형성의 선先학문적 형식으로서 "원형 윤리학Protoethik"으로 형용할 수 있을 것이다. 또한 우리는 태도의 윤리학Haltungsethik에 대해서 말할 수도 있다. 이것은 행위윤리학Handlungsethik과는 다르게 전인全人 der ganze Mensch을 그의 성격적이며 사회적인 제한에서 고찰한다. 인간의 욕구와 정당한 관심을 모두 인정하는 것은 일반적으로 삶의 기예가 자신의 안녕에 대한 염려에만 제한되어서는 안 된다는 점을 시인하는 것이다. 이런 염려를 위해서는 철학이 필요치 않을 것이며, 숙련성Geschicklichkeit의 규범을 제시하는 삶의 기예로 족할 것이다. 삶의 기예의 철학이 성립될 수 있기 위해서는 어떻게 행복과 도덕이 인간의 삶에서 서로 결합되어 있는가를 성찰해야만 한다.

삶의 기예를 담은 범례적 텍스트를 들라면 고대 덕 윤리의 거장들을 언급하는 것이 적당하다. 이 덕 윤리는 보편타당한 행복 개념으로부터 출발한다. 이 개념에는 대체로 두 극단을 조화시키는 중간자로서의 특정한 가치가 부가된다. 삶의 기예의 대상으로서의 행복은 또한 에피쿠로스에서 로마 스토아학파의 일원인 세네카까지 이르는 헬레니즘의 행복주의를 특징짓고 있다. 세네카는 삶의 행복을 인간 정념의 관점에서 조명하고 있다. 그의 『행복한 삶에 관하여』(*Vom glücklichen Leben*)는 풍부한 삶의 경험을 자기인식의 실천 형식으로서의 가치태도와 결합시키고 있다. 고대 삶의 기예의 재발견, 덕 윤리로부터 당위윤리의 분리, 그리고 덕 윤리의 복권이라는 굴곡진 역사를 지나서 삶의 기예는 20세기의 후반에 철학으로 확립되었다. 독일에서는 두 명의 저명한 대표자를 언급할 수 있는데, 한스 크래머(Hans Krämer)와 빌헬름 슈미트(Wilhelm Schmid)가 그들이다. 크래머는 1983년에 출판된 자신의 『개인윤리학의 복권을 위한 변론』(*Plädoyer für eine Rehabilitierung der Individualethik*)을 1988년의 『삶의 기예의 철학을 위한 변론』을 통해 보충했다. 『철학 정보』(*Information Philosophie*)에 실린 강연원고를 통해 '삶의 기예의 철학'이라는 개념이 탄생되었다. 이 개념을 슈미트가 동명의 책에서 마침내 유명하게 만들었다. 슈미트는 푸코(M. Foucault)에 연결해서 자신의 생각을 전개한다. 푸코는 『성과 진리』(*Sexualität und Wahrheit*)를 통해 전통적 덕 윤리에서 제대로 노출되지 못한 성적 충동이 중심되는 삶의 영역에로 '자기 돌봄Selbstsorge'의 방향을 돌렸다. 자신의 책들이 보여준 엄청난 성과를 통해 슈미트는 독일 출판사 쥬어캄프-문화Suhrkamp-Kultur 안에서 고유한 분야로 삶의 기예를 확립했다. 한편으로는 대중적인 상담서적에, 다른 한편으로는 학문적인 각 분야의 윤리학에 반하여 철학적 삶의 기예의 텍스트를 사회에 수용될 수 있도록 만든 것은 크래머와 슈미트가 이룩한 업적이다. 그렇게 하여 자신의 전제들을 반성하는 실천적 분과가 생겨났으며, 그것의 반성수준은 덕 윤리의 고대 거장들에게 필적할 만한 것이다.

삶의 기예는 철학적으로 무엇에 기여하는가

Wozu dient Lebenskunst philosophisch?

삶의 기예에 몰두하는 것이 무엇에 기여하는가? 라는 물음은 이미 개념을 통해 답해진 것처럼 보인다. 삶의 기예에서는 바로 삶의 문제들을 기예의 규칙들을 통해 해결하고, 인간에게 행복의 길로 안내해 주는 것이 핵심이다. 그러나 이것이 현실적 목표인가? 도움을 필요로 하는 사람들이 삶의 기예를 다룬 유명한 책을 통해 실제로 어떤 도움도 결코 받지 못한다는 것은 공공연한 비밀이다. 그러나 이것이 참고서가 완전히 무용지물이라는 것을 의미하지는 않는다. (역설적이지만) 이 책들이 스스로 제시한 약속을 일반적으로 지키지 못하기 때문에 불가피하다. 이 책들은 각자가 자신의 삶을 스스로 형성해야만 하고, 삶의 기예의 목표는 삶의 실행 자체에 놓여 있다는 통찰에 도달하게끔 도움을 준다. 그러나 동시에 용의주도한 혹은 전략적 합리성을 넘어서는 철학적 문제점들이 드러난다.

우리가 '무엇을 위하여Wozu'라는 삶의 기예의 유용성에 관한 물음을 진지하게 던지자마자 삶의 기예의 해명된 목표의 실현가능성이 불확실해진다. 마찬가지로 목표의 명확한 정의 가능성도 불확실해진다. 이러한 상황이 삶의 기예와 분리될 수 없는 행복 개념으로 인도한다. 삶의 기예는 행복을 향한 노력의 배경을 묻게 되고, 함축된 평가가 명확하게 될 때 철학적이 된다. 이 물음은 단지 행복하게 되기 위해 우리가 어떻게 행동해야 하는지 만을 묻는 것이 아니다. 특히 문제가 되는 것은 행복이 어디에서 성립하며, 행복이 삶에서 고유한 내재적 가치를 나타내는지 여부이다. 고유한 삶, 즉 개별적 삶의 경험이 삶의 기예의 대상이며, 그리고 그와 함께 생활태도의 규칙을 위한 유일한 척도인가? 누군가 이에 대해 명확한 해명을 얻게 될 때 비로소 철학적 삶의 기예의 유용성에 대한 물음은 첫 번째 대답을 제공받게 된다.

우리는 행복 대신에 '훌륭한' 혹은 '성공한' 삶에 대해 말할 수도 있다. 그러나 누가 사전에 그리고 보편적으로 이 삶이 어디에서 성립하는지 말할 수 있겠는가? 한 사람은 직업에서 성취를 이뤘을 때, 다른 사람은 행복한 가정생활을 이루게 되었을 때 자신의 삶을 성공한 것으로 간주한다. 삶의 기예의 목표에 대한 표상이 사람마다 다르다는 사실에 근거해서 그 유용성에 대한 물음은 형식적 답변을 요구한다. 물론 이 답변이 순수한 논리적 규범의 논증이라는 형식주의에서 종결될 수 없다. 우리는 인간에게 어떤 구속력 있는 삶의 표본이 상이한 시기와 사회적 조건 아래에서 제공되었고, 그로부터 어떤 보편타당한 행복 개념이 책임 있는 삶의 형성을 위해 생겨나는지 알고자 한다. 그러나 이것은 자기 경험의 길이 제시될 때에만 발견된다. 축약하면 삶의 기예의 철학은 행위 합리성과 자기 관계사이의 연관성을 해명하려는 목표에 기여한다.

일차적으로 삶의 기예에 대한 철학의 작업은 이론적 관심에 의해 인도된다. 여기에서 먼저 자기경험이 행위에 선행하는 것처럼 보인다. 그러나 철학자들은 금방 인간에게 행위는 자기 자신과 조우하는 최선의 길이라는 것을 발견했다. 자기 경험과 행위 능력은 상호 관계에 놓여 있다. 상호작용의 해명에서 철학적 삶의 기예는 합리적 규범의 논증을 명백히 능가한다. 도덕적 의무들이 자신의 충족가능성을 함축한다는 칸트의 신념은 동기부여의 문제를 일으킨다. 이 문제는 순수하게 형식주의적으로 해결될 수 없는 것이다. 칸트의 의무윤리학보다 더 강하게 삶의 상황들을 고려하는 철학적 삶의 기예에 관한 텍스트들은 직접적으로 규칙을 준수함으로써 목표에 도달하는 것으로 보지 않는다. 오히려 이 텍스트들에서는 간접적으로, 도덕적 행위가 저절로 따라 나오는 태도의 훈련이 중요하다. 삶의 기예의 유용성에 대한 물음은 이론과 실천 사이에서 독특하게 미결정 상태로 머물러 있다.

철학적 삶의 기예의 목표 가운데 하나는 도덕적 가치형성의 과정을 실천적 의도에서 해명하는 것이다. 상담이라는 틀을 벗어나 삶의 기예의 철학은 사실적 자기상自己像, Selbstbild을 획득하고 삶의 현실을 평가할 때 잘못을 깨닫도록 지도할 수 있다. 그렇게 보면 삶의 기예의 철학은 목적들의 이상생식異狀生息, Heterogonie[2]의 한 경우이다. 이 철학은 우리 삶의 위급을 해결하는데 기여하려고 한다. 그러나 이것은 직접적으로 보편타당한 원리들을 제시함으로써 이루어지는 것이 아니다. 오히려 이것은 간접적으로 우리 모두가 가치형성의 물음을 자기 자신을 위해 스스로 해결해야만 한다는 통찰로 인도함으로써 이루어진다. 이 통찰은 소박한 행복의 기대를 파괴하지만, 그를 통해 쉽게 실망하지 않는, 성찰적 행복의 경험을 위한 길을 마련해준다. 그렇게 철학적 삶의 기예는 성찰의 학문이 되고, 이 학문의 목표는 이론적 통찰과 실천적 삶의 실행을 안정적 자기가치 감정[3]으로 결합하는 것이다.

---

2 역자 주: 세대교번(世代交番)이라고도 부르는데, 생물에서 무성 생식을 하는 무성 세대와 유성 생식을 하는 유성 세대가 번갈아 나타나는 현상을 일컬음. 해파리, 진디, 선태류 따위에서 볼 수 있다.

3 역자 주 :자기가치감정(Selbstwertgefühl)은 '자존심'과 같은 의미로 사용된다.

삶의 기예의 텍스트를 학문적으로 다루는 것은 어떤 형태를 취하는가

Wie sieht ein wissenschaftlicher Umgang mit Lebenskunsttexten aus?

독자들이 대중적 삶의 기예의 텍스트들을 선택하는 방식은 그들이 보여주는 취향이 이끄는 특성에 의해 정해졌다. 조언을 구하는 사람들은 충고들을 소박하게 이해하고, 종종 이 충고들에 의해 그들의 삶이 인도되도록 허용한다. 권고들을 내면적으로 받아들이는 것은 집중력의 상이한 정도를 가정할 수 있다. 정서적으로 호소하는 안내 책자를 따르는 사람은 아마도 자신의 전체 삶의 태도를 변화시킬 수 있을 것이다. 그것은 특히 행복론에서 유심론적 배경과 함께 관찰될 수 있다. 예를 들면 이미 19세기에 쇼펜하우어에서 인식할 수 있는 불교의 순응이라는 유행과도 같은 흐름에서 볼 수 있다.

당연히 삶의 기예에 관한 대중적 텍스트들도 학문적 탐구의 대상일 수 있다. 그것은 지식사회학자 혹은 문화과학자의 과제인데, 이들의 관심은 내용보다는 사회적 전제들과 작용에 집중한다. 철학에서 텍스트들을 다루는 방식은 매우 차별화된다. 여기서 해석은 개념의 해명과 논증의 엄격함에 집중한다. 이때 비록 반성이 중요하다 하더라도 순수한 이론적 태도만으로는 충분하지 못하다. 왜냐하면 중요한 것은 윤리적 규범의 합리적 논증이 아니라 도덕적 상황을 기술하고 기초적 가치태도를 명확히 표현하는 것이기 때문이다. 그런 연유로 고대 후기의 도덕주의자들은 그들의 가치표상을 엄격한 형식으로 나타냈고 제자들이 암기해야만 하는 교리문답서로 작성했다. 우리는 헬레니즘의 삶의 기예에서의 이른바 도덕적 교화와 '훈련Abrichtung'에 대해 말할 수 있다.

오늘날 학문적 작업에서는 아무도 이런 방식으로 더 이상 철학적 삶의 기예의 텍스트와 관계하지 않는다. 그럼에도 불구하고 철학적 삶의 기예의 텍스트들의 해석은 특별함을 보여준다. 논리적 일관성과 개념적 명료성에 대한 물음과 병행해서 철학적 해석에서는 텍스트가 어떤 삶의 현실을 다루는지에 대해서 주의를 기울일 수 있다. 이것은 '하나의 읽기eine Lesart'를 요구한다. 이 읽기는 어느 정도까지 텍스트가, 도덕이 하나의 위치를 가져야만 하는, 삶의 현실의 발견과 이해에 기여할 것인가를 주시한다. 여기에서는 저자의 의도만이 아니라, 특히 그가 대부분 의식하지 못하는 자신의 사고의 전제들이 토론의 대상이 된다. 이 전제들은 해석적 혹은 해석학적 읽기를 요구한다. 윤리학과 해석학의 결합을 통해 삶의 기예의 텍스트에 대한 해석은 중요한 위치이동을 경험한다. 중요한 것은 확고한 도덕적 진리의 확립이 아니라 인간 행위의 다양한 해석가능성을 규명하는 것이다. 좀 과장해서 표현하면 철학적 삶의 기예의 텍스트들은 사람들이 스스로에게 부여하는 윤리 규범을 가진다. 동시에 절대적 해석의 임의성과 표준이 없는 다원주의가 변호되어져서는 안 된다. 오히려 삶의 기예의 텍스트들을 철학적으로 다룰 경우 무질서한 경험과 직관의 야생을 제약하는, 모범적 규준의 형성을 진작하는 것이 중요하다.

이 정도가 입문서의 의미에서 해명되어야 할 사전물음들이다. 분명한 것은 삶의 기예의 철학이 학문이론적으로 확립된 분과를 의미하지 않는다는 점이다. 여기서 철학 영역에서 이 분과의 체계적 위치는 이제 확보되어야만 한다는 결론이 도출된다. 이것이 성취될지 여부는 이제 드러날 것이다. 삶의 기예가 도대체 존재할 수 있는가에 대해 이미 고대의 회의주의자들이 표출했던 회의가 정당한 것으로 증명된다는 것이 전적으로 가능할 수도 있다. 또한 오늘날에도 철학적 삶의 기예의 계획에 반하는 회의적 주장들이 제기되고 있다. 이 주장들은 각각의 삶의 사정이 어떠한 보편타당한 행위규범을 허용하지 않는다는 것을 목표로 삼는다. 어떻게 삶의 기예의 현대철학이 이러한 사태들을 다루어야만 하는가?

기예와 삶
Kunst und Leben

오늘날 전개되는 논의의 상황을 살펴보면 윤리학을 세분화 시키는 결과를 가져온, 1980년대에 시작된 윤리학의 대유행 과정에서 응용윤리와 나란히 삶의 기예의 철학이 토의에 부쳐졌다. 윤리학의 영역에서 삶의 기예의 성공은 이것이 사회학의 개인화의 논제에 필적하는 것이었다는 것으로 환원될 수 있다. 이 논제는 현대에서 지속적으로 증가하는 성찰적 생활태도로의 강요를 서술한다. 탈세속적 생활세계에서는 모두가 자신의 삶을 스스로 조직하고, 자기 자신을 항상 되풀이해서 새롭게 고안해야만 하게끔 '단죄되었다verdammt'. 이것은 함정Netz에 빠진 잠재적 삶의 형식에서 새로운 성질에 도달한 경향이다. 이러한 상황에서 절대적으로 타당한 도덕적 법칙을 거부하는 융통성 있는 모델이 필요해졌다. 그 결과로서 삶의 기예는 원리적인 것과 작별을 고하고자 하는 자신의 경향에서 '융통성 있는 인간'에게 전형적 양식의 규범 윤리를 능가하는, 매력적인 것으로 부각되었다.

삶의 기예의 철학이 엄청난 인기를 구가하는 것에 대한 반작용은 금방 나타났다. 지난 몇 년 동안 삶의 기예의 계획에 대한 비판이 점점 더 고조되었다. 그 이유는 삶의 기예의 철학적 토대가 그 선구자들이 신뢰를 심으려고 한 만큼 수용될 수 있는 것이 아니기 때문이다. 삶의 기예에서 함께 사유되는 기예와 삶의 개념들뿐만 아니라, 궁극적으로 그것이 제시하는 철학 개념 자체가 해명될 필요가 있었다. 빌헬름 슈미트가(모두가 무엇보다도 자신의 감정을 향유하는 것을 목표로 하는) "아름다운 삶"을 삶의 기예의 목표로 설정했을 때, 삶의 기예에 관한 그의 책들이 계속해서 '일상적인 것을 다루는 저속한 작품Lebenskitsch'과 '안락함의 심리학Wohlfühlpsychologie'의 수준으로 저하되었다는 비난에 직면한 것으로 보이는 것은 놀라운 일이 아니다. 그래서 이제 삶의 기예의 철학적 차원을 학문적 합리성의 규준아래에서 시험할 시점에 도달했다. 이런 의미에서 이 입문서는 역사적 시각과 체계적 시각을 결합한다. 여기에서 중요한 것은 고대 삶의 기예의 복권이상의 것이며, '자기 돌봄Sorge um sich'이라는 푸코 계획의 연장선상에서 드러나는 현대의 개인주의의 증명 이상의 것이다. 이 입문서의 서술은 더 근본적으로는 철학적 삶의 기예의 정당한 체계적 위치를 도덕철학의 맥락에서 확고히 하고자 이론과 실천 사이의 긴장 영역으로서의 윤리학의 발전에 관심을 기울인다.

이 시도는 고대로부터 출발하여 삶의 기예의 현대철학을 지나서, '삶의 철학과 수렴하는 철학적 삶의 기예'라는 가능한 미래의 전망까지 전개되는 긴 여정을 내닫게 된다. 물론 삶의 철학은 20세기 초 여러 가지 이유로 불신에 빠졌다. 그러나 이것이 삶의 철학의 삶 개념이 선험적 주관의 의미공간보다 더 넓은 의미공간을 열었다는 점을 간과해서는 안

된다. 이것은 삶의 기예에 있어서 삶이 기예의 객체일 뿐만 아니라 그것의 주체라는 것을 의미한다. 따라서 '삶의 기예Lebenskunst'(또는 Kunst des Lebens으로도 풀어쓸 수 있는)는 삶이 기예의 객체*genetivus objektivus*일 뿐만 아니라 주체*genetivus subjektivus*라고 읽을 수 있다. 주체와 객체를 동시에 의미하는 '삶' 개념의 이중성과 함께 삶의 기예는 이론과 실천 그리고 사고형식과 삶의 형식이 그들의 공동의 교집합을 발견하는 성찰의 수준에 도달한다.

또한 여기에 관계하는 기예Kunst의 개념도 단순히 숙련의 의미에서의 기술Technik로 환원되지 않는다. 왜냐하면 비록 생애를 넘어서서 존립하는 삶의 작품이 있다고 하지만 그것이 삶 자체를 예술작품으로 만드는 것은 아직 아니기 때문이다. 예술작품으로서의 삶은 미학주의적 태도의 수사修辭에 속하며, 이 태도는 결코 실제적 삶의 실행의 무정함을 통해서도 은폐되지 않는다. 역사 과정에서 인간상과 함께 삶에 속하는 기예에 대한 이해도 변화되었다. 정치적 인간*homo politicus*의 항해술, 공작인*homo faber*의 수공업 기예, 상징적 동물*animal symbolicum*의 해석기예, 놀이하는 인간*homo ludens*의 연극기예, 그리고 마침내 "처세에 능한 사람들"[4]의 창백한 모습까지 등장했다.

주목할 만한 것은 비록 삶을 철저히 투쟁으로 형용할 수 있다는 것에 아무도 이의를 달지 않지만 오늘날 전술戰術의 이념이 배경으로 등장한다는 것이다. 이 투쟁은 다른 사람과의 투쟁뿐만 아니라 무엇보다도 자

4 'Lebenkünstler'는 '처세에 능한 사람'이라는 의미와 '삶을 지혜를 깨우친 사람'이라는 의미를 모두 갖고 있다. 여기서는 부정적이고 조소적 의미에서는 '처세에 능한 사람'이라고, 중립적 의미에서는 '삶의 기예가'로 번역한다.

기 자신과의 투쟁으로 형용된다. 이러한 차원이 서서히 사라지는 것은 아마도 의사소통적 행위의 합의주의Konsensualismus에 기인할 것이다. 이 행위에서는 근본적으로 긍정적인 "자기 자신과 친숙하게 됨Mit-sich-be-freundet-sein"으로서 자기 관계가 정의된다. 자기감정에 거리를 두고 자신을 자조와 함께 대면하는 21세기의 융통성 있는 인간의 만연된 무능력에는 시대정신에 부응하는 조화의 욕구가 숨겨져 있다. 이 욕구는 개인이 매일 자기 자신과 벌이는 투쟁을 통해 물론 거짓말로 입증된다. 이에 반해 삶의 기예의 개념에서 또한 권력요소로서의 기예를 그것의 형식적 강제와 함께 고려하는 것이 중요하다고 할 수 있다. 그런 다음에는 삶의 기예가 하나의 실행형식을 형용한다는 것이 분명해진다. 이 실행형식은 행위와 인내, 필연성과 자유, 친숙함과 소원함 사이에서 움직인다.

실행형식으로서 삶의 기예는 경험적 관점과 규범적 관점을 결합한다. 여기서 두 관점은 모두 똑같이 근원적이다. 이런 조건아래 삶의 기예의 철학은 자신의 윤리적 성격을 잃지 않으면서도 변화된 삶의 조건들에 적응할 수 있다. 여기에서 삶의 기예는 당위윤리학의 형식주의를 능가한다. 그 이유는 정언명법이 도덕적 가치 표상의 지속적 발전을 허용하지 않기 때문이다. 이에 반해 이성의 타당성 요구들과 경험의 가르침이 생철학적 관점을 통해 양립할 수 있다는 것이 드러난다면 삶의 기예는 철학으로서 하나의 기회를 가진다. 그런 방식으로 삶의 기예의 철학은 도덕철학적 성찰의 미래적 형식일 수 있다. 이 형식은 목적론적 윤리와 의무론적 윤리, 덕 윤리와 의무윤리, 심정윤리와 행위윤리, 인지주의Kognitivismus와 기술주의Deskriptivismus의 일상적 대립을, '보존하고' '높은 성찰의 단계로 가져간다'는 단어의 이중적 의미에서, '지양한다aufheben'.

제 1 장

철학체계에서 삶의 기예의 장소

Der Ort der Lebenskunst im System der Philosophie

이 책이 존재하지 않는, 아마도 존재할 수도 없는 어떤 것의 입문서가 되지 않도록 삶의 기예를 다룬 철학의 역사를 전개하기에 앞서 이 철학의 학문 이론적 위상이 명백히 확립되어야 한다. 서양의 고대 세계에서는 삶의 기술techne tou biou이 덕 윤리에 속했다. 합리적 규범의 논증으로서의 도덕철학에 대한 근대적 이해와 더불어 삶의 기예는 자신의 지위를 상실하게 되었고, 경험적 심리학과 정신치료로 분류되었다. 그로부터 20세기 후반에는 대중적인 상담자의 삶의 기예가 성장하게 된다. 그에 반해 "삶의 기예의 철학"은 경험적 처세술Lebenstechnik과 규범적 윤리의 융합, 즉 그 논리적 지위가 아주 어렵게 규정 가능한 하나의 종합으로 이해된다.

삶의 기예의 철학은 지식의 어떤 형식과 관계하는 것인가? 여기서 문제가 되는 것은 "정당화된, 참된 믿음"인가, 만약 그렇다면 이 정당화의 핵심은 무엇인가? 이런 물음에서는 도덕규범이 자연법칙의 표본에 따라 타당한 것이 아니라는 점이 고려되어야 한다. 오히려 중요한 것은 인간을 특정한 태도방식으로 이끌고, 그의 도덕적 판단력을 요청할 수 있는 실천적 의도에서의 방향설정을 위한 표본이다. 여기서 관건이 되는 것은 일인칭의 관점에서 지각되고 영위되는 인간의 자기관계, 자기성찰과 자기규정에 대한 서술이다. 우리는 그 규범성이 지식의 상이한 형식들을 자기 안에 통일시키는 자기창조자에 대해 말할 수 있다.

1. 현존재의 은유로서의 자기창조자

Selbstbilder als Daseinsmetaphern

먼저 경험지식을 그것의 두 가지 수행방식인 실천적 앎*knowing how*과 사실적 앎*knowing that*에서 살펴보기로 하자. 전자에는 일상적 지식, 이른바 모두에게 잘 알려진 의학적, 심리학적 그리고 사회적 사실이 해당된다. 그것을 넘어서 이 지식에는 모두가 다소간 쉽게 적응할 수 있는 인간에 대한 경험과학의 성과가 관련된다. 후자의 지식형식은 인간의 육체적이고 심리적 안녕을 고려한 경험지식의 적용 규칙들과 연관이 있다. 여기서 적용되는 규칙들은 순수한 실용적 성격의 것이다. 즉 이 규칙들은 자기 자신과의 친교에서 수단과 목적의 원리에 따라 작동한다. 여기에 높은 전략적 능력을 요구하며, 그 목표설정에는 관찰자 관점에 의해 서술될 수 있는 사회적 교제의 규칙들이 부가된다. 그리하여 삶의 기예의 지식은 개인심리학과 사회공학Sozialtechnologie의 표제아래 배치될 수 있다.

삶의 기예는 경험적 지식으로부터 출발한다. 이는 이 지식으로부터 행위규준 혹은 가언명법假言命法을 명확히 표현하기 위한 것이다. 일상적 지식과 인간의 본성에 대한 학문적 인식은 도덕적인 것이지 결코 중립적인 것이 아니다. 이것들은 인간이 자기 자신과 세계에 대해 만드는 이미지에 몰두한다. 따라서 도덕화의 과정은 경험적 지식을 인간의 자기이해의 상징으로 변화시키는 데에서, 인간의 도덕감을 각인하는 경험적 지식을 "현존재의 은유"(블루멘베르크 H. Blumenberg)로 만드는 데에서 성립한다. 동시에 인간의 자기이해가 영향을 끼친다. 이 자기이해는 어떤 관계에서 삶의 목적들과 행동규칙이 서로 성립하는 가에 달려있다. 목표들과 방법들은 서로 독립적으로 정의되지 않고, 항구적인 상호작용에 놓여있다. 그래서 삶의 실행의 주관적이고 객관적인 측면이 자기이해에서 상관관계를 가진다. 달리 표현하면 도덕성은 외부로부터 인간에게 다가오는 요구에 예속되는 것이 아니라 개인의 자기존재와 일치한다. 이것은 철학적 인간학의 통찰로부터 생겨난다. 이 인간학은 인간에게서 그 존재가 자신의 의식에 종속되는 본질을 인식한다. 그러나 의식은 이론적 자기반성에 국한되는 것이 아니라 인간의 자기가치감정에서 표현되는 실천적 자기관계까지 포괄한다.

2. 의견과 지식사이에서

Zwischen Doxa und Episteme

삶의 기예는 행동규칙이 인도해야만 하는 목표들 그 자체가 주제화되고 문제시될 때 철학적 차원에 도달한다. 삶의 기예의 철학이 반성적 지식과 관계를 가진다면 이 철학이 철학체계에서 어떤 위상을 점유하는가라는 질문이 제기된다. 우리가 오늘날 일상적으로 철학을 '논증적' 학문으로 고찰한다면 '삶의 기예의 철학'이라는 표현은 형용의 모순처럼 들린다. 우리는 심지어 이 철학이 삶의 기예의 의미를 곡해한다고 비난할 수 있다. 왜냐하면 기예는 그야말로 과학이나 원리가 아니라, 오히려 경험에서 기인하는, 상황에 적절한 기술이고자 하기 때문이다. 또한 철학적 삶의 기예의 계획은 다른 이분법을 가로질러 성립된다. 이론과 실천의 구별, 그 다음 의견Meinung, *doxa*과 지식Wissen, *episteme*의 대립, 그리고 마침내 이미 설명한 것처럼 경험적 관점과 규범적 관점의 대립이 그것이다. 칸트의 표현을 빌리자면 삶의 기예의 철학이 입법적으로 작용하는 '영역'이 어디에 놓여있는가라는 물음이 생겨난다.

역사적 조망에서 삶의 기예는 그리스·로마 시대 이전의 고대 그리스에서 이해되고 실천된 것과 같이, 성현의 가르침에 가장 근접해 있다. 당연히 철학적 삶의 기예의 현대적 개념은 그리스적이고 동양적인 성현의 가르침을 지탱하고 있는 종교적·신화적 동기를 포함하고 있지 않다. 우리는 어떤 측면에서는 서로 제외하고, 다른 측면에서는 서로 참조하도록 지시하는, 이론적 통찰과 실천적 태도들의 조화 가능성의 문제를 체계적으로 다루어야만 한다. 여기서는 도덕적 통찰을 인간 삶의 목표에 대한 보편적 비판으로서 파악하는 철학적 반성의 새로운 형식이 추구된다. 실천연관은 보편적 규범의 적용보다 '더 한 것'이며, 동시에 '좀 다른 것'이다. 이 관계는 행위규범의 정식화에 내재적이다. 하지만 오늘날 학문적 특수 분과로 구상된 '응용윤리'는 추구된 지식형식을 아직 충족시키지 못한다. 이는 삶의 기예가 개별적 활동영역의 규정이 아니라 전인적 자기이해와 연관되기 때문이다. 따라서 철학적 분과로서의 현대적 삶의 기예의 위치는 도덕과 윤리사이의 영역에서 찾아져야만 한다. 이를 위한 언어적 징후는 '윤리적'이라는 단어가 경험한 의미의 변동이다. 오늘날 이 단어는 이전에 '도덕적'이라고 말했던 곳에서 (예를 들면 누가 윤리적으로 올바르게 행위했다) 사용된다. 그와 함께 "삶의 지혜가"의 과제와 철학자의 과제가 비록 일치하지는 않지만 그러나 완전히 분리될 수 없다는 것이 명백해진다.

3. 규범적 분과와 기예론
Normative Disziplin und Kunstlehre

삶의 기예와 도덕철학의 교차는 후설(E. Husserl)에 의해 명료하게 설명된다. 후설은 『논리연구』(*Logische Untersuchungen, Prolegomena zur reinen Logik*) 제1권에서 "규범적 분과"의 개념을 다음과 같이 설명한다. 특정한 목적의 실현과 관계가 있는 실천적 분과 혹은 기예론과는 달리 규범적 분과는, 그것이 실천적으로 실현되는지 여부와 상관없이, 태도Haltungen에 정향한다. 그리하여 우리는 예를 들어 '한 전사는 용맹해야만 한다'라는 규범적 판단을 내릴 수 있기 위해서는 '훌륭한' 전사의 개념을 가져야만 한다. 훌륭한 전사의 개념은 후설에 따르면 단지 보편적 '가치태도'에서 근거될 수 있다. 여기서 객관적으로 타당한 평가 혹은 단순히 주관적 평가가 중요한 것인지는 규범적 판단의 의미에서 사소한 것이다(LU I, § 14).

후설은 규범적 분과와 실천적 분과의 구별을 쇼펜하우어의 윤리학을 예를 들어 설명하고 있다(LU I, § 15). 쇼펜하우어는 어떠한 당위윤리도 기획하지 않았으며, 고결한 행위를 위한 보편적 처방도 가지지 않았다고 한다. 그럼에도 그는 규범학으로서의 윤리학에 고착한다. 이는 그가 도덕적 가치결정을 결코 포기하지 않기 때문이다. 후설은 이제 모든 규범적, 더 나아가 모든 실천적 분과들은 이론적 분과를 토대로 보유한다는 의견을 제시한다. 이 분과들의 명제들은 규범화에 대한 어떤 사고도 포함하지 않으며, 조건과 조건된 것 사이의 관계로서 규범과 실천적 태도사이의 관계를 명확히 표현한다. 이러한 의미에서 이론적 분과들은 '순수 논리학'의 이념을 따르게 된다. 이 논리학은 심리학적 사실과 법칙으로부터 독립적이다.

4. 생활세계의 선험성

Lebensweltliches Apriori

심리학으로부터 논리학의 분리가 아무리 반길만한 것이라 하더라도 "사고이론Denklehre"으로서의 순수 논리학의 계획은 어려움에 직면하게 된다. 이는 논리학이 이념적 의미들의 존재를 주장해야만 하기 때문이다. 분석철학은 이러한 형이상학적 입장으로부터 벗어나, 언어적 표현의 구조, 참 혹은 거짓인 진술들에 관한 이론으로서 논리학을 추구한다(G. Patzig, Art. Logik, 1958). 후설 자신은 이 길을 밟지 않았다. 나중에 그는 심리학과 철학의 엄격한 구별을 포기했고 철학을 "발생적 현상학"으로서 발전시켰다. 이 현상학은 사고를 더 이상 플라톤의 경우처럼 무시간적 의미내용으로서가 아니라 재생산할 수 있는 정신적 과정으로 파악한다. 여기서 연상Assoziation이 중심적 역할을 수행한다. 그것은 경험주의적 연상심리학의 의미에서가 아니라 현대적 형태심리학의 모델에 따라서 필연적 의미연관들의 형성으로서 이해된다. 이러한 발생적 관점은 윤리학에도 응용될 수 있다. 윤리학에서는 규범들의 타당성이 그것의 발생과 독립적으로 논증될 수 없다. 그에 반해 도덕적 규범에 대한 순수한 형식 논리적 논증은 결코 관철될 수 없다. 논리적 형식들이 비록 사고를 규정하지만 행위로 인도하지는 않는다. 그리고 도덕에서 중요한 것은 동기부여이며, 그것을 통해 도덕이 실천될 수 있다.

동기부여의 문제가 어떻게 해결될 수 있는가에 대해서는 1930년대의 후설의 생활세계의 현상학이 하나의 길을 제시했다. 이 현상학은 직접적 경험의 명증성으로부터 출발하여 지각의 영역에서 의식내용의 밀접한 연관성을 제시한다. 예를 들면 모든 시각적 공간표상은 색채 표상과 결합되었다는 것이 드러난다. 이런 소위 "기초화의 관계"는 감각적 지각뿐만 아니라 도덕적 지각에도 관계한다. 형태들이 그 지각의 특정한 지속을 요구하는 것과 같이, 특정한 경험으로부터 행위자가 매우 어렵게 벗어날 수 있는 하나의 요구가 나아간다. 예를 들면 의지할 데 없는 사람이 학대받거나 무지한 사람이 속임을 당하는 것을 우리가 바라볼 때 단호한 조치를 취하도록 만드는 분개가 그것이다. 또한 의지의 영역에서도 임의적으로 풀어질 수 없는 연관들이 존재한다. 우리의 행복 추구는 보통의 경우 당연히 드러나지 않은 특정한 도덕적 태도의 영역에서 끊임없이 지속된다. "아무도 도덕적 신념 없이는 지속적으로 행복할 수 없다"는 삶의 경험을 담고 있는 명제는 자연주의적 오류라는 인상을 주지 않으면서도 존재와 당위를 결합한다. 도덕적 선이 세상으로부터 보상받지 못한다는 것이 삶의 경험에 속한다고 하더라도 양심이라는 개념에서 표현되는 도덕성과 행복의 내적 연관은 지속된다. 외적 처벌과 관계가 있는 법의 위반자와는 다르게 부도덕하게 행위하는 자는 내적 처벌, "양심의 목소리"로부터 벗어날 수 없다. 이것은 행복추구가, 어떻게 세상일이 이른바 정당하게 진행되어야만 하는지에 대한 우리의 신념에 모순되는 수단을 동원할 때마다 항상 생겨난다.

행복 추구에 내재된 정의감은 실정법과 혼동해서는 안 되는 것이며, 또한 법과 도덕에 대한 칸트의 구별보다 선행한다. 정당한 법을 침해하는 자 스스로도 정의를 충족시킨다는 감정에서 행위를 한다. 그것은 로빈 훗(Robin Hood)에만 해당되는 것이 아니라 '보통' 사람의 자기가치 감정에 속한다. 그에 따라 정의, 또는 더 잘 표현하면, 정의감은 특정한 목적이 아니라, 개인의 행복 추구가 불가능함이 없이 여하튼 목적을 설정하는 것을 지향한다. 쇼펜하우어가 우연하게 자신의 동정심의 윤리를 '도덕적 법론moralische Rechtslehre' 위에 근거지운 것은 아니다. 이 법론에 의거하면 악의적으로 삶의 의지를 훼손하는 것이 도덕적 가치구별의 출발점을 형성한다. 행복과 도덕의 이 기초화 관계를 설명하기 위해서는 어떠한 자립적인 당위 윤리가 아니라 삶의 기예로부터 삶의 철학으로 나아가는 것이 필요하다.

행복 추구에 함축된 가치태도는 19세기에 도덕적인 것에 부여된 자명성을 의미한다. 이는 후설이 생활세계의 경험 전체를 위해 요구한 것이다. 도덕적인 것의 자명성은 일상적이고 전승된 것보다 더 많은 것을 포괄한다. 여기서 중요한 것은 삶의 경험의 구체적 선험성A priori이며, 이것은 윤리적 규범 정초의 논리적이거나 명제적인 선험성을 선행한다. 여기에 후설의 '생활세계'의 개념이 부합된다. 이 개념은 단지 경험 영역, 사회적 세계뿐만이 아니라, 주어진 것을 항상 그 성립의 맥락에서 파악하는 경험의 특수한 형식을 형용한다. 그리하여 '생활세계', 마찬가지로 생활세계의 경험은 주관적 체험에서 성립하지만, 이 주관적 체험은 철저히 보편적 구조를 드러낸다. 논증의 능력도 없고 그럴 필요도 없는 생활세계의 명증성들은 대상적 인식을 위해서만 작동하는 것이 아니라 도덕적 지각에 있어서 구성적 역할을 수행한다. 이 명증성들은 생동적 방향설정의 표본으로 지각되고, 삶의 실행에서 부각되며, 그러한 것으로서 도덕적 태도를 규정한다.

생활세계의 명증성들과 더불어 철학 체계에서 논리학과 심리학 사이의 영역이 나타나는데, 이 영역은 구조적·기능적으로 묘사된다. 후설은 "선험적 경험" 혹은 "생활세계의 학문"에 대해 언급한다. 우리는 그것을 '선先학문Vorwissenschaft'이라고 부를 수도 있다. 삶의 기예에 적용하면 "원형 윤리학Protoethik"라고 불리어 질 수도 있을 것이다. 배경에 대한 이해가 없다면 합리적 규범의 근거 짓기는 불확실한 것이 된다. 캐나다의 철학자 테일러(Charles Taylor, 1931~)도 도덕의 원천이기도 한 『자기의 원천』(*Quellen des Selbst*, 1994)에 대한 연구에서 발생적 현상학die genetische Phänomenologie의 도식에 의거한 방법을 취한다. 문제가 되는 '자기'는 자연적 욕구의 체계 이상의 것이며, 이 자기는 이미 경험의 소여所與에 대한 표현들의 상이한 단계를 포함하고 있는 도덕적 공간에서 활동한다. 여기에서 도덕적 의식은 구조적으로 삶의 경험에 견줄만한 것이다. 이 의식은 비록 보편적이지만 그러나 양도될 수 없는 것이다. 이로써 철학적 삶의 기예가 정착하게 되는 체계적 장소가 경계를 설정한 것으로 보인다. 이것은 경험적 관점과 논리적 관점 사이의 새로운 영역이며, 이 영역 위에 철학의 형식으로서 삶의 기예가 기능하는 것이고, 이 형식은 발생Genesis과 타당성Geltung의 대립을 무력하게 만든다.

5. 규범과 가치
Normen und Werte

철학적 삶의 기예의 체계적 자리매김을 위한 이 최초의 시도에 이어서, 이제 철학적 삶의 기예를 지탱하는 규범적 요소를 구체화하는 것이 필요하다. 후설은 "가치구별" 또는 "근본적 가치태도들"에 대해 말한다. 이를 통해 무엇을 의미하는 것인가? 윤리학에 가치개념을 도입함으로써 후설은 그 규범성이 칸트의 정언명법과 명백하게 구별되는 하나의 유형을 묘사한다. 정언명법의 정식화는 법칙성격을 가지는 반면, 가치판단의 규범성은 그렇게 자명하지 않다. 이는 가치들이 홀로 행위의 형식으로부터 도출되지 않으며, 항상 내용도 고려하기 때문이다. 따라서 윤리학에서 계속해서 가치와 규범을 구별하려는 시도들이 존재한다. 규범들은, 그것이 근거들의 교환에서 담론적으로 생겨나는 개별적 혹은 집단적 이성이 문제가 되든 상관없이, 홀로 이성존재로서 인간에게 호소한다. 합리적으로 근거지어진 규범들은 자신의 보편성에서 실행을 위한 어떠한 심리학적 혹은 사회적 조건들에 대해 배려하지 않는다. 이것은 종종, 정언명법의 엄숙주의가 야기할 수 있는 것처럼, 연루된 사람을 정신적 갈등에 빠져들게 한다.

그에 반해 가치개념은 전인全人의 욕구체계로부터 나아가며, 인간 행위의 정서적 영역에 머문다. 가치들은 주관적 소원들의 객관화로서 서술되는데, 객관화는 공동체의 인정에서 성립된다. 여기서는 물론 차별화가 행해질 수 있다. 우리가 공동체를 실제로 존재하는 집단으로 이해한다면, 우리는 연습된 일상적 행동과 사회적 압력의 차원에 머물게 된다. 도덕적 가치들은 자유로운 신조와 사심 없는 동기로부터 인정될 때 비로소 생겨난다. 그러므로 도덕적 가치들은 행복 추구에 대한 비판적 거리두기와, 이기주의와 이타주의 사이의 변증법의 의식을 함축한다. 이로부터 가치들의 상이한 종류들이 산출된다. 그 때 내적 가치와 외적 가치로의 구분이 관철된다.

내적 가치와 외적 가치의 대립은 인간의 자기가치감정을 엄격한 시험대 위에 서게 만든다. 사회적 성공은 개인의 도덕적 가치와 매우 어렵게 합치될 수 있는 적응을 요구한다. 그러한 상황에서 인간은 어떻게 처신해야 하는 것인가? 외적 가치보다 내적 가치를 더 높이 세우도록 요구하는 것은 쉬운 일이다. 그러나 현실은 대부분 다르게 나타난다. 더욱이 삶이 계속해서 화폐와 매스미디어의 경쟁에 의해 결정되는 세계에서 성공을 거부한다는 것은 매우 어려운 일이다. 사회적 존재로서 인간을 올바르게 평가하기 위해서는, 가치윤리학이 인간 행위를 사회심리학의 기본조건들과 무관하게 고찰할 수 없다는 것은 명백해진다. 여기서 가치개념이 전적으로 고대의 덕 개념과 흡사하다는 것을 알 수 있다. 그

까닭에 이미 20세기로의 전환이후에 "덕의 복권"이 일상적 주제로 다루어지는 것은 새삼스러운 일이 아니다.

이러한 관점에서 목적론적 윤리와 의무론적 윤리의 구별을 바라보면 가치윤리는 목적론적 윤리의 유형에 속한다. 물론 여기에서 "목적Telos" 개념은 고대 윤리학에 비해 본질적으로 변화된 것이다. 어떤 주어진, 우주의 질서에 뿌리내린 목표도 인간 행위의 척도로서 쓸모가 없으며, 오히려 가치평가는 삶 자체의 실행에 놓여 있다. 당연히 여기에는 단순히 '빈둥빈둥 살아감Dahinleben' 이상의 것이 속한다. 삶은 "인도되며", 이를 위해 조종술이 필요하다. 그러나 이것이 삶이 "프로젝트"로서 실현되어야 한다는 것을 의미하지는 않는다. 실현가능성은 한계를 가진다. 삶에서는 모두가 항상 (능동적으로) 행위하는 자Handelnder이며 동시에 (수동적으로) 겪는 자Leidender이다. 그것이 현사실적인 것das Faktische의 규범성을 형성한다. 이 현사실적인 것에 의해 항상 세계와 자아에 대한 실재론적 지각은 이미 가치평가를 포함한다. 그에 반해 도덕적 규범의 순수한 객관적 인식은 인간의 경험으로부터 벗어나 있는 예지계의 왕국에 속한다.

6. 철학적 인간학과 실존철학 사이에서

Zwischen philosophischer Anthropologie und Existenzphilosophie

그의 저서 『윤리학에 있어서 형식주의와 실질적 가치윤리학』(1913/16)에서 윤리학을 인간학적 관점에서 새롭게 정초한 것은 셸러(M.

Scheler, 1874-1928)의 기여이다. "세계 개방적 존재"로서의 인간은 고대 전통의 이성적 동물*animal rationale*로 환원되지 않는다. 칸트의 도덕철학과의 논쟁을 통해 셸러는 삶의 철학적 개념을 규범적 분과로서의 윤리학에 성공적으로 융합시킨다. 이로써 윤리학은 자신의 규범적 엄격함을 상실한다. 셸러의 실질적 가치윤리학이 학파를 만들지 않았다는 것은 여기서 더 이상 다루어질 수 없는 정신사적 배경을 가진다. 그러나 가치윤리학으로부터 남겨져 있는 하나의 유산은 삶의 개념을 도입함으로써 윤리학이 삶의 기예에 접근한다는 점이다. 역으로 삶의 기예는 철학적 차원을 획득한다. 이 차원은 삶의 개념 자체에 계류된 이론과 실천사이의 의미공간이며, 이 공간에서 도덕적 가치의식이 형성된다.

셸러는 방법적으로 후설의 현상학에 동조한다. 그는 오랫동안 현상학의 인기 있는 대표자로 받아들여졌다. 그러나 셸러의 입장은 물론 그가 가치형성의 과정을 인간이 마주하는 생활 세계적 제약성에서의 전인全人에게 연관시킨다는 점에서 후설의 주관철학으로부터 구별된다. 그와 동시에 윤리학에서는 선과 악을 향한 행위의 이중적 규약화가 삶의 가치 층위가 특별한 역할을 담당하는 가치의 위계질서에 의해 대체된다. 또한 가치형성은 인식으로 소급될 뿐만 아니라 하나의 정서적 배경을 가진다. 정서적 삶의 계층형성과 그에 상응하는 지식형식들은 도덕적 가치의 논증이 그 가치의 실행Umsetzung과 무관하게 이루어지지 않는다는 것을 인식하게 한다. 발생Genesis과 타당성Geltung은, 이론 철학에서 '의미 사용설Die Gebrauchstheorie der Bedeutung'[1]이 가리키는 것처럼 실질적 가

---

1 역자 주: 의미 사용설 혹은 의미에 대한 사용이론은 사용론(use theory), 기능주의(functionalism), 맥락이론(contextual theory) 또는 화용론(pragmatics) 등을 포함한다. 이들

치윤리학에서는 서로 뒤섞인다. 여기에 현상학과 삶의 철학의 통일로 인도하는 순수한 가치 윤리학의 생철학적 차원이 놓여있다. 이런 방식으로 삶의 기예의 철학으로 향하는 길이 마련된다.

삶의 철학의 가치개념에 동조하는 셸러와 달리 하이데거는 『존재와 시간』(1927)에서 적어도 용어상 삶의 철학에 작별을 고하며 (그는 이 개념을 "식물의 식물학"(『존재와 시간』, §10)처럼 중복으로 간주한다), "삶"을 "현존재Dasein"와 "실존Existenz"으로 대체한다. 삶에서 시작하는 발상은 고대·기독교적 인간학의 영역에 머무는 것이며, 하이데거가 기초 존재론적으로 해명하려는 선험적 심층의 차원이 결여되어 있다. 이에 상응하게 하이데거는 실천철학의 독립적 지위를 인정하지 않는다. 언제 윤리학을 집필할 것인지 라는 물음을 그는 미해결 상태로 남겨두지만, 그는 『휴머니즘에 대한 서한』(1947)에서 "탈존"Eksistenz [2] 으로부터 존재를 경험한 인간이 적합하게 살아야 할지에 대해서 말해주는"(GA 9, 353쪽) 보편적으로 구속력 있는 규칙은 존재하지 않는다고 오해할 수 없도록 분명히 말하고 있다. 동시에 하이데거는 삶의 기예의 고대적 구상을 너무 기술적技術的이라고 거부한다. 하지만 삶의 기예가 결정적으로 철학의 체계로부터 추방된 것인가?

하이데거에 있어 사정이 그렇지 않다는 것을 1928년에 『라이프니치로부터 귀결된 논리학의 형이상학적 기초원리』(*Metaphysiche*

의 공통점은 표현의 의미가 맥락(context)내에서 사용되는 현상이거나, 그 사용에 의해서 결정되는 것들로 본다는 점이다. 이 점에서 의미에 대한 사용이론은 "한 단어의 의미는 그 단어의 사용법"이라는 비트겐슈타인의 정신을 따른다고 할 수 있다. 즉 의미는 심리적 실체라기보다는 그 단어의 사용법에 있다고 한다.

2 역자 주: Existenz는 '실존'으로 Eksistenz는 '탈존'으로 번역된다.

Anfangsgründe der Logik im Ausgang von Leibniz)라는 제목으로 행한 강의가 분명히 보여주고 있다. 여기서 하이데거는 "실존의 기예Existierkunst"에 대해 말하고 있다. 그는 이것을 삶의 유한성을 망각하지 않고 행위하는 것으로 파악한다(GA 26, 201쪽). 그러므로 여기서 중요한 것은 맹목적 행동주의도, 순수한 이론적 자기반성도 아니다. 이해는 행위 자체의 양식Modus으로 파악된다. 이것은 "자신의 존재에서 이런 존재 자체가 문제가 되는" 존재자로서의 인간존재에 대한 하이데거의 유명한 정의에 상응한다. 『존재와 시간』을 실체-형이상학으로부터 구별 짓는 존재의 역동적 운용die Dynamisierung des Seins은, 설령 하이데거가 자신의 기초존재론을 인간학으로 이해되지 않기를 바라더라도, "염려Sorge", "존재가능성Sein-können", "무엇을 이해함Sich-Verstehen-auf"의 개념에서 자신의 경험적·실천적 실현을 발견한다.

여기서는 하이데거의 실존철학적 계획이 선험철학의 체계를 실제로 해체하는지 여부는 다루지 않는다. 그러나 이러한 요구의 피안에서 현존재 분석이라는 그의 방법은, 궁극적으로 존재 의미에 대한 해명으로 이끌어야만 하는 자기 인식으로의 길, 전적으로 "자기 돌봄Sorge um sich selbst"으로서의 삶의 기예의 의미로 해석될 수 있다. 또한 실존철학에서는 삶의 철학에 있어서와 유사하게, 삶과 실존의 실행에서 생겨나지 않은 절대적 명령은 무의미한 것이다. 이런 맥락에서 도덕적 규범의 형식적 논증으로서의 윤리학은 하이데거에 있어서 어떠한 입지도 없다. 물론 이것은 실존철학이 가치구별을 거부한다는 것을 의미하지 않는다. 그 반대로 실천적 삶의 실행을 위해 하이데거가 순수한 이론을 평가 절하하는 것은 비록 칸트의 "실천이성의 우위"라는 의미에서 이해될 수는 없지만, 그것의 영역을 실존적 방식으로 점유하고 있다. 하이데거가 비록 삶의 기예가 너무 기술적技術的 방법을 취하기 때문에 그것에 대해 알려고 하지 않았지만, 삶의 기예는 전적으로 논리학의 형이상학적 기초 원리에 자리 잡을 수 있다. 이렇게 본다면 하이데거는 후설이 『논리연구』에서 윤리학을 위해 구상한 분과들의 위계질서로부터 그렇게 멀리 벗어난 것은 아니다. 결론적으로 하이데거는 삶의 기예의 철학을 "삶의 논리학"으로 이해되기를 바랐다. 이로써 이제 (앞으로의 장章에서) 삶의 기예의 역사에 대한 서술이 진행되는 체계적 영역의 윤곽이 드러났다. 현대적 삶의 기예의 철학적 차원은 칸트의 선험주의의 현상학적 그리고 동시에 생철학적 변형으로 서술된다. 이를 통해 삶의 기예는 하나의 규범적 타당성 요구를 포함한다. 이 요구가 삶의 기예를 당위윤리학에 대한 진지한 경쟁자로 만든다.

7. 체계적 의도에서의 역사적 관점

Historische Perspektiven in systematischer Absicht

삶의 기예로 나아가는 여정은 완전한 이탈과 단절이다. 그러나 이 여정은 3천년을 넘어서 하나의 분명한 연속성을 형성한다. 그것은 인간 실존의 확장되는 영역을 항상 포함시킨다는 특징을 가진다. 우리가 선도 이념인 실천적 지혜와 함께 고대의 덕 윤리에서 나아간다면 현재의 철학적 삶의 기예를 출발점으로의 귀환으로 해석할 수 있다. 물론 이것은 당연히 더 높은 반성의 차원에서 이루어진다. 지혜와 영리함, 지혜

Sophia와 실천적 지혜Phronesis의 근원적 통일은 선험적 주체로서의 인간의 근대적 이해를 통해 상실되었다. 이것이, 보수적 사상가가 덕 윤리의 역사를 습관적으로 설명하려는 것과 같이(예를 들면 맥킨타이어A. McIntyre, 『덕의 상실』, 1995), 삶의 기예의 역사를 자동적으로 몰락의 역사로 만든 것은 아니다. 오히려 중요한 것은 이득과 손실의 조정으로서의 역사이다. 이러한 역사적 관점에서 삶의 기예의 철학은 삶의 실천에 관한 도덕적 원리의 근대적 구획을 거부하고 이론과 실천을 상호작용에서 표상하는 것을 목표로 삼는다.

이론과 실천의 종합이 어떤 형식을 가정하는지는 사회적 주변 환경의 변화와 그로부터 생겨나는 인간의 자기 이해에 강하게 종속된다. 그런 연유로 삶의 기예의 철학에 관한 하나의 서술은 "정상적" 철학사와는 다르게 순수한 교의教義들의 역사일 수가 없으며, 오히려 항상 인간 삶이 펼쳐지는 상이한 영역(가족, 직업, 여론 등)에 부합하도록 사회사의 한 부분을 포괄해야만 한다. 이런 맥락으로부터 삶의 기예를 파악하는 데에서 오는 동요가 한편으로는 응용 심리학과, 다른 한편으로는 국지적 존재론이라는 극단 사이에서 생겨난다. 앞으로 다루어질 장章에서는 중도의 길을 제시하려 한다. 이것은 선先학문적 삶의 예지Lebensweisheit가 철학적 삶의 기예가 되기 위해 걸어간 길이다. 오늘날의 논의와 관련해서 통일적 연구의 상황을 제시하는 것은 쉬운 일이 아니다. 그 사이에 윤리학에 관한 많은 텍스트들이 삶의 기예와의 관련성을 부설했다. 그래서 대표적 저자들의 선택을 통해 다양한 발상들의 가능한 한 넓은 파노라마가 펼쳐진다.

제 2 장

헬레니즘의 개인주의: 행복에서 쾌락주의로

Hellenistischer Individualismus: Von der Eundämonie zum Hedonismus

유럽세계에서 철학적 삶의 기예는 고대 그리스에서 출발한다. 넓게 유포된 견해에 따르면 고대의 전체 윤리학이 삶의 기예로서 등장한다(P. Hadot, *Philosophie als Lebensform*, 2002). 확실히 고대 윤리학은 인격 형성을 목표로 한다는 점에서 일반적으로 규범의 정초를 목표로 하는 현대의 도덕철학과 구별된다. 행복의 보장과 자기 돌봄이 목표이며, 이 목표를 달성하기 위해서는 실용적 사고와 기술적 능숙함 이상의 것, 즉 가치에 정위된 삶의 기예(그리스어: *techne peri bion*)가 요구된다. 그래서 칸트의 표현을 빌리자면, '실천이성의 우위'라는 숙고가 헬레니즘의 철학에서 관철된다. 이 이미지는 대체로 적중할 수도 있다. 우리가 고대 철학의 개별 학파를 그 자체로 고찰한다면 삶의 기예의 이론적이고 실천적 요소들이 다르게 분배되어 있으며, 다른 강조점이 상이한 변종들을 야기했다는 것이 드러난다. 그러므로 고대 삶의 기예의 역사적 서술은 철학적 흐름들을 분리하여 고찰해야만 한다.

1970년대에 고대 덕 윤리의 복권이 착수되었다. 그러나 형식적인 것에 머물며, 합리적 규범을 정초하는 윤리학에 대한 이들의 이점들에 가려서 삶의 기예의 한계를 간과해서는 안 된다. 고대의 삶의 기예는 현대의 규범 정초의 합리주의와 보편주의에 비해서만 결함이 있는 것이 아니라, 실제적 가치윤리학의 대안적 구상에 비해서도 학문적 합리성의 근대적 이해에서 더 이상 통용될 수 없는 형이상학적 입장과 결합되어 있다. 또한 경험적 관점에서도, 특히 심리학적·사회학적 전제들과 관련해서는, 고대의 삶의 기예는 전근대적 수준에서 전개되고 있다. 이런 관점들이 서술에서 고려되어야만 할 것이다. 따라서 고대 윤리학과 현대 윤리학을 단순히 대립시키는 것을 피하는 대신 고대의 삶의 기예의 전체상全體像을 제시하는 것이 중요하다. 이 상像은 역사적으로 차별화되고, 동시에 그러나 공통적 사고와 덕 윤리의 상이한 형태들의 선도적 이념을 형성한다.

1. 소크라테스 이전의 성현의 가르침

Vorsokratische Weisheitslehren

고대 윤리학의 뿌리는 고대 오리엔트의 종교적·신화적 성현의 가르침에 놓여 있다. 그로부터 그리스에서는 "그노멘Gnomen"이라 불렸던 잠언의 장르가 발전되었다. 그러한 속담과 같은 종류의 문장들은 '7현인'과 같은 탁월한 인물들의 것으로 돌려진다. 초기 그리스 민족의 삶의 태도를 매우 적중하게 특징짓는 문장의 하나는 다음과 같다.

"가장 거대한 것 : 공간, 왜냐하면 공간은 모든 것을 포괄하기 때문이다. 가장 빠른 것: 정신, 왜냐하면 정신은 모든 것을 달려 지나가기 때문이다. 가장 강한 것: 필연성, 왜냐하면 필연성은 모든 것을 강제하기 때문이다. 가장 현명한 것: 시간, 왜냐하면 시간은 모든 것을 발견하기 때문이다."

또한 '너 자신을 알라!'라는 델포이 신전의 신탁도 인간 본성에 대한 통찰을 사회적이고 개인적인 훌륭한 생활태도를 위한 전제로 고찰했다. 신탁을 상이하게 의미 해석할 수 있는 가능성은 격언에 담긴 교훈이 삶의 경험보다 많은 것을 포함하고 있다는 것을 인식하도록 한다. 잠언에 담긴 교훈은 이미 일상적인 것의 배후로 질문을 던지는 윤리적 성찰의 결과이다.

성현의 가르침은 신화에서 이성에로의 이행과정에서 발전된 이론과 실천의 종합이라는 선先학문적 형식으로 해석된다. 이런 배경에서 성현의 가르침은 신으로부터 유래하는 탁월한 지식의 위상을 보유한다. 함축적 형식은 잠언에게 격언과는 달리 해석을 요구하는 신비스러운 이야기의 후광Nimbus을 부여한다. 여기에 고대 윤리학 전체의 유형에 있어서 특징적인 연약한 위상이 놓여 있다. 또한 행위규준이 제시되는 곳에서도 잠언들은 정언적 성격이 아니라 수신자에게 고유한 의미부여의 공간을 허용한다. 범례적인 것이 그 유명한 출입구의 잠언(인생을 짧고 예술은 길다*vita brevis, ars longa*)과 더불어 히포크라테스의 잠언들이다.

삶을 유지하는데 헌신하는 의학의 기예는 확고한 처방전이 아니라, 자연에 순응하여 처신하라는 함축적 지시를 제공한다. 이와 함께 (오늘날 우리가 전문가라 부르는) 탁월한 두뇌들은 삶의 상담자로서 활동한다. 이것은 처음에는 사제들과 솔론(Solon, BC 약 638-558)과 같은 정치가, 나중에는 직업철학자들에 의해 수행되는 기능이다.

페르시아 전쟁의 승리이후 그리스에서 진행된 정신적 삶의 탈신화화와 세속화를 통해 신화적-종교적 성현의 가르침은 출세를 위한 계획의 기술로 변화되었다. 셸러(M. Scheler)와 함께 '지배지식Herrschaftwissen'이라고 부를 수 있는 이 새로운 지식형식의 대표자들은 소피스트들이었다. 그들은 고르기아스처럼 아테네나 올림피아에 순회교사로서 살았으며, 그들의 강의에 사람들은 돈을 지불하고 참여할 수 있었다. 소피스트들은 신적 권위와 종교적 전통의 배후로 질문을 던지며, 논증을 통해 대체하려고 했던 계몽주의자였다. 인간의 합리적·도덕적 조건화Konditionierung는 상대주의와 실용주의를 결과로 가져왔으며, 이것이 소피스트들을 수사학적으로 노련한 진리의 곡해자로 비난받게 만든 것이다. 이러한 이해에서 단지 일그러진 모습만이 문제가 되는 것인지 여부는 여기서 더 이상 다루지 않는다. 폴리스에서 소피스트들의 교육 활동의 영향은 정신적 혁명에 견줄만한 것이었다는 사실은 이론의 여지가 없다. 새로운 철인들은 신화적 세계고찰의 통일성을 해체하고, 깊은 삶의 예지를 동반한 성현의 가르침을 지식과 함께 유용하게 다루기 위해 기예로 변형했다. 이런 관점에서 볼 때 소피스트들은 "철학자와 정치가의 중간물"이라는 고대의 정의는 몇 가지 측면에 있어서 타당한 의미를 가진다. 하여튼 소피스트들의 철학이해는 철저하게 삶의 기예로서의 윤리에 귀속된다.

2. 소크라테스의 산파술

Sokratische Hebammenkunst

소크라테스 이전의 성현의 가르침과, 어떤 전통도 의심 없이 받아들일 준비가 되지 않은 학문적 철학의 이념사이의 긴장은 플라톤(B.C 약 428-348년)이 그의 대화편에서 소피스트들의 상대자로 등장시키는, 그리고 동시에 소피스트들과 함께 개념적 분석과 논증을 통한 인격형성의 믿음을 공유하는 소크라테스라는 형상에서 표출된다. 이러한 공통점에도 불구하고 플라톤의 소크라테스는 신화적 성현의 가르침에 대해서는 소피스트들과는 다른 관계에 서있다. 소피스트들은 실용적 합리주의의 의미에서 지혜를 탈신화화 한 반면, 소크라테스는 학문적 합리성과는 구별되는 지혜의 신화적 개념을 충실히 따른다. 그러나 그는 자기 자신을 신적 지혜의 소유자로 묘사하지 않으며, 자신의 철학을 지혜의 추구로 정의했다. 여기에 자기 인식의 이념이라는 최종 목표를 가지는 지혜와 학문의 종합이 놓여 있다. 이런 방식으로 철학적 삶의 기예는 플라톤의 철학이해를 전체적으로 특징짓는 역동성을 획득한다. 플라톤에 있어서 행복Eudämonie, Glückseligkeit은 인간적 노력의 최고 목표이다. 그러나 행복의 상태가 그의 숙고의 중심에 있는 것은 아니다. 오히려 대화편은 덕을 위한 인간의 노력을 묘사한다. 이것은 행복의 길로서 인성형성에 있어서 목표 자체보다 더 중요한 역할을 한다.

삶의 기예로서 플라톤의 철학개념은 그 문학적 형식을 대화편에서 발견했다. 이 대화편에서 소크라테스는 선생으로 등장하는데, 로고스보다는 에로스에 더 강한 의무감을 느낀다. 비록 소크라테스가 소피스트들과 함께 덕이 가르쳐질 수 있는 것이냐는 물음에 긍정하지만 그러나 그는 이것을 다른 더 깊은 의미에서 행한다. 지식의 전달을 통해서가 아니라 대화에서 학생들의 고유한 힘을 촉진함으로써 덕을 가르친다. 소크라테스는 자신이 활용하는 기예를 어머니의 직업에 따라 '산파술'이라 부른다. 이것은 오늘날 여전히 유효하며, 또한 오늘날 다시 사고의 자립성과 감정의 진정성을 조건화보다 더 높이 내세우는 좋은 교육학의 모범으로서 간주된다. 그에 따라 학교수업에서는 삶의 기예는 확고한 윤곽을 그린 학습목표가 아니라, 기껏해야 선생들이 자신의 인간상 자체를 문제시하는 대화를 학생들과 함께 나누는 정도이다. 물론 여기서는 주의를 요한다. '다르게 되어짐Anderswerden'과 '자기 자신을 찾음Sich-Selbst-Finden'에 대한 약속이 대화상대자에게 그렇게 유혹적인 것이 될 수도 있지만, 소크라테스는 다르게 가르친다. 그의 대화술Dialektik은 대화를 진행하는 사람이 대화가 무엇을 목표하는지를 안다는 것을 전제로 한다. 그러므로 삶의 기예는 선택의 자유를 염두에 두는 탈근대적 개인에게 나타날 수 있는 것처럼 그렇게 무규칙적인 것이 아니다. 어떤 선생도 제공되지 않은 곳에서도 삶의 기예는 일반적인 삶의 규칙을 통한 자기의 조건화를 피할 수 없다. 즉 지속적으로 작용하는 자기 규율은 사람들이 태도의 변화라는 긍정적 경험을 감지하자마자 거부할 수 없는 것이 된다.

오늘날의 시각에서는 소크라테스의 대화를 철학적 상담 대화의 본보기로서 파악할 수도 있을 것이다. 당연히 철학적 실천의 전문성은 고대 주연酒宴의 유혹적 분위기 그리고 참가자의 감동과 비교할 수 없다는 차이가 있다. 여기에 문화적 차이가 존재하며, 이 차이가 "소크라테스적 유형(G. Böhme)"의 삶의 기예가 다시 부흥할 것이라는 기대를 망상적인 것으로 만든다. 소크라테스에게 중요한 자기 자신과의 친교는 선사시대의 현인의 이상에 연결되는 태도를 형용한다. 그리하여 많은 해석자들이 플라톤의 철학에서 실로 지식 형식이 아니라 종교와 같은 종류를 발견한다. 이러한 종교에서 중요한 과제는, 종교적·신화적 성현의 가르침에서의 이 공동체가 제의 형식에서 여전히 생동적인 것과 같이, 인간과 신들 사이의 상실된 공동체의 회복이다. 이러한 이해는 후기 플라톤주의의 발전에서 자신의 증명을 발견한다. 이러한 정신적 긴장의 영역에서 철학적 삶의 기예의 이념은 소피스트들의 도구적 합리성을 훨씬 넘어서는 형태들이 충만하게 드러나는 방식으로 전개된다.

3. 아리스토텔레스: 실천적 지혜의 체계수립자

Aristoteles als Systematiker der Phronesis

고대에 생존했던 도덕성 내부에서 소크라테스적 상황의 일회성은 플라톤의 대화편과 아리스토텔레스(B.C 384-322)의 윤리학에 관한 저술, 특히 『니코마코스 윤리학』과 명백히 대조를 이룬다. 플라톤과는 달리 아리스토텔레스는 지혜로부터 현명함을, 소피아로부터 실천적 지혜인 프로네시스Phronesis를 분리한다. 이것은 지적 덕성으로 올바른 행위 실행을 나타낸다. 우리가 "연애술Erotik"로서 소크라테스에 대한 플라톤의 서술을 분과명칭의 의미에서 파악할 수 있다면, 아리스토텔레스의 실천은 기껏해야 우정론Freundschaftslehre에서 이 차원에 도달한다. 그러나 여기서도 또한 플라톤과의 차이를 간과할 수 없다. 아리스토텔레스가 인격을 형성하는 삶의 형식으로서 우정을 그렇게 높이 평가하기 때문에, 이것은 스스로 이른바 "덕 우정Tugendfreundschaft"으로서 이기적이지 않은 형식에서 독특한 방식으로 공정하게 머물러 있다. 친구를 결합하고 형성시키는 것은 덕의 형식적 요소로서의 "헥시스hexis", 즉 지속적 호의 혹은 교제에서의 강력함이다. 우정은 폴리스에서의 공통의 관심을 향하며, 그리하여 우정과 정의가 사회화의 형식들로서 공속적이다. 그에 반해 플라톤은 에로틱한 사랑을 훨씬 더 실존적으로 형성했으며, 그것으로 이르는 단계의 길이 소크라테스에게 비밀스러운 예언자 디오티마Diotima[1]에 의해 제시된다.

아리스토텔레스는 플라톤의 이데아론을 거부하고, 도덕적 가치를 하늘로부터 지상으로 가져온다. 더 나아가 그는 명백하게 이론과 실천을 구별하고, 덕에 대한 서술을 인간을 향상시키려는 의도와 결합시키며, 마침내 심리학적으로 잘 구성된 유형론을 발전시켰다. 하지만 그는 그의 윤리학의 모든 경험적 경향에도 불구하고 삶의 기예의 대상으로 정신적·육체적 전체성에서의 인간에 도달하지 못한다. 동시에 분명히 할 수 있는 것은 아리스토텔레스 윤리학의 해석은 철학적 삶의 기예의

---

1 역자 주: 그리스의 철학자 플라톤의 대화편『향연』에 등장한다. 작품 속에서 소크라테스는 그녀의 입을 빌려 에로스 예찬의 연애관을 말한다. 그는, 육체의 아름다움에서 영혼의 아름다움으로, 나아가 아름다움 그 자체의 관조(觀照)에까지 도달하는 것이 올바른 연애의 과정이라고 주장했다.

원형으로서는 전적으로 정당하지는 않다는 점이다. 극단적 행동방식(그리스어: *mesotes*)의 올바른 중간에 대한 학설을 아리스토텔레스는 인간에 대한 관계에서의 중용으로 파악되기를 바랐다. 그러나 적용에서는 오히려 인간의 실존적 동요들을 인식하지 못하는 개별적 동요들에 대한 기계론적 결합술과 고려의 인상이 생겨난다. 여기서 나중에 "심리기계론Psychomachia"의 구상이 생겨나는데, 이것은 미덕과 악덕사이의 투쟁이라는 구상이다. 이 투쟁에 있어서 영혼은 단지 스스로 주관적 통일성을 형성함이 없이 무대만을 제공할 따름이다. 오늘날 많이 찬미된 "자기 자신과의 우정"도 유사한 사정이다. 이 우정에서 자기는 이기적 자아도, 전인全人도 아니며 자립적 삶이 인정되는 이성적 영혼의 부분이다.

또한 인간학적 이원론은 인간적 인륜성의 궁극목적으로서의 행복에 대한 아리스토텔레스의 이해에서도 인지된다. 아리스토텔레스는 행복이 쾌락으로부터 분리될 수 없다는 것에 대해서는 분명한 입장을 표명했다. 니코마코스 윤리학에서 나타나는 쾌락문제에 대한 서로 일치하지 않은 이 두 가지 해설은, 삶의 기예의 열정적 개념을 위해 필요한 주체의 유기적 통일에 대한 원리가 아리스토텔레스 윤리학에 결여되어 있다는 탓으로 돌릴 수 없다. 아리스토텔레스는 행복을 목적론적으로 질서가 부여된 세계에서 자신의 본성에 따라 주어진 역할을 실현하는 것으로 이해한다. 또한 아리스토텔레스의 정의 개념은 계층적 사회질서와, 그것과 결합된 노예제도를 문제시하는 방향으로 나아가지 않는다. 이런 기본 틀이 성과에 비하여 활동성에 대한 강조, 마찬가지로 쾌락의 기능적 해석을 통해 지양되지 않는 독특한 안정성을 아리스토텔레스의 윤리학에 부여한다. 덕론德論을 관통하는 안정성은 형식적으로 아리스토텔레스가 성현의 가르침의 잠언 형식을 사용하지 않고 세부까지 하나하나 형상화한 글을 제공한다는 데에 놓여 있다. 아리스토텔레스의 철학이 형식적으로 중세 스콜라 철학의 전형으로 간주된 것은 우연이 아니다. 모든 경험적 요소에도 불구하고 아리스토텔레스 윤리학은 학문적 서술의 범위에서 전개된다. 그런 연유로 그의 윤리학이 분석적 윤리학이 애지중지하는 대상이 된 것이다. 아리스토텔레스적 삶의 기예의 모델에 결여된 것은 헬레니즘의 개인윤리학이 좀 더 가깝게 다가오는 실존적 차원이다.

4. 에피쿠로스학파: 자기만족으로서의 자유

Epikur: Freiheit als Selbstgenügsamkeit

헬레니즘은 실천적 삶보다도 이론[2]에 더 높은 위상을 부여한 아리스토텔레스보다 더 강하게 상황에 순응하는 삶의 형식을 찾으려는 시도를 통해, 본질적으로 기술적技術的 즉 일반적 규칙과 함께 작동되는 삶의 기예의 모델에 부합한다. 루커너(A. Luckner)는 헬레니즘의 삶의 기예를 영리함의 기술화Technisierung der Klugheit로 해석한다. 그래서 '*techne peri bion*'을 삶의 기예 대신에 "삶의 기술"(M. Hossenfelder, 1935-)로 변역하는 것이 올바르다. 특히 스토아학파에서는 철학의 모든 다른 영역, 즉 형이상학과 논리학이 삶의 형성이라는 욕구에 맞추어 산출될 만큼 구체적 삶의 규칙에 대한 관심이 너무 컸다. 일반적으로 수용되는 논제에 따르면,

2 역자 주: 관조적 삶을 의미한다.

신뢰할 수 있는 정치적 구조의 해체이후에 인간들을 자기 자신에게로 회귀시켰다는 개인주의가 여기에 대해 책임이 있다고 한다. 아리스토텔레스에서는 덕성과 정의가 공속적이기에 윤리학이 국가(정치)학으로 넘어갔으나, 헬레니즘은 철학적 삶의 기예를 정치학에서 분리시켰다. 그들의 공동체적 가치와 더불어 폴리스의 몰락에 대해 스토아학파는 세계시민적으로, 에피쿠로스학파는 사적私的으로 반응했다. 에피쿠로스(B.C 341-271)는 '정원'으로 숨어들었으며, 은둔의 삶을 권장했다. 스토아학파는 사회적 결합을 모든 인간에게로 확장했다. 그 이유는 그들이 개인들을 한 세계의 부분으로서의 자연적 이성에 근거해서 고찰했기 때문이다.

헬레니즘 개인주의의 상이한 형태들은 또한 윤리학의 내용적 기획에서도 발견할 수 있다. 에피쿠로스의 삶의 기예는 유물론적 자연철학 즉 데모크리토스의 원자론에 기인한다. 이 학설에 따르면 우주는 원자들이 자신의 직선적 궤도를 우연히 이탈함으로써 생겨난 결과물, 말하자면 원자의 소용돌이에서 생겨난 세계이며 다시 몰락한다. 세계의 무근거성이 도덕적으로 자연의 위협에 직면한 인간의 태평함에 부합한다. 세계의 체제에 적당한 행동의 모범은 신들이며, 에피쿠로스는 이들을 쾌활한 방탕아로서 이른바 "중간세계"에 정착시킨다. 신들의 행복은 자신의 창조물을 염려하는 창조자(데미우르구스Demiurgen)의 행복이 아니라, 세계의 비·희극적 공연을 흥겨워하는 관객의 행복이다. 이를 통해 에피쿠로스학파의 삶의 기예의 근본적 형태가 다음과 같이 주어졌다: 자기 자신과의 거리두기를 위한 모범으로서의 세계와의 거리두기.

에피쿠로스는 행복을 쾌락과 일치시키지만, 이 행복을 외적 재화에 독립적인 것으로 만들기 위해 고통, 공포 그리고 불안으로부터의 자유에 환원시킨다. 그에 따라 삶의 기예의 목표는 그가 '대양의 고요함'이라는 은유를 사용하는 완벽한 정서적 안정의 상태이다. 이 상태에 도달하기 위해 에피쿠로스는 고양된 쾌락 지각의 결과들을 고려할 것을 권유한다. 그에게 중요한 것은 일시적 쾌락의 강력함이 아니라, 이 쾌락의 지속이다. 이 쾌락의 지속은 당연히 극기를 수행할 때에만 도달할 수 있다. 이런 면에서 에피쿠로스의 쾌락주의는 구속 없는 향유를 추구하는 것이 아니라 오히려 '분수를 지키면서, 그러나 규칙적으로'mäßig, aber regelmäßig라는 모토에 따라 소시민적 삶의 형식에 할당된 향유이다.

에피쿠로스는 쾌락주의적 정향을 쾌락의 욕망이 인간 본성에 부합한다는 사실을 통해 정당화한다. 욕구 체계는 쾌락 추구가 올바르게 다루어지면, 항상 충족되게끔 설계되었다. 여기서 이 낙관적 전제들이 지탱될 수 있는지 여부는 논외로 한다. 에피쿠로스의 논제는 단지 하나의 쾌락지각의 근본형식 즉 '육체의 쾌락'만이 존재한다는 것을 강조함으로써 심리학적·인간학적 진보를 의심 없이 묘사한다. 여기서 에피쿠로스는, 쾌락이 나타나는 기능들과 대상들에 따라 배열되는, 아리스토텔레스가 제시한 쾌락의 등급과 구별된다. 더욱이 에피쿠로스는 쾌락의 정신적 형식들도 배제하지 않는다. 하지만 이 형식들은 항상 욕구의 충족에서 성립하는 근본형식의 변형에 불과하다. 이것은 현실 원칙을 통한 쾌락 원칙의 제한으로부터 생겨나는, 승화Sublimierung에 대한 프로이트의 구상과 일치한다.

그러나 프로이트와 달리 에피쿠로스의 '육체의 쾌락'은 성이 아니라, 섭생의 자연적이고 필수적 욕구를 지향한다. '배Bauch'의 쾌락은 에피쿠로스에게 항상 식사와 음주의 쾌락이며, 그의 쾌락 개념은 상응하게 비역동적이며 반反변증법적으로 머문다. 일관성 있게 에피쿠로스의 쾌락이론은 사람들이 어떻게 자신들의 쾌를 고양시킬 수 있는지에 대한 어떤 지시도 포함하고 있지 않다. 에피쿠로스의 쾌락주의는 탄트라 불교의 에로티시즘을 전혀 닮지 않았다.[3] 그 삶의 규칙은 단지 순수하게 식이요법이라는 특징을 가진다. 쾌락의 고양과 에로틱한 세련미가 아니라 불쾌로부터 자유를 확보하는 규칙들이 기여한다. 이 규칙들은 기술적이며, 생활태도에서 기이한 것을 피하고 사회적으로 관례적인 것에 머물도록 하는 것을 목표로 한다.

이러한 차라리 정적주의靜寂主義적 태도에 에피쿠로스학파가 제시하는 삶의 기예의 학설형식이 상응한다. 에피쿠로스의 서적들은 학교처럼 암기하여 학습되는 교의들과 훈계들을 포함하고 있다. 소크라테스의 대화술과는 전혀 다르게, 에피쿠로스학파의 삶의 기예는 교리문답처럼 매우 독단적으로 진행된다. 에피쿠로스가 자신의 제자들로부터 성인(신)과 같은 존재로 숭배된다는 것은 놀라운 일이 아니다. 우리는 오늘날 그에게서 영혼의 인도자를 인식하는데, 그에게는 진리보다는 오히려 세계관이 중요한 것이다. 이것은 또한 인간들이 폴리스의 형성에 참여할 수 없고, 오히려 변화무쌍한 자의적 지배에 적응해야만 했던 그 시대의 정치적 상황으로부터 이해된다. 에피쿠로스학파의 삶의 기예의 비정치적인, 은둔의 삶을 지향하는 입장Privatismus은 당연히 제한적

---

3 역자 주: 8세기 이후에 힌두교의 비교적(祕敎的) 성전(聖典)인『탄트라』에 기초한 인도의 밀교(密敎). 민속 신앙에 기인하여 발달했으며, 성(性)을 인정하는 것이 특징이다. 탄트라는 '날실'이라는 뜻이다.

영향력은 가진다. 여기에 덧붙여지는 것이 금욕주의적 흐름의 측면에서 제기되는 고발Denunziation, 告發이다. 에피쿠로스라는 이름은 기독교적 세기에서는 아무도 공식적으로 인정하려고 하지 않은, 통제되지 않은 쾌락적 삶에 붙여진 것이다. 반면 스토아학파의 윤리학은 기독교적 표상과 결합되며, 신(新)스토아주의로서 오늘날의 삶의 기예의 철학에까지 영향력을 발휘한다.

5. 스토아학파: 자연에 순응하는 삶

Stoa: Gemäß der Natur leben

스토아학파는 덕의 통합이라는 논제를 제시한다. 이 학파의 창시자인 키티온Kition의 제논(B.C 약 333-262)은 제자들을 채색주랑Stoa poikile 즉 열주列柱홀에 모았는데, 이것이 학파의 이름이 생겨난 기원이다. 스토아학파는 스스로를 에피쿠로스학파의 경쟁자로서 이해했다. 이 학파는 에피쿠로스학파의 윤리학으로부터 본질적 논점에서 구별된다. 또한 스토아학파에게서 행복은 최고선이지만, 이 행복으로의 길이 쾌락이 아니라 이성을 통해 이루어진다. 이 학파의 덕론의 중심에는 '오이케이오시스'Oikeiosis, 공존능력라는 개념이 놓여있다.[4] 이것은 '헌정Zueignung' 혹은 자기 긍정을 의미한다. 다른 사람과의 긍정적 관계를 위한 전제로서의 자기 긍정은 인간의 자연적 성향에 속하지만, 그것은 동시에 이성의 행

4 역자 주: 오이코스(oikos)에서 나온 말로서 생명체가 자신의 환경 안에서 주변사물과 함께 살아갈 줄 아는 공존능력의 일부를 가리킨다.

위로서 파악된다. 따라서 '본성에 상응하게 살아야만 한다'는 원칙은 도덕의 순수한 자연주의적 이해를 대변하지 않는다. 스토아학파에 있어서 본성에 상응하는 삶은 항상 동시에 이성에 상응하는 삶이다. 이것은 포괄적 자연목적론에 의해 유지되는 신념이다. 이러한 형이상학적 배경과는 독립적으로 '본성상응성'과 이성규정의 일치는 인간이 자신의 자연적 충동을 결말의 관점에서 시험하고, 이 시험에서 긍정적 결과가 나온다면 이 충동에 동의를 표해야만 하는 것으로 해석된다. 그러므로 도덕적 행위는 우선적으로 판단력으로 파악되고, 여기서 이성에게 정념을 극복하고 쾌 혹은 고통의 지각에 마주하여 인간을 면역시키는 능력이 부여된다. 결과는 부동심Apathie, 즉 스토아학파의 현자를 특징짓는 고요와 초연함이다. 고통을 지각하지 않는 것이 실현 가능한지는 항상 의심의 대상이 되어 왔다. 그러나 정념을 통해 동요될 수 없는 상태라는 이상은 그런 의심에도 불구하고 그 매력을 잃지 않았다. 그 배후에는 이성에 대한 확고한 믿음이 놓여 있으며, 이 믿음이 인간에게 우주적 질서에서의 확고한 입지를 보장해준다.

이와 유사하게 스토아학파에서 필연성과 자유의 관계가 이해되었다. 이 학파는 세계의 진행, 그리고 그와 함께 개인의 운명은 사전에 규정된 것으로 고찰했다. 그러나 동시에 판단력의 자유에 가치를 부여했다. 그것을 넘어서 필연성과 자유의 통일은, 스토아주의자가 변화시킬 수 없는 사물들을 기꺼이 따르는 것을 목표로 삼는다. 그런 연유로 강제적 상황에서도 그는 내적으로 자유롭게 느낀다. 모순되는 외적 상태에 대한 동의는, 당연히 세계에서 모든 것이 로고스를 통해 최상으로 배열되었다는 것을 믿는 자만이 부여할 수 있다. 스토아학파 윤리학의 비밀은, 인간이 이성적 자기규정을 거부하지 않고서 함께 살 수 있는, 모순되는 경험사이에서 합의를 발견하는데 있다. 행복을 위한 행위의 결과를 고려하는 합의적 성격이 스토아학파의 윤리학을 칸트의 의무개념의 모든 이성 중심주의로부터 구별하고, 에피쿠로스주의 보다 더 강하게 철학적 삶의 기예를 구상한다.

스토아학파 삶의 기예의 거장들은 로마 황제시기의 철학자들인 에픽테토스(Epiket, A.D 50-135), 세네카(Seneca, B.C 4-A.D 65), 아우렐리우스(Marc Aurel, 121-180)이다. 오늘날까지 특별히 인기를 구가하는 사람은 그리스인 에픽테토스이다. 그는 노예로 로마에 끌려온 후 자유의 몸이 되었고, 그 후에 로마의 가장 명망 있는 철학자 중 한 사람이 되었다. 얼마나 그가 스토아학파의 학설을 설득력 있게 살아갔는지에 대해서는 하나의 일화가 설명한다. 이 일화는 주인이 그의 다리를 나사 바이스로 당겨서 고문을 행했다고 알려준다. '당신이 내 다리를 부수려고 한다'는 에픽테토스의 고함도 실제로 다리가 부러질 때까지 고문을 멈추게 할 수 없었다. 다리가 부러진 후 그는 얼굴표정을 바꾸는 대신 "내가 당신에게 말하지 않았느냐?"라는 문장으로 반응했다고 한다. 그의 유명한 『윤리학 소사전』에서 에픽테토스는 인간을 동요시키는 것은 사실이라기보다는 표상과 걱정이라고 한다. 그는 인간이 자신의 표상을 통제하여 외부의 압력으로부터 자유로울 수 있는지에 대한 지침을 제공한다. 에픽테토스의 판단에 따르면 표상은 인간이 자유롭게 사용할 수 있는 유일한 것이다.

스토아학파는 윤리학을 도덕 심리학으로 만들었다. 이 도덕 심리학은 의지의 무력함(그리스어: *akrasis*)이 통찰을 통해 극복될 수 있다는 전제에서 출발한다. 또한 기독교적으로 "양심(라틴어: *conscientia*)"으로 번역되는 내적 목소리 내지 신의 목소리는, 이것이 우주를 주재하는 이성을 분유分有하는 한, 나쁜 길로 빠지지 않는다. 그와 동시에 스토아학파는 당연히 이성보다 더 강할 수 있는, 무의식에 은폐된 내부의 억압이 존재한다는 정신분석학의 발견과는 거리가 멀다. 그런 면에서 이성을 통해 처분불가능성을 일방적으로 평가절하 하지 못하도록 한계가 설정되어졌다. 스토아학파 삶의 기예의 심리학적 결함은 오늘날의 관점에서는 심각한 것이지만 그것이 이러한 삶의 기예의 문헌의 매력을 손상시키지 않는다. 중요한 것은 인간이 위기상황에서 그것에 호소하는 장르이다. 사람들이 궁지에 몰리고 추가적인 손상의 제한이 예고되면 에픽테토스와 아우렐리우스에게 위안을 청할 수 있다. 또한 탈진한 경영자는 명상의 연습을 위해 수도원으로 은닉한 세네카의 『인생의 짧음에 대해서』(*Von der Kürze des Lebens*)에서 자신의 삶의 형식에 대한 거울을 발견한다. 이 거울이 그가 더 이상 도를 넘어선 행동을 하지 않도록 지켜주며, 특정한 치료 효과를 발휘한다. 세네카는 사람들이 자신의 생애를 노력을 기울일 가치가 없는 것과 더불어, 허송한다는 주장을 통해 인생의 짧음에 대한 한탄을 논박한다. 그는 인생을 외적 의무에 의해 소진되도록 하지 말고, 삶을 선물로서 경험하게 만드는 삶의 가치를 짧게, 혹은 길게 측정되는, 그러나 항상 유한한 생애에서 획득하도록 권유한다. 그와 함께 세네카의 삶의 기예는 그것 없이는 삶을 꾸려나갈 수 없는 단순한 도움의 구성보다 더 한 것을 제공한다. 내적 목소리에의 소명召命을 통해 세네카의 삶의 기예는 세속의 관점을 벗어나는 실존의 심오함으로 나아간다. 그런 연유로 이스라엘 성현의 가르침이 삶의 기예를 다루고 있는 스토아 철학과 연관이 있는 것은 우연이 아니다.

6. 전도서: "모든 것이 산들바람이니"

Kohelet[5]: "Alles ist Windhauch"

구약성서 가운데서 『솔로몬의 기도』 혹은 『에클레시아스테스』(*Ecclesiastes*)[6]라고도 불리는 『전도서』(*Kohelet*)는 삶의 기예의 철학에서 모범적 위상을 차지한다. 이 책은 보고報告, 짧은 글Traktat, 그리고 잠언의 혼합형식으로 인간의 행복 가능성에 대해 양가적 형상을 그려준다. 풍부한 삶의 경험을 회고하면서 예언자는 다음과 같은 냉정한 결론에 도달한다. 인간의 모든 행위와 소유는 예측할 수 없는 우연과 무상함에 예속되어 있다. 태양아래 새로운 것은 없으며, 모든 것은 산들바람Alles ist Windhuach이다. 단지 죽음만이 확실하다. 그러나 죽음은 어떤 희망도 제공하지 못한다. 왜냐하면 죽음은 무無, Nichts와 다름없기 때문이다. 또한 죽음 이후에 명성에 도달하는 길로서 지식을 찬미하는 전통적·격언적 교훈과 같은 모든 학식은 삶의 무가치성을 지양할 수 없다.

지상의 모든 재화를 마음대로 하지 못하는 것이 물론 근심이나 회의에 빠져들 이유는 아니다. 자신의 고유한 힘으로 행복을 지속적으로 세울 수 있다는 것을 믿지 말아야만 한다. 또한 헬레니즘의 철학자들에 있어서 동요함이 없으며, 그리하여 행복의 확실한 증표인 내적 태도를 예

---

5 역자 주: 히브리어로 '코헬렛'(Kohelet)은 '백성에게 지혜를 전파한다'는 뜻이다

6 역자 주: 희랍어로 '에클레시아스테스'(Ecclesiastes)는 회중의 구성원을 뜻한다.

언자는 모든 사물의 무가치함으로부터 예외로 하지 않는다. 그에게 '은폐된 신der verborgene Gott'의 예측불가능성에서 벗어나 있는 영역은 존재하지 않는다. 이러한 지양할 수 없는 불안정성에도 불구하고 예언자 솔로몬은 내적 상태에게 활동적이며 삶의 즐거움을 향유하라고 충고한다. 이것은 일견 쾌락주의의 '현재를 즐겨라'carpe diem처럼 보이지만, 그러나 순간적 쾌락에로의 의식불명의 도피 이상의 것이다. 왜냐하면 모든 것이 무상하다 하더라도 시간은 그의 유명한 시, "모든 것은 자신의 때가 있다"에서 표현되는 긍정적 조망을 포함하고 있기 때문이다.

사건의 시간규정은 모든 성취가 시간이 필요하다는 상투어 이상을 의미한다. 오히려 이것은 모든 사건과 그것과의 교제는 한 인간의 삶의 과정에서 그에게 전체로부터 부여된 위치를 가진다는 것을 함축한다. 단지 이것을 유념한다면 결정과 행위가 인간이 약속하는 행복을 가져온다는 것이다. 말하자면 중요한 것은 성장의 시간, 즉 행동거지Tun und Lassen에 있어서 삶의 국면의 의미이다. 여기에서 알려지지 않은 신이 자신의 예측불가능성에서 나타나며, 인간의 친구로 나타난다. 재림의 시간Kairos은 삶의 철학적 의미를 가지고 있으며, 삶의 모든 권력들이 시간성에 종속되어 있다는 철학적 전제에서 비롯된다. 생성에서 신과 인간은 조우하며, 그래서 인간은 시간의 계명을 지키도록 잘 조언된 것이다.

전도서가 많은 신학자들에 의해 이단적인 것으로서 분류될 때, 그것은 어느 정도 타당성을 가진다. 왜냐하면 전도서는 예언자가 친숙한 율법의 신이기보다는 내적 경험의 신이기 때문이다. 모든 인간적 일들에 부여되는 시간에 대한 시詩, 탄생과 사망, 사랑과 증오의 올바른 시간에 대한 시 등이 특히 북아메리카의 세속화된 사회에서 인간들에게 다른 어떤 성서 텍스트보다 더 감동적이었다는 사실은 결코 우연일 수 없다. 1960년대 록그룹 버즈The Byrds[7]는 시의 작곡을 통해 큰 호응을 얻었으며, 존 F. 케네디 대통령은 공개적으로 이 노래에 대한 자신의 감탄을 표명했다. 이것들은 삶의 기예의 철학이 어떻게 그것의 역사적 제한성을 극복하고 초시간적 타당성에 도달하는 가를 보여주는 사례로 적절하다.

7. 헬레니즘의 삶의 기예의 지도이념

Leitideen der hellenistischen Lebenskunst

고대 윤리학이 헬레니즘의 삶의 기예로 발전해나간 것은 내용이나 형식에 있어서 삶의 기예의 철학에 선구적인 것이다. 먼저 내용적으로 폴리스의 사회적인 것으로부터 개인주의로의 헬레니즘의 전환은 인간상人間像이 얼마나 사회와 정치의 기본 조건에 달려있는가를 적나라하게 보여준다. 그러나 이 개인주의는 아직 근대의 개인심리학과는 거리가 멀다. 에피쿠로스학파에서 인간은 명백히 정의된 욕구의 체계인데, 그것의 충족만이 영혼의 안정을 가져온다. 또한 스토아학파에서 인간의 이성적 본성이 확정되어 있으며, 이 본성을 따르는 데에는 극복할 수 없는 어떤 어려움도 나타나지 않는다. 이런 전제하에서 모든 처분 불

---

7 역자 주: 1961년 캘리포니아주(州) 로스앤젤레스에서 결성되었으며 주요 멤버는 로저 맥귄(Roger McGuinn:1942~), 진 클라크(Gene Clark:1941~1991), 데이비드 크로즈비(David Crosby:1941~), 크리스 힐먼(Chris Hillman:1942~), 마이클 클라크(Michael Clarke:1944~1993), 그램 파슨스(Gram Parsons:1946~1973), 클래런스 화이트(Clarence White:1944~1973) 등이다.

가능한 것을 무가치하게 만들려는 계획은 쉽게 충족될 수 있는 것처럼 보인다. 그리하여 삶의 기예는 습득 가능한 사회공학Sozialtechnologie으로 귀결된다.

여기에서 헬레니즘의 삶의 기예의 내용적 의미가 모두 소진되는 것은 아니다. 로마시대에는 인간상을 문제시 하는 암시의 목소리가 커진다. 비록 에픽테토스 혹은 아우렐리우스에 의해 이성이 열정의 지배자로 간주되지만, 인간이 과연 자신의 고유한 집에서 주인인지에 대한 회의가 대두된다. 인간은 자신의 행동을 인식보다는 의견에 강하게 의지하기 때문에, 에픽테토스는 자기 자신을 마치 하나의 악의적이며 교활한 인간으로 주시할 것을 권유한다. 또한 아우렐리우스는 그가 무엇이고자 하는 것을 결정하지 않은 채로 내버려두었으며, 『명상록』(*Selbstbetrachungen*)에서 무조건적인 자기 경험을 요구했다. 이런 발상과 교부철학자 아우구스티누스가 『고백록』(*Bekenntnissen*)에 제기한 "나는 누구인가?"라는 인간학적 물음은 거의 차이가 없으며, 이를 통해 삶의 기예는 자신의 본래 철학적 차원을 획득한다.

인간 존재의 일회성에 대한 실존적 경험은 일반규칙을 처세를 위해 적용하는 것을 더 이상 충분하지 못한 것으로 보이게 한다. 동시에 헬레니즘의 삶의 기예의 형식적 의미가 영향을 발휘한다. 이 기예에서 중요한 것은 고전적 윤리학에서처럼 의견의 변화로부터 벗어나 있는, 용기 혹은 정의와 같은 보편타당한 도덕적 개념들의 해명이 아니다. 또한 여기서는 더 이상 젊은 인간의 교육을 위한 원칙이 아니라 오히려 평생 교육을 위한 자기기술이 중요하다. 그와 함께 이론의 새로운 형식이 형성된다. 이것이 이른바 삶의 실천에 관한 가르침, 즉 개별적인 것에서 보편적인 것을 발견하는 자기 돌봄Selbstsorge의 가르침이다. 여기에 명상, 가르침의 대화, 서한, 그리고 잠언들이라는 표현의 형식들이 상응한다. 기예의 개념은 이런 방식으로 점점 더 기술적 의미를 획득한다. 이 의미는 삶의 실천 자체가 도덕적 인물로서 주체를 구성하는 규칙을 지시한다는 데에 놓여 있다.

실존적 자기 인식으로서의 개인주의와 기예형식으로서의 이론이라는 두 가지 계기는 철학적 삶의 기예의 지속적 발전에 있어서 결정적인 것이 되었다. 역사적으로 스토아학파의 자연개념은 기독교의 창조신앙과 결합될 수 있었으며, 에피쿠로스학파의 쾌락이론은 인간의 타락한 본성에 대한 확신으로 삽입되었다. 그로써 기원후 1세기경에는 윤리적 혼합주의ein ethischer Synkretismus가 생겨나는데, 그 전개과정에서 신플라톤주의가 결코 과소평가할 수 없는 역할을 수행한다. 플로티노스(약 205-270)의 저작이 제공하는 영혼의 고양高揚에 대한 전망은 인간의 행복을 더 이상 이 세계에서 찾지 않는 삶의 기예의 '부정 철학negative Philosophie' 혹은 신학의 추동력이 되었다. 철학이 전체적으로 신학의 시녀가 된 것과 같이 삶의 기예의 규칙들은 개인적 결단을 위한 공간을 거의 허용하지 않는 교리문답서로 위축되었다.

제 3 장

르네상스의 휴머니즘에서 재발견한 삶의 기예

Die Wiederentdeckung der Lebenskunst im Humanismus der Renaissance

중세 말까지의 기독교 시대에서는 삶의 기예의 독자적 철학을 위한 체계적 장소는 존재하지 않았다. 원죄의 부담을 안고 있는 피조물로서의 인간은 스스로 구원에 도달할 수 없다. 속세로서의 차안의 세계는 인간에게 지속적인 보금자리를 제공하지 않으며, 생활태도는 예비하지 못한 죽음에 대한 두려움을 통해 규정된다. 그래서 중세 후기에는 영원한 삶에 대한 준비로서 고유한 장르인 '죽음의 기술*ars moriende*'이 생겨났다. 삶과 죽음을 지배하는 종교의 교의는 물론 스콜라 철학이 철학적 삶의 기예의 발전에 지속적으로 영향을 끼쳤다는 것을 배제하지 않는다. 하느님의 선물로서의 삶과, 특히 하느님에 대한 인격적 관계에 종속되어 있는 인격존재는 고대 덕 윤리의 한계를 분쇄하는 새로운 형이상학의 영역을 창출했다. 기독교적 목적론을 통한 고대 목적론의 해체, 그리고 창조주 하나님의 무한한 의지 또한 마침내 삶의 기예를 새로운 물음 앞에 서게 만들었다. 이 물음은 아타락시아Ataraxie와 아파테이아Apathie라는 헬레니즘의 사고형식으로는 더 이상 극복할 수 없는 것이었다.

1. 기독교인의 삶
Christenleben

토마스 아퀴나스(Thomas von Aquin, 약 1224-1274)는 『신학대전』(*Summa theologica*)의 방대한 2권을 윤리학 연구에 바쳤다. 그는 아리스토텔레스 덕론의 모든 본질적 요소를 물려받는데, 여기서 그는 덕목들을 실천적 삶의 형식들에 따라 차별화한다. 물론 고대 덕론은 모든 인간들을 포괄하는 이웃사랑을 통해 확장되며, 그 귀결로 도덕적 요구의 특정한 보편주의를 형성한다. 기독교의 주요 덕목들, 영리함, 정의, 절제 그리고 용기보다 하느님의 사랑, 박애Caritas가 더 우월하며, 이것은 덕의 형상*forma virtutum*으로 모든 도덕적 덕보다 상위의 것이다. 사랑에는 믿음과 소망이 귀속되며, 이것들은 최고선으로서 하느님의 의지로 향한다. 인간에게는 스스로 행복으로 나아가는 능력이 부인되기 때문에, 그는 하느님의 은총의 역사에 종속되어 있다. 모든 권고와 법칙들은 하느님에게 귀의함으로써 인간을 강하게 만드는 것을 목표로 한다.

기독교 교의로 아리스토텔레스 덕론이 통합되는 것과 병행하여 신플라톤주의로부터 나아가는 신비주의의 흐름이 부각될 수 있다. 이 흐름에서는 행복의 헬레니즘적 내면화가 진행된다. 이것은 당연히 하느님과 영혼의 합일이라는 징표에서 육체의 평가절하를 통한 중요한 위치이동과 병행하여 이루어진다. 이러한 내면화의 형식은 개인의 의식에게 기독교 사회윤리보다 더 많은 공간을 허용한다. 이것은 또한 아리스토텔레스의 심리학을 능가한다. 그런 연유로 만약 사람들이 기독교 시대에서의 개별성의 발전에 어떤 의미도 부여하지 않는다면, 철학적 삶의 기예에 있어서 기독교 시대의 의미를 과소평가하게 될 것이다. 강력한 금욕적 규율과 함께 신비주의의 내면성은 고대에서는 폐쇄되어 있던 의식의 심층으로 파고들어간다. 여기에는 덕과 악습의 투쟁으로서 묘사될 수 있는 유혹의 경험이 속한다. 초기 기독교 시인인 프루덴티우스(Prudentius, 348-413)의 유명한 『영의 전쟁』(*Psychomachia*, 약 400년경)은 일세기동안 정신적 삶을 비유적으로 묘사한 전형적인 작품으로 평가되었다.

새로운 인간해석의 발전에 있어서 15세기 이탈리아의 기독교적 플라톤주의가 충분히 높게 평가될 수 없었다. 피치노(Marsilio Ficinos, 1433-1499)의 『플라톤 신학』(*Theologia Platonica*)과 함께 피코 델라 미란돌라(Pico della Mirandolas, 1463~1494)의 『인간의 존엄성에 대하여』를 들 수 있다. 피코의 기본 생각은 하느님에 의해 인간에게 삶을 고유한 법칙에 따라 형성하는 자유가 주어졌다는 점이다. 이 생각은 인간을 자기 자신의 창조자라는 흡사 신적 위치에까지 끌어올린다. 피코는 인간학을 우주론과 분리시키는데, 토마스 아퀴나스에서는 인간학이 우주론의 발판 위에 서 있었다. 그러나 인간의 존엄성이라는 개념은 하느님의 의지에 대한 반항으로서 파악되는 것이 아니라, 인간에게 하느님의 창조가 부여한 자유의 범위 안에서의 인간적 창조성의 활동공간을 형용한다.

믿음과 구원의 기대의 피안에서 성취되는 자기인식이라는 의미에서의 삶의 기예는 기독교 시대에서는 독립적인 문학 장르를 산출하지는 않았다. 삶의 예지에 대해 고대로부터 전승된 주제들은 분산되어서 기독교적 글들의 묶음에서 발견된다. 이 글들은 기독교의 기초강의, 결의론決疑論, Kasuistik을 통한 고해실천 그리고 또한 세속적 삶에 대한 비판 *Contemptus-mundi*-Traktate을 반영한다. 이 문헌들 중 삶의 기예에 대한 유명한 저작인 보에티우스(Boethius, 480-524)의 『철학의 위안』이 후기 고대에서 중세로의 이행기에서 두드러진다. 이 책에서 저자는 철학을 비유적으로, 최고선으로서의 행복에 대한 논의를 통해 죽음에 대해 마음의 준비를 하도록 하기 위해 처형을 기다리는 저자를 방문한 부인으로 등장하게 한다. 여기서 비록 철학이 아직 신학의 하녀로 등장하지는 않지만, 그러나 영혼의 고양에 대한 신플라톤주의적으로 윤색된 학설은 무리없이 기독교적 세계이해로 순응한다. 인간은 지상에서의 참된 행복을 단지 신의 직관에서만 도달한다.

2. 이탈리아 르네상스의 인본주의

Der Humanismus der italienischen Renaissance

기독교에 의해 각인된 중세의 세계상이 붕괴함으로써 삶의 기예의 철학에 있어서 새로운 시기가 시작되었다. 이탈리아 르네상스의 인본주의자들은 스콜라 철학의 강의 모델로부터 전향하여 고대 문헌으로 향했으며, 세속화된 교육의 이상을 창출했는데, 이 이상은 특히 윤리학에서 반영되어 나타난다. 이런 과정에서 하나의 핵심적 지위를 프란체스코 페트라르카(Francesco Petrarca, 1304-1374)가 차지한다. 그는 시詩 이외에도 일련의 도덕철학적 논문을 이탈리아어로 작성했다. 그는 스토아 철학의 자연개념의 기호Zeichen에서 주관 자체에서의 윤리적 규범화를 위한 원천을 인식했다. 또한 계시와는 독립적으로 윤리적인 것에 대한 자연적 인식 능력이 인간에게 인정되었다. 고유한 문화시기로서의 이탈리아 르네상스의 "창시자"인 부르크하르트(J. Burckhardt, 1818-1897)에 의하면 새로운 정신은 두 가지 계기에 의해서 각인되어졌다. 그 하나는 '세계의 발견'이며, 다른 하나는 '인간의 발견'이다. 두 가지가 함께 헬레니즘의 개인주의와 비교 가능한 "개인의 발전"으로 이끌었다. 우리는 바로 개인에 대한 제2의 발견에 대해 말할 수 있으며, 이 발견은 삶의 기예의 철학에게 새로운 전성기를 열어주었다. 르네상스는 도덕철학에 관한 엄청난 양의 글들을 양산했다. 이 작품들에는 저자의 자아가 중심에 놓여 있으며, 동시대인을 위한 모범을 제시했다.

물론 고대의 개인주의와 르네상스의 개인주의 사이에는 근본 분위기에서 차이가 있다는 사실을 간과해서는 안 된다. 헬레니즘에서는 몰락하는 시대의 감정이 지배적이며, 이 감정은 삶의 기예에게 '칩거의 전략'이라는 의무를 지우게 했다. 이에 반해 르네상스에서는 '출발의 분위기'가 지배적이었다. 이 분위기는 삶의 기예에서 사회생활에 새로운 형식을 제공하는 수단을 인식하게 했다. "인간들은 자기 자신으로부터 그들이 원하는 모든 것을 할 수 있다"고 알베르티(Leon Battista Alberti, 1404-1472)는 전인全人, 만능인, *uomo universale*을 자신의 시대의 인격의 이상으로 묘사하고 있다. '자율적 인격'이라는 인간의 새로운 자기 이해에 있어서 뜻 깊은 것은 생활태도에 있어서 미학적 차원을 포함시킨다는 것이다. 이와 같이 알베르티는 중요한 예술론적 저술들을 집필했는데, 그것의 정신이 생활태도에 있어서 지도적인 것이 되었다. 『집안일 일체』(*Hauswesen*)에서 그는 가정생활을 하나의 작품으로 묘사하는데 성공한다. 이와 함께 그는 고대 로마의 전통을 계승하는데, 그 시대에서는 개인적인 삶이 항상 가정과 국가에 결합되어 있었다. 따라서 르네상스가 개별성이 자제력 없이 소진되게끔 용인했을 것이라는 가정은 올바른 것이 아니다.

3. 르네상스의 인간

Der Renaissancemensch

르네상스가 고대의 삶의 기술*teche peri bion*의 재발견뿐만 아니라, 삶의 기예의 새로운 단계의 원천으로서 형용되는 것은 결코 지나치지 않다. 르네상스에서는 더 이상 정념을 통제하는 기술이 아니라, 바로 새로운 인간유형의 창조가 중요하다. 그것은 자신의 행복 자체에 주도권을 행사하며, 모든 측면에서 능력을 구비하고 공적으로 참여하는 인간의 창조를 의미한다. 이제 미덕은 사회적으로 삶의 형식으로 정의되고, 이 형식의 가치는 개성의 묘사에 있다. 거기에는 기예가 단순한 기술과 구별되어 제작poiesis의 의미에 포함된다. 전인全人의 고안은 "자기창안"의 모범이 되며, 자기창안은 많이 맹세된 르네상스 인간의 독재Selbstherrlichkeit까지 고양될 수 있다.

이런 배경 앞에서 새로운 삶의 기예의 두 가지 선도적 형상이 고찰될 수 있다. 그것은 카스티글리오네(Baldassarre Castiglione, 1478-1529)의 『조신론』(朝臣論, *Der Hofmann*)과 마키아벨리(Niccolò Machiavelli, 1469-1527)의 『군주론』이다. 이 둘은 삶의 형성에 필요한 자신들의 규칙을 위해 이탈리아 궁정의 확고한 사회적 영역을 전제로 한다. 『조신론』(1528)은, 업무에 묶여 있으면서도 자신의 개별성을 보존하는, 궁정에서 그 진가를 입증해 보이는 인격의 전형을 보여준다. 전략적으로 자기 주위의 요구에 순응하는 아첨꾼과 카스티글리오네의 조신은 외적 가치와 내적 가치 사이의 완벽한 조화를 통해 구별된다. 이것이 순수한 실용주의와는 경계를 짓는 예술적이며 문학적인 도야를 가능하게 한다. 사랑과 아름다움은 신과 인간을 서로 결합시키는 울타리로 형용된다. 이러한 이해의 배후에는 낙관적 인간상과 사회상이 자리하고 있는데, 이것은 개인과 사회의 상호 개선을 지향한다.

새로운 인격의 이상은 마키아벨리의 『군주론』에 통치술의 좁은 영역을 넘어서는 의미를 부여한다. 이 의미가 마키아벨리를 철학적 삶의 기예의 역사에서 이정표로 만든다. 이 책은 동시대의 군주의 교육서, 즉 훌륭한 지배 실천의 지침서의 전통에 놓여 있다. 여기서 스토아학파의 덕 윤리는 정치적 행위가 표출되어야만 하는 공간을 형성한다. 마키아벨리는 인간 행위의 동물적 충동력을 노출시키는 실제적 인간상을 전제하며 도덕과 정치의 관계를 역전시킨다. 그것은 일견 도덕의 파괴, 자제력을 상실한 지배자의 권력욕에 도덕을 예속시키는 것처럼 보일 것이다. 이러한 독서방식이 실로 마키아벨리즘을 비도덕적 권력정치의 이론으로서 나쁜 평판을 받게 했으며, 그런 점에서 『군주론』은 철학적 삶의 기예를 위한 모델로는 적당하지 않은 것으로 보인다.

좀 더 면밀히 살펴보면 물론 그 이미지는 달라진다. 마키아벨리에게 중요한 것은 도덕과의 결별이 아니라, 근세의 국가형식이라는 조건아래에서의 고대 덕 윤리의 변형이다. 그리스 폴리스의 도덕적 공동체는 최종적으로 과거에 속한다. 이제 그것이 국가이든 시민이든 자기 보존이 새로운 선도적 이념이 된다. 여기에서 우리는 도덕성을 행위의 결과에서 측정하는 기능주의적 윤리학에 대해 말할 수도 있다. 결과주의로의 전환을 마키아벨리는 이념적이며, 구체적인 상황으로부터 차단된 가치규준으로 향하게 되면 필연적으로 인간의 정당한 관심을 손상시키는 사이비도덕으로 전락한다는 사실을 통해 뒷받침한다.

> "이는 우리가 전체를 고찰하게 되면 그것을 실행할 때 인간을 파멸시키는 표면상의 덕과, 그것에 있어서 안전과 고유한 안녕이 보증 받게 되는 표면상의 악덕이 존재하기 때문이다."(『군주론』, 15장)

플라톤이 출발점으로 삼는 그 자체를 위한 선에 대한 신뢰에 반해, 마키아벨리는 순수한 작용의 표시로서 기능하는, 즉 오로지 적용을 통해 그 의미가 규정되는 '덕의 경제학eine Ökonomik der Tugenden'을 전개한다. 이것은 자기보존을 요구하는데 마키아벨리에게 당연히 생존을 위한 투쟁보다 더 한 것, 이른바 정신적 단호함과 일치를 수립하는 것이다. 이것은 인간이 지속적으로 입증해야만 하는 과제이다. 그러나 정확히 이것이 경제원칙이 선도적인 것이 되는 생존의 기예를 형성한다. 따라서 현대 논리학에서 '의미 사용설'이 전개된 것과 같이 마키아벨리에 있어서

'도덕적 가치의 사용설(화용론)'에 대해 말할 수 있다.[1]

인본주의 윤리학과의 단절이 또한 그렇게 급진적인 것인 만큼 마키아벨리의 기능주의는 아리스토텔레스의 덕 윤리와 명백히 일치하고 있음을 보여준다. 아리스토텔레스는 윤리적 덕에 있어서 중용을 추구할 것을 요구했다. 그 연유는 단지 그렇게만 인간의 자연적 욕구가 참작될 수 있기 때문이다. 이와 함께 아리스토텔레스는 도덕적 가치평가의 특정한 상대성을 인정한다. 무원칙적 상대주의와 혼동해서는 안 되는 바로 이 상대성이 마키아벨리의 현실주의에 내재해있다. 로마의 위정자의 모범에 의거해서 추진력을 도덕적 의미와 결합하는 비르투virtù라는 그의 중심개념은 실현가능한 것을 추상적 원리보다 더 높이 평가한다. 이것이 그 안에서 마키아벨리가 도덕적 몰락의 근거를 인식하는, 위험한 이중적 도덕으로 인도한다.

이런 독서방식은 마키아벨리의 『군주론』이 정상적 인간의 삶의 기예의 모델로서 관심을 갖고 다루어졌다는 사실을 설득력 있게 만든다. 도덕성은 인간이 함께 살아가는 조건에서의 검증이 필요하며, 그것은 단순히 타자에 대한 지배의 기술뿐만 아니라, 특히 자기 자신에 대한 지배의 기술도 요구한다. 인간은 자신의 충동의 모순성에 대비해야만 한다. 이것은 스토아학파의 아파테이아로는 충분하지 못한 어려운 과제를 나타낸다. 심리학의 통찰이 보여주듯이, 인간의 충동적 삶은 그것을 억제하는데 권력적 수단을 사용하지 않고도 버텨낼 수도 있을 것이라고 짐작하는 것보다 훨씬 강렬하다. 따라서 마키아벨리는 다음과 같이

[1] 역자 주: 도덕적 가치가 미리 확정된 것이 아니라 사용하는 맥락에 따라 결정된다는 화용론적 입장을 의미함.

설파한다. 국가라는 삶의 통일체의 유지와 개인이라는 삶의 통일체의 유지(통치술과 삶의 기예)는 윤리적 현실주의의 동일한 규칙들에 종속된다. 마키아벨리보다 더욱 강력하게 귀치아르디니(Francesco Guicciardini, 1483-1540)는 그의 그림과 잠언에서 구체적 상황이 보편적 법칙으로 해결될 수 없음을 강조한다. 그런 연유로 삶의 기예가 행위의 영역을 평가할 수 있기 위해 잘 훈련된 구별능력을 필요로 한다. 상태에 대한 냉철한 평가는 철저히 전술적 기동을 필연적인 것으로 만든다. 단지 중요한 것은 모두가 어떤 역할을 자신이 수행하는지에 대해 분명히 하는 것이다. 자기기만에 대한 경고가 얼마나 시급한 것인지 당시의 도덕철학적 현실주의자들이 삶의 기예를 "삶의 정치(Hans-Peter Krüger)"라는 개념으로 설명한다는 데에서 알 수 있다.

4. 자기경험의 우위

Primat der Selbsterfahrung

마키아벨리의 『군주론』에서 최고의 절정을 경험한 르네상스의 인간상이 이탈리아적 형태의 외부에서 독특하게 단절된 형식으로, 즉 16세기 후반부 인본주의적 운동의 선두를 넘겨받았던 프랑스에서 나타난다. 정치가이자 인본주의자이며 이태리 문화에 정통한 전문가인 남프랑스의 귀족인 몽테뉴(Michel de Montaigne, 1533-1592)는 그의 유명한 『수상록』(*Essais*)에서 하나의 인간상을 보여준다. 이 인간상은 데카르트 철학과 함께 근대 주관주의의 선도적 형상이 되었다. 『수상록』은 인간 조건*conditio humana*을 그 현상들의 관점주의적 다양성에서 묘사하고 반성한다. 정념, 성향, 개별적 상황과 집단적 생활형식들은 체계 없이 그리고 느슨한 순서에서 다루어지는 논제들이다. 이것은 윤리적 주제를 다루는 유일하게 적절한 형식으로서 생활세계로의 전향을 의미한다. 몽테뉴에 따르면 전통적 도덕철학적 논문은 추상적 개념과 또한 연역적 방법을 사용하기 때문에 도덕적 주체로서 인간이 스스로 입증해 보여야만 하는 구체적 상황이 결여되어 있다.

예시와 잠언을 위한 출전으로서 몽테뉴는 고대 작가들, 특히 키케로, 세네카, 루크레츠(Lukrez, B.C 약 97-B.C 55) 그리고 플루타르코스(Plutarch, A.D 약 46~120)와 같은 로마의 거장들을 활용한다. 중세의 교의학자 혹은 교부들과 같은 기독교 작가들은 아무런 역할을 하지 못하고, 아우구스티누스는 『수상록』에서 단 한 줄도 언급되지 않는다. 이러한 출전의 상황과 고유한 형이상학적 체계에 대한 명백한 거부를 고려할 때 몽테뉴의 철학함을 절충주의라고 이름붙일 수 있다. 그러나 이것은 평가 절하하는 의미에서가 아니라, 르네상스의 말기에 나타나는 특유의 자기이해를 묘사한다. 이 자기이해는 이후의 합리주의를 특징짓는 오래된 것과 새로운 것, 역사적인 것과 체계적인 것, 고유한 것과 낯선 것의 대립들에게 나타난다.

몽테뉴가 묘사한 인간 형상은 인간의 모든 성향들이 동동하게 타당한 것으로 인정된다는 점에서 기독교적 플라톤주의의 위계적 구상과는 구별된다. 영혼의 부분에 대한 플라톤적 위계질서와 육체의 정신에의 예속이라는 지위에서 몽테뉴의 경우 인간은 자신의 창조적 전체성에서 등장한다. 게다가 그러한 존재로서 인간은 항상 그가 그때그때 머물고 있는 구체적 상황으로부터만 평가될 수 있다는 것이 첨가된다. 동시에 몽테뉴에서는 인간이 자신의 도덕적 노력에서 연관되는 현실이 파악된다. 피안은 서서히 감추어지고 내재성Immanenz의 관점이 우리가 안심하고 자신을 맡길 수 있는, 차안의 친구들을 지향하는 삶을 정당화한다. 몽테뉴는 처세에 능통함Lebensklugheit을 고유한 삶의 형식에게, 즉 "우리 안에 있는 것"에게 활동의 여지를 제공하는 능력으로 이해한다. 그리하여 인간상에 무규정성이 들어오는데, 이것을 딜타이(W. Dilthey, 1833-1911)가 다음과 같이 함축적으로 표현했다.

> "고대의 유명한 헤르메스 신의 주상柱像이 이중적 얼굴을 가리키듯이 우리는 몽테뉴의 『수상록』에서 회의주의자를 보게 된다. 그러나 고개를 돌리면 로마의 스토아학자들을 보게 된다."(「사고의 자율성」, in: GS II, 263쪽)

이를 통해 몽테뉴가 인간에게서 발견한 모든 면모가 말해진 것은 당연히 아니다. 도덕성과 간계의 모든 결합은 인간 본성의 역동성을 표현하는 한 허용된다. 삶의 형식의 다양성이 의미의 일관성을 불가능하도록 그토록 위협하지만, 몽테뉴는 방향설정의 심급으로서 스토아학파의 본성개념을 충실히 따른다. 도덕적 연약함에 대한 모든 회의에서 로마의 스토아학파가 제시하는 "본성에 따른 삶"은 활동영역을 제공한다. 그 영역 안에서 인간은 또한 종교적 교의에 독립적으로 행복하고 도덕적으로 선한 삶을 이끌 수 있다.

몽테뉴는 그의 인간상의 본보기에 대한 시험을 자기 자신에서 수행한다. 그의 진술에 따르면 자기 자신이 그의 모든 고찰의 중심적 대상이다. 비록 사물들과 다른 사람들이 그를 감동시키지만 그를 속박하지는 못한다. 그래서 그에게는 궁극적으로 고유한 개인과의 일치가 중요한 것이다. 몽테뉴는 르네상스 개인주의의 연장선상에서 자신의 생각을 전개하고 있다. 그러나 스스로 지배자로서 백성과 대조를 이루는 르네상스 인간의 권력에 정향된 자기보존과는 달리 몽테뉴는 자기 자신을 일상적 인간의 본보기로서 제시한다. 우리가 한번 가볍게 기교적인 겸손을 간과한다면 몽테뉴가 주체성의 아주 새로운 형식을 추구한다는 것은 분명하다. 르네상스 인간의 이기주의로 기우는 과도한 자기가치 감정은 회의적이고 심지어 반어적 자기서술에 굴복한다. 그와 동시에 구체적 상황에 순응하며, 개인을 더 이상 정의할 수 없게 만드는 상이한 정체성들이 고찰된다.

마키아벨리의 『군주론』을 배경으로 두고 보면 몽테뉴에 있어서 바로 권력의지가 주체성의 내부에서 파열된다고 말할 수 있다. 말하자면 부분적으로 자기 관계가 바로 자기 자신으로부터 벗어나는 것이 된다. 주체의 탈중심화에서 언급할 만한 것은 물론 이것이 도덕적 약화로 인도되지는 않는다는 점이다. 오히려 그 반대이다. 바로 이 '물러섬 Zurücknahme'에서 자기Selbst는, 낯선 행위준칙에의 속박으로부터의 자유에서 절정을 이루는, 기대하지 않았던 도덕적 강화를 획득한다. 그리하여 몽테뉴는 고대의 도덕철학적 체계에 대해 그가 정말 이 체계의 준칙에 따라 생활할 수 있는지를 자문하지만 곧 부정적 결론에 도달한다. 인간이 철학적 성찰 없이 빈둥빈둥 살아가야 한다는 것은 아니지만 모든 덕의 지식은 회의적 "무관심성"의 원칙을 추종해야만 한다. 본성에 대한 스토아학파의 신뢰와 연관해서 이 회의는 몽테뉴 자신을 행복하며, 동시에 도덕적으로 신뢰할만한 인간으로 형용하는 상태로 옮겨 놓는다.

우리가 삶의 기예의 실천에 있어서 새로운 자기 경험의 소득에 대해서 묻게 되면 몽테뉴 자신이 바로 올바른 대답으로 인도한다. 『회환에 대하여』라는 에세이의 시작 부분에는 다음과 같은 결정적 문장이 있다.

> "다른 사람들은 인간을 도야시킨다. 나는 인간에 대해 서술하고, 제대로 나쁘게 형성된 개인을 묘사한다."

이 개인이 바로 몽테뉴 자신이며, 그는 자기 서술의 저자로서 그리고 객체로서 도덕적 규정을 제시하는 것을 금지한다. 이에 상응하게 고대의 저자들로부터 넘겨받는 잠언들은 결코 확언적인 것이 아니라 항상 그 안에서 묘사된 문제를 참작하여 제시된다. 따라서 몽테뉴에게서 삶의 기예는 규범 윤리학이 끝나는 지점에서 시작한다. 그의 확신에 따르면 삶은 지속적으로 변화하는 전체성에서 덕의 규칙 체계로 환원되지 않기 때문이다. 그러나 이것이 도덕적 인성 형성을 완전히 거부하는 방향으로 귀결되지는 않는다. 항상 몽테뉴는 스스로를 '제대로 나쁘게' 형성된 개인이라고 말하며, 그는 이 개인을 그 자신인 것과는 "맹세코" 다르게 만들 것이라고 첨언한다. 왜냐하면 그는 가장 심원한 차원에서, 면밀히 살펴보면 신 혹은 자연의 예지를 증명하는, 인간의 더 긍정적 상이 두드러지게 나타난다는 신념을 가졌기 때문이다.

관찰하는 이성의 이러한 낙관주의는 엄격한 도덕 규정을 지나친 것으로 만들며, 한 번도 자기 자신을 모범으로 이해해서 알려고 하지 않았다. 기껏해야 이것은 특수에서의 보편, 즉 모두가 자기 자신에서 발견해야만 하는, 개별적 법칙을 위한 본보기로 기여한다. 삶의 기예로서 도덕철학은 규정을 제시하거나 훈육시키려 하지 않으며, 오히려 기껏해야 각각의 개인들이 스스로 어떤 인간적 자원을 가지고 있는지에 대해 생각하도록 한다. 결론적으로 몽테뉴에 있어서는 인간을 형성하는 것이 아니라 인간에게 어떻게 우리들이 경험과 도야를 통해 자기 자신을 인식할 수 있으며, 자기 자신으로부터 어떻게 고유한 체질이 약속하는 것을 형성할 수 있는가를 생각하도록 만든다. 몽테뉴 자신 보다 더 강하게 실천적 전망을 그의 젊은 친구인 피에르 샤롱(Pierre Charron, 1541-1603)이 제기했다. 그는 당시 유명했던 작품『지혜에 관하여』(*De la Sagesse*, 1601)에서 인간에게 자기 자신과 일치하는 인간의 새로운 자기가치감정을 실천적 행위로 옮길 것을 요구했다.

몽테뉴가 제시하는 주체성에 대해 현실주의적이며 자기경험으로부터 생겨나는 견해를 위한 좋은 증명을 그의 가장 유명하고 철학적으로 의미 있는 에세이집(『철학함이란 죽음을 배우는 것이다』)이 제공한다. 자신의 죽음에 대한 사고는 몽테뉴에게 절망의 빌미가 아니다. 오히려 중요한 것은 죽음에 대한 적절한 개념을 전개시키는 것이라고 한다. 죽음은 비록 인간 존재의 피할 수 없는 종말이지만, 죽음은 인간에게 외적인 것이 아니라 인간 존재 자체의 본질에 속한다. 그와 함께 요구된 삶에로의 죽음의 동화는 몽테뉴에 따르면 당연히 단지 우리가 죽음의 실재성을 잊으려고 애쓰지 말고, 그것을 공포의 대상으로 계속해서 유념하지 않으며, 오히려 죽음의 예견할 수 없는 등장을 고려할 때에만 달성된다. 에피쿠로스가 생각했던 것과 같이 죽음이 인간에게 상관없는 것이 아니라, 우리는 죽음을 적당한 거리에서 유지해야만 한다. 죽음에 대한 각오에서 인간은 이 삶에서 자신의 과제를 받아들이고 그 과정에서 삶을 향유하는 자유에 도달한다.

> "인간이 죽는다는 것을 가르치는 자는 인간이 산다는 것을 가르친다……"

철학은 회의주의자 몽테뉴에서 자신의 완결을 죽음에 임해서도 자기 통제를 유지하는 기예 속에서 발견된다. 여기서 삶의 기예는 죽음의 기예를 통해 철학적으로 심화되는데, 이것은 현대 실존철학에까지 영향력을 발휘했다.

제 4 장

도덕주의자들로부터, 윤리학과 삶의 기예를 분리하는 칸트까지

Von den Moralisten
zu Kants Trennung von Ethik und Lebenskunst

임마누엘 칸트(1724-1804)는 『실천이성비판』을 통해 도덕철학에서 패러다임의 변화를 성취했다. 이 변화는 도덕감 자체를 변화시켰다. 주관적으로 타당한 행위 원칙의 위치에 누구도 벗어날 수 없는 보편타당한 도덕법칙이 등장한다. 칸트가 행복을 더 이상, 그것에 도달하는 것이 도덕화의 상이한 형식들을 허용하는 최고선으로 고찰하지 않음으로써 또한 철학적 삶의 기예는 철학체계에서 자신의 공간을 상실했다. 그러나 도덕철학으로부터 삶의 기예의 추방은 모든 엄숙주의를 인정한다고 해도 최종적인 것이 아니다. 그 까닭은 정언명법이 도덕적 행위로의 동기를 설명하지 않기 때문이다. 그의 논증은 순전히 형식적·논리적이었다. 이 논증에는 명법을 인간에게 "생동적 선택"으로 만드는 정서적 명증성이 결여되어 있다. 칸트는 당연히 이 결함을 감지했고, "지성적 감정"으로서 법칙에 대한 존경이라는 개념을 통해 극복하려고 시도했다. 그래서 도덕의 체계에서 추방된 삶의 기예가 뒷문을 통해 다시 들어오는 것, 심지어 실제로 추방되지 않았다는 것은 놀라운 일이 아니다. 어떤 형식에서 동기 물음이 칸트의 의무윤리학 '안에서' 그리고 '이후에' 계속 생존하는지를 해명하기 위해서는 먼저 그들의 대표자들을 "도덕주의자"라고 부르는 17세기 삶의 기예의 전통에 대한 고찰이 이루어져야만 한다.

1. 도덕주의자들
Die Moralisten

도덕주의Moralistik를 도덕에 대한 모든 기능주의적 파악으로 이해한다면, 르네상스의 사상가들 역시 도덕주의자로 간주할 수 있다. 이로써 도덕주의는 고대의 실천적 지혜Phronesis에 가깝다. 물론 도덕이론이 선과 악에 대한 지식을 아리스토텔레스처럼 이미 주어진 목적Telos에 의해 측정하는 것이 아니라, 체계-내재적으로 규정한다는 차이가 있다. 이것은 오히려 헬레니즘의 삶의 기예에 상응한다. 이 기예의 규칙은 개별 인간에게 적대적 환경 속에서 어느 정도 선한 행복을 확보하는 것을 목표로 한다. 이런 관점에서 도덕주의자들은 역사적으로 철학적 삶의 기예의 전통에 속할 뿐만 아니라, 오늘날의 삶의 기예에서 거의 참작되지 않는 체계적으로 중요한 관점도 대변한다. 이는 도덕주의자들이 또한 자기보존에서 비롯되는 정당한 관심의 의미에서 영리함에 전력을 기울인다고 하더라도, 탈근대적 주관주의나 미학주의와는 거리가 멀기 때문이다. 그들이 제시하는 영리함의 도덕은 실용적으로 인간이 행복한 삶을 위해 변제해야만 하는 대가를 지향한다. 그에 따라 도덕의 물음은 일차적으로 "내가 무엇을 행해야만 하는가?Was soll ich tun?"라는 것이 아니라, 오히려 행위 수행의 기초가 되는 "세상이 어떤 상태인가Wie ist die Welt beschaffen"이다.

2. 그라시안: 환멸의 체험

Baltasar Gracian: Desengano

도덕주의는 17세기 프랑스에서 정점에 달했다. 강한 개인이 중심이 되는 이탈리아 르네상스의 삶의 기예와는 달리 프랑스의 도덕주의자들은 더욱 사회적 삶에 초점을 맞추었다. 전인의 자리에 교양인오네트옴, *honnête homme*이 들어섰다. 교양인은 세련된 사회에서 단지 열정의 "전형적 완화"를 통해서만 존립할 수 있다. 이탈리아와 프랑스 사이의 중간 고리로 스페인 출신의 그라시안(Baltasar Gracian, 1602-1658)을 들 수 있다. 그의 잠언 모음집인 『세상을 사는 소중한 지혜』(*Handorakel*, 1647)[1]는 쇼펜하우어가 독일어로 번역함으로써 오늘날까지도 삶의 기예를 다룬 문헌들 중에서 이론의 여지가 없는 고전에 속한다. 그라시안은 아라고네스Arragona의 예수회 신학교 학장이고, 사제이며, 고해신부였다. 그러

[1] 역자 주: Orakel은 신탁(信託), 예언, 충고자 등의 의미가 있다. 여기서 Hand와 결합하여 휴대하면서 읽는 잠언 모음집을 뜻하는 것이 아닌가 추측해본다.

나 그의 문학적 출판물은 세속적 목표를 위해 계획되었으며, 그것의 출전은 로마의 스토아주의, 그러나 또한 구약 성서의 잠언서 및 이탈리아 르네상스의 논문들이었다. 짧은, 대부분 반쪽정도인 잠언들은 대체로 예를 들면 "냉정하게 사는 것"과 같은 행위준칙과 함께 시작하며, 이어서 이 잠언의 시의적절함이 심리학적으로 그리고 삶의 경험을 통해 설명된다. 여기에서 그라시안은 특수한 상황의 평가에 집중하는 변증법적 논리학Topik[2]의 사고형식을 따른다. 이것이 일반적 행위규칙을 명확히 표현하는 정도에서 스페인 바로크 사상가로서의 그라시안은 단지 조건적으로 삶의 기예의 고대 전통에 편입될 수 있다. 그러나 바로 엄격한 규칙준수를 결의론決疑論의 형태로 변화시킨 것이 삶의 기예에 대한 그라시안의 기여가 가지는 현재성이 있다.

몽테뉴의 『수상록』과는 달리 그라시안의 잠언들은 어떤 역사적 참조 사항도 포함하지 않으며, 문체적으로 잘 구성된 형식에서 직접적으로 사태에 집중한다. 『세상을 사는 소중한 지혜』(*Handorakel und Kunst der Weltklugheit*)[3]라는 제목에서 드러나는 것처럼 이 잠언들은 다른 사람, 그리고 자기 자신과의 친교에서의 전략을 명백히 표현한다. 목표는 자신의 고유한 의도를 관철하는 것인데, 여기서 부정한 수단이 결코 배제되지 않는다. 정반대로 처세술Klugheitslehre의 많은 권고들은 직설적으로 비열함과 당연히 인접해 있다. 이는 그라시안이 자신의 염세적 인간

---

2 역자 주: 이것은 대화할 때나 논쟁할 때에 전제들을 세우는 방법에 주로 관심을 주고 있으며, 이름이 유래된 topoi는 그로부터 모든 주제를 살펴볼 수 있는 입각점(standpoints)을 의미한다.

3 역자 주; 우리나라에서는 발타자르 그라시안, 『살아갈 날들을 위한 지혜』(임정재 옮김)(끌레마/2010)로 번역되었다.

상에 비추어 세상만사Weltlauf에 적절한 행위방식으로 간주하는 것이다. 인간의 본성적 선에 대한 믿음은 없는 것보다 세계를 더 나쁘게 만드는 결과만 초래할 뿐이라고 한다. 쉽게 믿어버리는 태도는 판단력의 결핍에서 생겨난다. 이것이 다른 사람들을 파렴치로 유혹하고 선의의 사람들에게 실망을 안긴다.

또한 『영웅』(*Der Held*)이라는 제목의 책을 쓰기도 했던 그라시안은 영리함을 사용하는데 있어서도 책략에 무게를 두는 마키아벨리에 전혀 뒤지지 않는다. 그는 공공연히 마키아벨리의 국가 이성 옆에 "자기 자신의 국가 이성"을 세우려는 목표를 추구한다. 고유한 개인의 중요성을 보장하는 것이 사회적 행위의 표준이 되는데, 여기서 기독교의 덕론은 전혀 고려의 대상이 아니다. 그라시안에게 하나의 명백한 비도덕주의를 가정하게 되면 그가 제시하는 '처세에서 영리함Weltklugheit'의 요점을 놓치게 된다. 마키아벨리가 로마의 미덕*virtus*에 고착하는 것과 똑같이 그라시안은 환경에 대항하여 자신의 내적 독립성을 유지하는 "현자"의 이상적 모습을 서술한다. 여기에 자신의 독립을 보존하기 위해 전략적 술수와 적대자의 기만을 피하지 않는 처세에서 영리함의 역설이 놓여 있다. '양 극단 사이에 붙어 있는 것Spagat'은 행위와 인격 사이가 구별될 때 성취된다. 행위의 영역에서 이용할만한 모든 것을 허용하는 삶의 기예의 배후에는, 그것의 내적 핵심이 외적 행동으로부터 지속적으로 순결하게 머무는 인격의 윤리학이 자리한다.

물론 도덕적 인격의 면역성이 파렴치한 책략의 영역에서 어떻게 지켜지는지, 그리고 지켜지기나 하는지는 여전히 문제로 남는다. 그라시안이 시사하는 것처럼 우리는 외적인 것과 내적인 것, 행위와 심정 사이를 그렇게 명백하게 구별할 수 있는 것인가? 아마도 불가능할 것이며, 추후에도 또한 그렇게 고찰되었다. 그럼에도 불구하고 어떤 숙고에 근거해서 뱀의 간계와 비둘기의 순진함이 결합된다는 확신에 도달했는지를 주목하는 것은 의미가 있다. 이것은 오늘날 외재주의와 내재주의 논쟁이라는 제목으로 토론된 내적 신념과 외적 행위의 조화로 인도한다. 이 조화는 프랑스 도덕주의자들의 이해에 있어서 원칙적 의의를 보유한다.

인격의 완전함을 지키기 위해 거부할 수 없는 수단을 그라시안은 실재와 가상 사이를 구별하는 능력에서 보았다.

> "실재와 가상. 사물들은 그것 자체가 아니라 그것이 보여주는 것으로 간주된다. 내면을 바라보는 것은 드물며, 많은 것들은 가상에 고착한다."(잠언 Nr. 99).[4]

내면의 고찰에서 중요한 것은 낯선 가상이 아니라 고유한 가상을 꿰뚫어보는 것이다. 말하자면 인격의 자기소외로 이끄는 자기기만이 대상이다. 여기서 그라시안은 라틴어 "페르소나persona"의 근원적 의미, 즉 그것을 통해 배우가 관객들에게 말하는 가면을 암시한다. 그에 따라 자기인식은 고유한 가면을 의식하고, 그를 통해 자신의 기만술책의 희생자가 되지 않는 것이다.

---

4 역자 주: 발타자르 그라시안, 위의 책, 180쪽. "보이는 것과 보이지 않는 것: 많은 사람들이 실제 내용이 아닌 겉모양을 보고 사물을 판단한다. 속을 자세히 살피는 사람은 극소수에 불과하다."

"정신적 소질, 독창력, 판단, 욕구에서의 자기 자신에 대한 지식: 누구도 스스로를 미리 깨닫지 못한다면 자기 자신에 대한 지배자가 되지 못한다."(잠언 Nr. 89)

그라시안이 살던 시대의 스페인에서는 자기인식의 이 형식을 "환멸의 체험desengano"이라고 불렀다. 삶의 형식으로서의 냉철함, 이것은 비판적 정신과 굳센 의지력을 요구한다. 그것은 외부로는 현명한 사교가 그리고 내부로는 가차 없는 현실주의자이고자 하는 "현자"를 나타낸다. 고유한 환상을 실천하려는 능력과 용기와 함께 그라시안은 프랑스의 분석적 심리학에 근접한다. 그리하여 그의 『세상을 사는 소중한 지혜』는 이탈리아 르네상스와 프랑스의 절대주의의 이념형사이의 가교를 형성한다.

3. 프랑스의 도덕주의자들

Französische Moralisten

프랑스 도덕주의자의 원조는 라로슈푸코(La Rochefoucauld, 1613-1680)이며, 그의 『잠언집』(*Maximen und Reflexion*)은 1665년 처음 발간되었다.[5] 형식에서는 이 잠언집이 그라시안의 잠언들보다 더 함축적이고 짧다. 이 잠언집은 대부분 몇 줄 정도에 지나지 않고 행위의 지침을 제공하지

---

5 역자 주: 이 책은 우리나라에서 라로슈푸코, 『인간의 본성에 대한 풍자 511』(강주헌 옮김)(나무생각/2009)로 번역되었다.

도 않으며, 오히려 인간 본성에 대한 언급들을 담고 있다. 결과는 각성적인 것이며, 자신의 함축적 표현을 라로슈푸코가 『잠언집』 4판의 서문에 제시한 모토에서 발견할 수 있다.

"우리의 미덕들은 대부분 위장된 악덕이다."

그라시안이 여전히 전략적 수단을 투입할 때에 이성적 숙고를 통해 인간은 자신의 인격의 순결함과 고결함을 보존할 수 있다는 생각인데 반해, 라로슈푸코는 미덕의 파괴에서 한 걸음 더 나아간다. 폭로의 심리학을 통해 라로슈푸코는 이성 또한 인간을 자기기만에서 지키지 못한다는 결론에 도달한다. 모든 행위의 배후에는 자기관심과 자기애가 숨겨져 있다고 한다. 이것은 인격적 고결함의 가능성을 근본적으로 문제시하는 통찰이다. 누구도 자신의 겸손, 정직, 관대함 그리고 친절이 단지 자기애의 가면이 아니라고 확신할 수 없다.

프랑스 도덕주의자들의 인간상은 염세적으로 평가되곤 한다. 그러나 이는 그들의 입장에 옳게 부합하는 것이 아니다. 그 이유는 도덕주의자들에게 중요한 것은 선과 악, 가상과 존재도 아니고, 덕 윤리의 전통적 이분법의 피안에서 움직이는 인간에 대한 서술이기 때문이다. 그들에 있어서 중요한 미덕은 현명함과 지혜가 아니라 공적과 명예, 즉 사회적 가치들이다. 이것들은 인간이 자신의 자연적 재능에 의해 만드는 습관에 종속적이다. 삶의 기예는 처세에서 영리함, 상황을 현실적으로 평가하는 준비 자세에 근거한다. 여기서 중요한 것은 의도라기보다는 행위의 효과들이다.

도덕주의자들은 인간의 내면과 직접적으로 결합되지 않는 행위의 규칙들을 중요하게 생각한다. 도대체 도덕적 핵심이 있는지 여부는 도덕주의자들에게는 본질적으로 중요하지 않다. 그들에게 가장 중요한 일은 행위의 규약이 기존의 사회로 개인의 연결을 가능하게 한다는 것이다. 그래서 사람들은 헛되이 도덕주의자들에게서 체계비판을 찾는데, 사회의 위계구조는 어느 곳에서도 의심의 대상이 되지 않는다. 그러나 이것이 도덕주의자들이 도덕을 사회생활에 대한 단순한 적응으로서 이해한다는 것을 의미하지는 않으며, 진실은 정반대이다. 주어진 질서에 대한 자명한 인정은 동요하고 자기 파괴적인 인간 본성을 안정시키는데 기여한다. 그와 동시에 도덕주의의 기능주의는 체계 아래로의 개인 행위의 예속이 아니라, 개인과 사회의 상호 교정을 의미한다. 그리하여 성공한 삶은 체계의 기능을 위한 척도가 된다. 이렇게 볼 때 도덕주의자들은 문화주의자들이며, 그들은 사회적 위상에서 개인을 사회적으로 모순이 없는 행위로 이끄는 요소를 인식한다.

도덕주의자들의 기능적 외재주의는 인간의 체험과 행위에서 심정의 순수성에 대한 어떠한 증명도 존재하지 않는다는 도덕심리학적 통찰에 준거한다. 이것은 도덕적 실천에 있어서 인간은 다른 사람들, 특히 자신과 마주하여 자신의 행위와 태도를 평가할 때 주의를 기울여야한다는 것을 의미한다. 무엇보다도 열정은, 이성과 나란히 고유한 능력으로서 판단력이 담당하고 있는, 강한 통제를 필요로 한다. 물론 인간은 행위의 판단에서 잘못 생각하며, 이것이 도덕주의자들을 오히려 염세주의적 태도로 마음을 움직였다. 바로 이 통찰이 칸트로 하여금 도덕성을 모든 경험적 충동으로부터 떼어놓고 순수 이성의 수중에 놓도록 부추긴다. 칸트는 누구도 자신의 동기의 순수성에 대해 확신할 수 없다는 점에서 도덕주의자들과 의견이 일치한다. 그러니까 그는 도덕적 실패를 인간들이 자신들의 도덕적 자기평가를 고려하여 속이려고 하는 거짓말에서보다 인간의 악한 행위에서 더 사소한 것으로 간주한다.

4. 도덕감

Moralischer Sinn

프랑스 도덕주의자들에 의해 실행된 미덕의 심리학적 정체폭로에 대한 대답은 바로 주어졌다. 이 대답은 높이 상승한 시민계급이 프랑스의 절대주의에 비하여 인생관을 더 강하게 규정했던 영국으로부터 나왔다. 그런 식으로 지배자의 마음에 들게 자신을 분장하는 억압으로부터 벗어나 시민들은 미덕의 도덕주의적 해체를 자신의 자기가치감정에 받아들일 수 없었다. 사람들은 자기애와 나란히 냉철한 타산으로부터 벗어나는 행위의 사회적 원동력이 있다고 주장했다. 영국인의 감수성은 감정적 충동에 몰입했다. 그들의 세련됨이 때로는 이 감수성으로 하여금 자신의 도덕적 성질을 잃게 했으며, 세련된 감각주의에서 끝날 정도로 지나친 면이 있었다. 지성주의에 저항해서 이러한 전환을 표명한 최초의 사상가는 샤프츠베리 백작(Earl of Shaftesbury, 1671-1713)이었다. 그는 철학사에서 취향Geschmack을 복권시킨 대표자로서 기록되었다. 그러나 여기서 그의 미학이 그의 윤리학과 엄밀하게 연관된다. 이 전환은 본유적인 "도덕감*moral sense*" 으로부터 출발한다. 이 도덕감이 인간에게 사회에 화합하는 행위를 하게끔 동기 부여한다. 그의 행복주의 덕론은 샤프츠베리가 "선과 미를 위한 열정"이라고 정의한 열광에서 정점을 이룬다.

여기로부터 모든 감정표현에 대한 도덕주의자들의 불신에 정확히 대립하는 하나의 태도가 삶의 기예를 위해 생겨난다. 샤프츠베리가 『덕에 대한 연구』(1699)와 『도덕주의자들』(1709)에서 당시의 "교양 있는 처세에 능한 사람들"에게 주는 충고는 "너의 감정에 충실하라"고 표현된다. 이를 위한 방법을 그는 미학적 교육에서 발견한다. 이 교육은 이기적 충동과 이타적 충동 사이의 조화로운 균형을 세우는 능력을 길러준다. 샤프츠베리에 있어서 삶의 표현들의 그러한 조화에 행복이 놓여 있다. 이 행복을 증진시키는 것이 철학 즉 성현의 가르침의 본원적 이상으로 묘사된다.

> "행복이 부분적으로는 우리 자신으로부터, 부분적으로는 외적 사물로부터 생겨난다면, 우리는 모든 것을 고려해야만 하며, 단순히 우리 자신에 달려있는 내적 미덕에 확실한 가치를 부여해야만 한다. 그것을 행하고, 내가 어떻게, 그리고 어디에 이러한 내적 미덕에 우선권이 부여할만하고, 언제 그리고 어느 경우에 이것들이 선택되고 그리고 비난되어야만 하는지 등등을 숙고한다면 -이것이 철학함과 무엇이 다른가?"
>
> (『도덕주의자들』, 207쪽)

5. 인간들과의 교제에서의 영리함

Klugheit im Umgang mit Menschen

내면성의 예찬은 또한 18세기 말 독일에서도 널리 유포되었다. 신에 대한 인간의 직접적 관계를 중시했던 경건주의적 자기 도야의 세속화가 언급될 수 있는데, 이것은 심리학적 자기 관찰로의 변화를 함축한다. 세속화된 경건주의는 특히 경험적 분과학문으로서의 모리츠(Karl Philipp Moritz, 1757-1793)의 내성 심리학introspektive Psychologie에서 확립되었다. 그것의 목표는 마음Psyche의 은폐된 측면으로 파고들어감으로써, 인간에게 기분의 동요를 다루는 데 있어 방향설정의 도움을 제공하는 것이었다. 그래서 "인간학Menschenkunde" 그리고 "생철학Lebensphilosophie" 혹은 "삶의 철학Philosophie des Lebens"[6] 이 강단철학에 대항하여 등장하는 삶의 기예의 경구적 형식과 결합되었다. 이를 위한 가장 저명한 본보기는 리히텐베르크(Georg Christoph Lichtenberg, 1742-1799)의 경구주의Aphoristik이다.

이러한 배경에서 크니게(Adolph Freiherr Knigge, 1752-1796)의 작품인 『인간과의 교제에 대해서』(*Über den Umgang mit Menschen*)의 의의가 충분히 높이 평가되지 못했다.[7] 19세기 순수하게 예의범절을 위한 책으로 위조된 『크니게』(*Der Knigge*)는 도덕주의적 삶의 기예의 모음집과 똑 같은 내용을 간직하고 있다. 이 책은 더 이상 궁정에서 활동하는 조신朝臣들을 우선적으로 염두에 두는 것이 아니라, 계몽된 시민계급을 수신자로

---

6 역자 주: 여기서는 'Lebensphilosophie' 혹은 'Philosophie des Lebens'를 문맥에 따라 때로는 삶의 철학, 때로는 생철학으로 번역했다.

7 역자 주: 이 책은 우리나라에서 A.F.V. 크니게, 『인간교제술. 효과적인 237가지 법칙』(김진욱 옮김)(지성문화사/2009)(3판)으로 번역되었다.

하는 것이었다. 인간이 인간의 고유한 연구(포프, Alexander Pope, 1688-1744)라는 계몽철학의 요구에 부응하여 크니게는 강점과 약점을 똑같이 기록하는 인간 본성에 대한 균형 잡힌 분석을 제공한다. 여기서 그는 행복의 실현에 대한 조심스러운 낙관주의를 이끌어낸다. 인간에게 요구되는 것은 다른 사람의 욕구와 기대, 그리고 무엇보다도 자기 자신과의 사려 깊은 친교이다.

> "우리 자신에 대한 의무는 가장 중요한 첫 번째의 것이며, 따라서 우리의 고유한 인격과의 교제는 분명 가장 무의미한 것도 가장 관심 없는 것도 아니다. 그리하여 항상 다른 사람들 사이에서 방황하며, 인간과의 교제 때문에 자신의 고유한 사회를 소홀히 하는 것, 마치 자기 자신으로부터 등을 돌리는 것처럼 보이는 것, 자신의 고유한 자아를 계발하지 않고 항상 다른 분쟁을 걱정하는 것은 눈감아 줄 수 없다."
>
> (『인간과의 교제에 대하여』, 66쪽 아래)

크니게는 자기 자신과의 친교라는 고대의 이상을 '자기 자신에 대한 존경'으로 번역한다. 이 '존경'이 상이한 인간 집단들에 따라 차별화하여 대응해야만 하는 긍정적인 사회적 행위의 기초이다. 모든 상황의 순응에 있어서 "내적 의식", 확고한 심정에의 충실함이 신뢰할만한 도덕적 행위를 보증하는 최고의 원칙이다. 이 척도에 의거해서 크니게는, 자기 자신만을 걱정하는 인간의 개인도덕에 대한 그의 비꼬는 묘사가 증명하듯이, 그 당시의 세계시민적 정신을 특별히 비판적으로 평가한다. 이 인간은 자신의 충동을 만족시키기 위한 체계를 고안한다.

"오! 축복받은 황금의 시대! 그 다음 우리 모두는 한 가족을 형성한다. 그러고 나서 우리는 고귀하고 친절한 식인종을 형제같이 꼭 껴안고, 그다음 이런 호의가 확장되고, 마침내 천재적인 오랑우탄과 함께 이 삶을 통해 손을 맞잡고 갈 때까지 거닌다. 그 다음 모든 사슬이 떨어진다. 그리고 모든 선입견이 사라진다. 나는 더 이상 아버지의 부채를 지불할 필요가 없다. 나는 더 이상 한 여자로 만족할 필요가 없으며, 네 이웃의 금고 열쇠는 어머니 같은 대지가 우리 모두에게 베푸는 황금에 대한 나의 본유적 권리를 실행하는데 더 이상 장애물이 아니다."(126쪽)

이 표현에는 크니게가 그의 시민적인 행위 규범을 통해 추방하려고 시도한 초기 낭만주의적 개인주의의 유령이 돌연 나타난다.

크니게와 함께 칸트는 단지 이성을 통해 인도된 삶만이 도덕적 주체로서의 인간 규정에 적합하다는 생각에 동의한다. 물론 그는 합리주의적 인간상과 그와 결합된 행복과 도덕의 통일이라는 신념에 대한 이의로부터 지속적으로 자유로울 수 없었다. 칸트가 1760년대에 영국인에 연결하여 도덕감을 덕론의 기초로 고찰했다는 사실은 윤리학의 역사에서 거의 주목받지 못했다. 그는 루소의 인간상에 깊이 감명을 받았으며, 이 인간상에 따르면 덕은 사회적 위상과 교육에 종속적이지 않다. 그러나 또한 감정윤리는 칸트에게 도덕적 행위를 위한 신뢰할 수 있는 공간을 제공하지 못했다. 칸트는 덕 윤리와 체계적 도덕철학을 철저하게 분리했다. 프로테스탄트 사상가로서 칸트가 심정과 행위, 존재와 가상 사이의 불일치를 무시할 수 없었기에 그는 삶의 기예의 경험적 규칙들과 작별을 고했다. 순수 이성에서 유래하는 그의 정언명법은 보편화 가능성의 원칙에 의거해서 순수한 형식적 명제들로서 도덕 법칙을 명확히 표현한다.

6. 형식주의와 행복주의의 대결

Formalismus versus Eudämonismus

인간이 누리는 삶의 최고 가치로서의 행복으로부터 고결한 행위를 도출하는 전통적인 목적론적 윤리와는 달리, 칸트는 도덕성과 행복을 분리한다. 그는 비록 인간이 필연적으로 행복을 추구한다는 것을 인정하지만, 행복은 어떠한 보편타당한 도덕적 규범도 허용하지 않는 무규정적 개념이라고 말한다. 그리하여 그는 행복에 "행복의 품위 Glückwürdigkeit"를 대립시킨다. 이것은 인간이 목표를 추구할 때, 자신의 이기주의적 충동으로부터 벗어나 다른 사람을 배려하는 것이다. 칸트는 타자에 대한 존중을 인간에게 호의적인 경향으로 환원시키지 않으며 도덕법칙을 "실천" 이성을 통해 정초한다. 그는 실천 이성을 과제의 성취에 필요한 도구적 이성이 아니라 논리적 무모순성에 놓인 이성성 Vernünftigkeit의 형식으로 이해한다. 이로써 칸트는 모든 특수한 행위규칙들을 보편타당성을 기준으로 측정하도록 하는 하나의 척도를 발견한 것으로 생각했다. 이것이 칸트의 도덕 형식주의를 형성한다. 이 형식주의는 행위규칙들의 이성성이라는 형식이 인간들을 행위규칙들을 따르도록 유도한다고 하는 것에서 정점을 이룬다. 칸트는 주관적 동요에서 벗어나야만 하는 내적 명증성으로서 "법칙에 대한 존경"에 대해 말한다. 이러한 구성을 통해 칸트는 도덕규범들에게 무조건적인, 특수한 행위의 목표들과 상황으로부터 벗어난 명법을 성공적으로 제시한다. 이것이 칸트 윤리학의 엄격주의를 형성한다. 이 엄격주의가 처세술의 모든 규칙들을, 무조건적 복종을 요구하는, 정언명법의 당위아래 예속시킨다.

칸트의 의무윤리학은 전통적 행복주의에 반해 이득도 챙기지만 결핍도 드러낸다. 장점들은 잘 알려져 있으며, 그리고 그러한 것으로서 또한 인정되었다. 행위규범들의 보편적이며 확언적인 타당성은 그것이 경험적이든 혹은 정신적이든, 권위들이 도덕적 타당성의 요구를 제기할 수 있는 가능성을 배제한다. 결정적인 것은 단지 칸트가 선한 의지와 동일시하는 이성성의 형식뿐이다. 선한 의지는 모든 인간에게 전제될 수 있고, 그래서 자유가 평등의 조건에 결합된다. 이제 개인들은 도덕적 행위를 위한 준거 주체Referenzsubjekt로 머물며, 고대에서 실천된 인간 집단들의 사회적 제외는 원리적으로 배제된다.

이성의 우위와 함께 고대 덕 윤리에 반해 또 다른 진보가 성취되었다. 고대 덕 윤리는 개인의 행복을 공동체의 행복아래 예속시켰으며, 그를 통해 비정치적 정적주의Quietismus를 후원했다. 그에 반해 칸트의 의무윤리학은 공정한 상태의 수립을 목표로 했다. 개인은 비록 적극적으로 타당한 법률에 반대할 수는 없으나, 즉 전복을 계획해서는 안 되지만, 도덕적으로 모든 인간의 자유에 대한 법적 평등을 옹호해야만 했다. 정언명법은 불의에 적어도 정신적으로 대항하는 것을 도덕적 의무로 만든다. 그런 면에서 정언명법은 집단의 불의에 대항한 투쟁에서 정당화의 심급으로서 간주되며, 상응하게 나치 시대의 저항운동은 칸트를 증거로 끌어들였다.

이 형식주의의 세 번째 긍정적 특징으로 순수한 감정 윤리학에 대한 칸트의 방어를 들 수 있다. 칸트에 있어서도 도덕성은 또한 내적 행위이다. 하지만 내면성은 합리적으로 근거된 규범에 놓여 있는 것이지, 통제할 수 없는 감정적 충동에 놓여 있는 것은 아니다. 자기 자신과의 친교라는 아리스토텔레스의 이념에 대하여 칸트는 분명하게 비판적으로 대한다. 누구도 사심 없는 동기로부터 행위한다고 확신할 수가 없다는 것이다.

> "나는 인간애 때문에, 우리 행위들이 대부분 의무에 부합한다고 인정하고자 한다. 그러나 그 행위들이 좇는 바를 좀 더 자세히 들여다보면, 사람들은 곳곳에서 항시 돌출하는, 사랑하는 자기에 부딪치는바, 행위들의 의도가 의지하고 있는 것은 이 사랑하는 자기이지, 빈번히 자기부정을 요구할 터인, 의무의 엄격한 지시명령이 아니다. (특히 나이가 들어가면서, 경험에 의해 한편으로는 깨우치고 한편으로는 관찰이 예리해진 판단력으로) 어느 순간에, 과연 실제로 이 세상에서 어떤 참된 덕이 만나질까 의심하게 되기 위해서는, 우리가 덕의 적까지 될 필요는 없고, 선에 대한 활발한 소망을 곧바로 그것의 실재라 여기지 않는 냉철한 관찰자인 것만으로도 족하다."[8]

이와 같이 『윤리형이상학 정초』에 기록되어 있다(Akad. Ausg. IV, 407

[8] 역자 주: I. Kant, 『윤리형이상학 정초』(백종현 옮김), 아카넷, 2005, 105쪽 아래.

쪽). 이 통찰로부터 칸트는 참된 도덕성은 단지 "이성 그 자체로부터 그리고 모든 현상으로부터 독립하여" 생겨날 수 있다는 생각에 도달한다. 이 표현에서 경건주의의 정신이 인지된다. 비록 칸트가 감정을 도덕의 원칙으로서 거부하지만, 그에게 내면성은 인간이 자기 자신의 의심을 견뎌낼 수 있는지 여부가 결정되는 장소로 남는다. 이런 배경에서 칸트의 윤리학은 심정윤리학이다. 그러나 그것이 심정윤리학이 되는 것은 내면성이 감정에서가 아니라, 그것의 법칙부여가 의지의 자기결정과 동일한 것인 순수 이성에서 기인하는 정도로 그러하다.

7. 칸트의 이성 윤리학의 결함

Defizite der kantischen Vernunftethik

칸트 윤리학의 발전에는 매우 중대한 결함이 가로막고 있다. 실천이성의 형식주의는 끊임없이 삶과는 낯선 것으로 받아들여졌다. 특히 법칙성의 단순한 형식이 인간을 도덕적 행위로 인도하는지 여부가 의심되어왔다. 왜냐하면 그것의 실현이 인간에 중요한 것은 우선적으로 내용적인 것이기 때문이다. 그에 반해 칸트는 도덕적 행위를 구체적 활동으로서가 아니라 준칙, 즉 행위의 주관적 원칙의 숙고로서 고찰한다. 사람들이 비록 자신의 준칙을 따르는 것을 규칙으로 만들 수 있다고 하더라도 그것은 경험에 부합하여 기능하지 못하며, 논리적으로 무한 역진Regress으로 이끈다. 준칙에 따라서 행위하는 것, 준칙의 준수를 위해서는 다시금 하나의 준칙이 필요하다고 할 수 있다 등등. 여기서 합리주의적 발상은 자신의 한계에 다다른다. 행위 규범들은 인간의 욕구와 희망에 상응하는 인간의 느낌과 의욕을 건드릴 때 비로소 행위를 이끄는 신념이 된다. 동기부여의 매체는 그에 따라 개별행위를 위한 추상적 규칙들이 아니라, 오히려 인간들의 행위를 선도하게 하는 삶의 이미지들이다. 이미지들은 극도로 변화에 저항하려는 성질을 가지고 있으며, 윤리학은 동기의 이러한 무의식적 심층에 다가서기 위해서 해석의 특별한 기예를 필요로 한다.

그러나 결함은 단지 동기부여의 문제에만 국한되는 것이 아니라, 또한 정언명법으로부터 구체적 의무를 도출하는 데까지 확장된다. 『윤리형이상학정초』에서 다루어지는 이 명법의 상이한 규정들은 경험적 요소를 포함하고 있다. 칸트는 이것들을 당위에 대한 자신의 형식적 논증에서 실제로 배제하려고 했다. 이는 특히 인간-목적이라는 정언명법의 공식에 해당한다.

> "네가 너 자신의 인격에서나 다른 모든 사람의 인격에서 인간성을 항상 동시에 목적으로 대하고, 결코 한낱 수단으로 대하지 않도록, 그렇게 행위하라."[9] (Akad. Ausg. IV, 429)

이 공식은 삶의 기예에 대한 현대철학에서 선도적 의미를 가지는 "자연에 순응하며 살라!"는 스토아학파의 명법을 근대적으로 변형한 것으로 해석하게 한다. 그런 면에서 내용적으로 규정된 의무를 명확히 표현할 때에 소위 "덕의무들"의 형식에서의 덕론을 칸트 윤리학에로

---

9 역자 주: I. Kant, 『윤리형이상학 정초』(백종현 옮김), 148쪽.

다시 끌어들이는 것은 놀라운 일이 아니다.

행복주의를 거부하는 것과 더불어 삶의 기예는 윤리학에서 어떠한 자리도 더 이상 확보하지 못한다.

> "왜냐하면 도덕적 법칙이 말하는 곳에는 객관적으로 행위되어야만 하는 것에 대한 자유로운 선택이 존재하지 않는다."(『판단력비판』, § 5)

칸트 윤리학도 역시 자신의 계율의 전환, 즉 적용의 기예가 필요하지 않다. 왜냐하면 계율이 법칙의 성격을 가지며, 그리고 동시에 그 자체로 실천적이어야만 하기 때문이다. 칸트는 이러한 귀결에 대해서 철저히 인식하고 있었다. 그는 숙련성, 영리함 그리고 지혜Geschicklichkeit, Klugheit und Weisheit라는 실천의 세 가지 근본형식을 구별한다. 숙련성은 기술적 규칙을, 영리함은 실용적 충고들 그리고 지혜로움은 도덕적 계율을 요구한다고 한다. 행복주의의 윤리학에서는 이 세 가지 행위형식들이 하나의 통일체를 형성하는 반면 칸트는 이성성이라는 형식으로서의 지혜를 실천의 경험적 형식들로부터 구별한다. 이것은 용어적으로 계몽철학자인 토마지우스(Christian Thomasius, 1655~1728)가 여전히 정치적 영리함과 동의어로 사용했던 "처세에서 영리함Weltkulgheit"을 칸트가 "사적 영리함"으로 제한시키고, 그것을 대중에게 제공하는 것을 "여기저기서 주워 모은 관찰들과 궤변적 원리들의 구역질나는 잡동사니"[10](『윤리형이상학정초』, Aksd. Ausg. IV, 409)로 거부하면서 나타난다. 그에 반해 칸트는 그의 윤리학을 "순수한 실천적 세계지혜" 혹은 무조건적 의무

---

10 역자 주: I. Kant, 『윤리형이상학 정초』(백종현 옮김), 110쪽.

로 부여된 원칙들과 함께 "윤리의 형이상학"으로서 정립한다.

감성과 이성의 이원론에 상응하게 선험적 부분과 경험적 부분으로 도덕철학을 분리함으로써 칸트는 행복을 향한 피할 수 없는 추구에 도덕적 성질이 포함될 수도 있다는 관점을 차단한다. 이는 인간의 의욕이 항상 타당성의 요구에 의해 동반되는데, 이 요구가 인간의 자기가치감정에서 표현되기 때문이다. 행복은 희망의 부적격한 충족에서 성립하는 것이 아니다. 잘 알다시피 인간이 마음먹기에 달려있듯이, 의지는 의욕의 배후에 세상이 어떻게 진행되어야만 하는지에 대한 신념이 놓여있다는 것을 전제한다. 그러나 대체로 표현되지 않는 이 신념은 단지 이것이 다른 사람에 의해 공유될 수 있을 때에만 가치를 갖는다. 다른 사람의 동의가 강요되거나 이기적 동기에서 생겨나서는 안 된다. 그리하여 다른 사람의 자유로운 결정에 대한 배려는 인간의 행복추구에 속한다. 그것은 이타주의와 관련이 없으며, 인격과 그의 세계상을 인정받고자 하는 욕구에서 생겨난다. 모든 인간은 자신의 평가와 함께 홀로 서있지 않은 세계에서 살고자 한다. 이 복잡하고, 철저히 미혹되기 쉬운 정신적 기제는 도덕적 가치평가들의 또 다른 영역을 개진한다. 이 가치평가들은 합리적 규범의 논증을 넘어서는 삶의 기예의 철학을 필요로 한다.

8. 세계지식과 인간지식으로서의 인간학

Anthropologie als Weltkenntnis und Menschenkenntnis

칸트가 제시한 윤리학의 형식주의는 당연히 영리함과 삶의 기예가 완전히 실천 철학에서 사라졌다는 것을 의미하지는 않는다. 이것들은 변형된 형식에서 "세계지식Weltkenntnis"으로서 등장한다. 이 표현은 1798년 칸트 자신이 편집한 강의『실용적 관점에서 본 인간학』(Akad. Ausg. VII. 120쪽)에서 나타난다. 인간학의 대상은 사회적 세계에서의 인간이다. 인간 정신의 세 가지 능력(인식, 감정, 의욕)에 관한 서술로부터 칸트는 인간의 행동에 대한 통찰들을 획득한다. 이 통찰들은 "이른바 커다란 세계sogenannten großen Welt"에서 능통하고 자기지위를 유지하고자 하는 모든 사람이 필요로 하는 것이다. 세계지식과 인간지식은 말하자면 공속적이다. 여기서 인간은 본성이 아니라 문화적 존재로서 고찰된다. 인간인식의 원천으로서 칸트는 사회생활에의 참여, 여행, 여행기 그리고 마지막으로 연극과 소설 또한 들고 있다. 「인간학적 성격론」이라는 제목아래에 칸트는 개인, 성性, 민족, 인종 그리고 마지막으로 인류의 특성을 다루고 있다. 여기에서 칸트는 개별적 문화들을 주목하는 것이 아니다. 그에게 중요한 것은 오늘날 '문화인류학'의 대상인 사회적 행위의 상수常數 혹은 전형이다. 인간행위의 상이한 차원들에 대한 규명에서, 자연과 문화의 차이에 대한 강조아래에서, 칸트는 여자에 대한 전통적 평가절하 대신, 성性의 양극성이 훌륭한 공동생활의 전제로서 고찰될 수 있다는 점을 부각시켰다.

> "왜냐하면 서로를 결缺해 있는 것이 불가능한 양자의 요구가 동등하다면 자애自愛가 단지 말싸움을 불러일으킬 뿐이기 때문이다."
>
> (Akad. Ausg. VII, 303쪽)

『실용적 관점에서 본 인간학』의 서론에서 칸트는 또한 '체세에서 영리함Weltklugheit'의 개요Kompendium로서 인간학이 직면하는 방법적 어려움에 대해서도 토로한다. 그리고 그는 나중에 민족학의 현장조사가 접하게 되는 역설을 언급한다: "세계를 안다는 것Die Welt kennen"과 "세계를 소유한다는 것Welt haben"은 동시에 실현되지 않는다. 국외자적 관찰자는 함께 활동하는 사람에게만 직접적으로 접근 가능한 삶의 현실에서 벗어난다. 그러나 함께 활동하는 사람은 너무 근접해있기 때문에 행동에 대한 통찰을 가지지 못한다. 내적 관점과 외적 관점을 서로 결합하는 것이 실용적 관점에서 본 인간학을 순수한 자연사로부터 구별한다.

행위 규범들을 이성원칙으로부터 도출하는 윤리학과는 대조적으로 경험적 대응물로서 인간학은 오히려 서술적 방법을 취한다. 물론 칸트는 서술에 멈추어서 있지 않는다. 그는 "자연이 인간에 대해서 하고 있는 것이 무엇인가"에 대한 탐구로서 "생리학적 인간지식"과 "자유롭게 행위 하는 존재로서 자신에 대해 무엇을 하고 있으며, 혹은 무엇을 할 수 있으며 또한 무엇을 해야 하는가"를 목표로 하는 실용적 인간지식을 구별한다(Akad. Ausg. VII, 119쪽). "만들 수 있고 그리고 만들어야만 하는machen kann und soll"이라는 표현은, 도덕적 당위가 인간 능력의 한계를 건드리면서 생겨나는 이성윤리의 어려움을 가리킨다. 칸트는 정언명법이 인간에 대해 단지 자신의 힘 안에 놓인 것만을 요구한다는 논제를 대변한다. 인간은 단지 자신의 감각적 본성으로부터 귀결되는 "악에의 소질"을 극복하기를 각오해야만 한다. 그것이 원칙적으로 항상 가능한 것인지 여부는 당연히 결정되지 않는 채로 있다. 하여튼 칸트의 의무 윤리학은 관련된 사람들 사이에서 생길 수도 있는 갈등들에 대해서는 고려하지 않는다. 갈등하는 준칙들이 더 높은 단계의 준칙에서 지양될 수 없다면 재촉하는 시간 때문에 어쨌든 합의가 불가피하다. 이를 위해 칸트는 아무런 처방도 준비하지 않았다. 당위와 능력사이의 종종 관찰되는 긴장은 바로 당위를 위해 가차 없이 해소된다. 인간학은 비록 도덕적 요구의 절대성을 무력하게 하지만, 정언명법을 통해 야기되는 행위자의 가능한 자기소외를 지양할 수는 없다.

칸트는 개인들의 내적인 정직Aufrichtigkeit을 엄격하게 요구하는 것과 같이 사회적 교제에서 가상假象, Schein의 불가피성을 인정한다.

"교제에 있어서 모든 인간적 덕은 보조 화폐이다. 다만 어린 아이들만이 그것을 진짜 금이라고 생각한다. 그러나 보조 화폐를 유통시키는 것이 그러한 통화를 전혀 하지 않는 것보다 더 낫다. 그러나 마지막에 이러한 통화는 상당한 손실을 가져옴에도 불구하고 순금과 교환될 수 있다. 그러한 보조 화폐를 전혀 가치가 없는, 단순한 장난감 계산기로 보거나……누군가가 덕의 존재를 믿는 것을 저지하기 위해 소크라테스와 같은 사람조차 중상 모략한다는 것은 인간성에 관해 저질러지는 반역이다. 다른 사람에게서 보이는 선의 모습도 우리들에게 가치 있는 것이어야 한다. 왜냐하면 아마도 존경을 받을만한 가치가 없는데도 존경을 얻게 되는 위장술을 가진 이러한 활동으로부터, 결국에는 진지한 어떤 것이 생겨날 수 있기 때문이다."(Akad. Ausg. VII, 152쪽 아래)[11]

---

[11] 역자 주: I. Kant,『실용적 관점에서 본 인간학』(이남원 옮김), 울산대학교 출판부, 1998, 54쪽.

부정직不正直에 대한 모든 비판에도 불구하고 칸트는 도덕적 심정의 형성을 위한 불가피한 보조로서 사회적 교제형식의 필요성을 강조한다. 그는 심정을 태도Haltung를 통해, 이것이 도덕주의자들에게서 우선 외면적으로만 가상의 유지를 목적으로 하고 있다고 하더라도, 보충한다. 따라서 좀머펠트-레텐(Caroline Sommerfeld-Lethen)과 함께 칸트의 윤리학을 "도덕주의적 윤리학"이라고 말하는 것은 전적으로 정당하다.

9. 실용적 인간학의 불가피성

Die Unhintergehbarkeit der pragmatischen Anthropologie

이성윤리학과 인간학 사이의 긴장을 칸트는 역사철학적 전망에서 해소하려고 시도했다. 그는 자신의 짧은 글인 「세계시민적 관점에서 본 보편사의 이념」(1784)에서 인간의 발전을 문화, 문명 그리고 도덕이라는 세 단계로 구분한다.[12] 인간은 자신에게 처음부터 도덕성의 이념이 항상 이미 속해 있는 문화적 존재이다. 물론 이 이념의 현실화는 자동적으로 이루어지지 않는다. 이를 위해서는 문화화의 과정이 필요하며, 이 문화화는 인간에게 사회적 교제형식을 깨우쳐준다. 문화화의 과정은 인간이 순전히 외적이고 기회주의적인 교제형식을 고집하는 위험을 안고 있다. 이 점에서 칸트는 자연적 인간을 너무 섬세하게 된 사회적 존재보다 우선시하는 루소의 사회비판에 동의를 표한다. 루소를 넘어

12 역자 주: 칸트에 있어서 Kultur와 Zivilisation의 의미는 오늘날의 의미와는 다르다. 칸트 당시 Kultur는 오늘날의 의미에서 문명, Zivilisation은 문화로 이해되었다.

서서 칸트는 인간이 문화화 된 교제형식을 내면화함으로써 도덕화의 단계에 도달할 수 있다는 의견이다. 그러나 그는 이것을 단지, 도덕 교육이 사회생활을 규정하게끔 하는 특성을 국가의 질서가 지닌 한에서, 가능하다고 간주한다.

이런 방식으로 칸트는 실용적 인간학을 정치 철학으로 전환한다. 그는 물론 정치 제도가 결코 인간의 확정적 도덕화로 인도되지 않는다는 것을 인식할 만큼 충분히 현실주의적이다. "인간을 이루고 있는 굽은 목재로부터 완전히 똑바른 것이 나올 수 없다"는 염세적 인간상은 인간을 덕의 길로 인도하기 위해서는 항상 삶의 기예가 필요하다는 것을 개연적으로 만든다. 일관성 있게 『인간학』 2권은 「인간의 내면을 외면으로부터 인식하는 방법에 관하여」를 다룬다. 나중에 실증주의가 이러한 태도로부터 도덕적 외재주의의 준칙을 명확히 표현했다.

"외면에 따라 내면을 조정한다"(꽁트, Auguste Comte).

이런 의미에서 칸트가 제시하는 삶의 기예는 객관주의적이다. 이는 관찰자의 거리로부터 귀결되기 때문이다. 이 거리를 행위자는 또한 제 것으로 삼도록 노력해야만 한다. 비록 칸트가 인간성의 이상으로서 "교제에서의 풍족한 삶과 덕의 결합Vereinigung des Wohllebens mit der Tugend im Umgange"을 이해하지만, 그의 '처세에서 영리함'은 실제로 일인칭의 관점과 결합되지 않는다. 그러므로 그의 실용적 인간학은, 인간을 "탈중심적 존재ex-zentrisches Wesen"로 묘사하고, 삶의 기예의 철학에 깊은 의미차원을 부여하는, 현대의 철학적 인간학에 도달하지 못한다. 그렇게 칸트의 도덕주의에는 삶의 기예가 결핍 되어 있다. 그의 행위 규칙들은 '세계에 대해 주체존재Subjektsein' 이자 동시에 '세계에서의 객체존재Objektsein' 라는 인간 주체성의 역설을 올바르게 평가하지 못한다.

10. 칸트의 답변

Antworten aus Kant

칸트의 도덕철학이 안고 있는 간과할 수 없는 난점은 고대 덕 윤리로의 회귀를 통해 극복되지 않는다. 계몽주의의 완성자로서 칸트는 형식주의를 통해 덕 윤리의 목적론을 해체했다. 여기에는 그의 도덕과 법의 구별이 본질적으로 기여했다. 그것은 당연히 그의 형식주의가 윤리학에 있어서 최후의 결론이라는 것을 의미하지 않는다. 오히려 내적 행위와 외적 행위에 대한 칸트의 구별이, 칸트 이후의 윤리학이 해결하려고 오늘날까지 노력하는 하나의 문제 상황을 구성했다는 것이 입증된다. 그러한 노력에 있어서 완전한 주체를 향한 추구가 선도적이다. 이것이 낭만주의에서 행복주의의 복권으로 인도했다. 칸트가 의지를 보편적 법칙성의 형식으로 환원한데 반해, 낭만주의가 제시하는 의지는, 개인의 고유한 가치를 형성하는 삶의 감정의 강화에서 충족된다.

칸트의 형식주의에 대한 낭만주의의 대답은 철학자가 아니라 심리학자로부터 나왔다. 그것은 칸트의 『인간학 강의』와 모리츠(Karl Philipp Moritz, 1756-1793)의 『경험심리학회지』(1783)를 비교해보면 드러난다. 이 둘의 공동 목표는 칸트가 세계의 탐색을 통해, 모리츠가 자기탐구를 통해 도달하고자 시도한 인격의 도야이다. 여기서 계몽주의와 경건주의가 경험의 주관적 차원과 객관적 차원을 결합하는 개별성 개념에 대한 탐색이라는 점에서 서로 교차한다. 내적 경험을 다루는 심리학이 해결하고자 했던 문제를 칸트는 『윤리형이상학정초』에서 행복 개념을 다루면서 인간이 무엇을 "여기서 진정으로 추구하는지"[13](Akad. Ausg. IV, 418쪽)에 대해 특정한 개념을 만드는 것은 완전히 불가능하다는 방식으로 명확히 표현한다. 이 주제와 관련해서 고대의 덕 윤리는 어떠한 어려움도 가지지 않았다. 왜냐하면 덕성Tugendhaftigkeit이 고결한 자에게 선하게 나타나는 것으로 간주되었기 때문이다. 그리하여 자기 자신과 친해진다는 것이 무엇을 의미하는지 분명해졌다. 이러한 명확성을 칸트는 가상이라고 폭로했다.

낭만주의의 자기가치감정은 '해석학적 이성'을 요구한다. 이 이성은 인간의 내면적 분열을 치유하고, 자기 자신, 그리고 그와 동시에 다른 사람과 화해한다. 자기 자신과 함께 꿈과 현실 사이에서 항상 지속되는 투쟁 속에 서 있는 한 개인에게 화해가 얼마나 어렵게 느껴지는지는 1785년 발간된 모리츠의 심리학적 소설인 『안톤 라이저』(*Anton Reiser*)가 증명한다. 깊은 감정이입에서 작성된 자서전은 라이저를 영원한, 지양될 수 없는 긴장에 있는 인간으로서 묘사한다.

> "외부와 내부로부터의 모순이 그때까지 자신의 전체 인생이었다. - 이 모순들이 어떻게 해결되는지가 중요한 것이라 할 수 있다."(332쪽)

---

13 역자 주: I. Kant, 『윤리형이상학 정초』(백종현 옮김), 126쪽.

모순들의 해결가능성은 19세기가 몰두하게 되는, 칸트 이후에 전개된 삶의 기예의 심리학에 있어서 커다란 문제였다.

제 5 장

19세기 도덕심리학과 삶의 기예론

Moralspsychologie und Lebenskunstlehre im 19. Jahrhundert

감성 존재와 이성 존재로 인간을 분열시키는 결과를 초래한 칸트의 윤리적 형식주의는 윤리학에 있어서 칸트 이후의 시대에 단지 패러다임의 교체를 통해서만 극복될 수 있었던 상황을 만들었다. 경험적 도덕주의와, 순수한 도덕철학 혹은 도덕 형이상학의 대립은 더 이상 적용의 문제로 해결되지 않는다. 행위자의 특수한 상황을 고려하지 않는 추상적 법칙들이 어떻게 행위자에게 동기 부여하는가라는 물음은 답변이 보류된 상태로 있어야만 했다. 그리하여 19세기에 도덕철학의 체계들이 형성되었다. 이 체계들은 철학적 삶의 기예의 역사적 발전에 대한 서술에서 생략될 수 없다. 왜냐하면 이 체계는 "현명함 혹은 도덕성Klugheit oder Moralität"이라는 선택지에 대한 오늘날의 논의에서도 역할을 수행하기 때문이다.

1. 시민적 삶의 형식으로서의 인륜성

Sittlichkeit als bürgerliche Lebensform

독일에서는 특히 리터(J. Ritter, 1903-1974)가 고대 폴리스의 덕 윤리를 시민사회에 연결하고자 시도했다. 리터는 독일 관념론을 개인과 사회를 화해시키는 실질적 인륜성의 개념을 통해 감성과 이성의 이원론을 지양하려는, 미래를 가리키는 시도로 간주한다. 헤겔은 『정신현상학』(1807)의 맥락에서 주체성의 본질적 형식을 전개했다. 이 형식에서 "자존적 존재Bei-sich-selbst-sein"[1]로서의 자유가 개인을 시민 사회의 법칙에 편입시키며 예속시킨다. 이로 말미암아 헤겔은 계몽의 추상적 개인주의뿐만 아니라, 감정을 강조하는 낭만주의자들의 몽상에 대항한다. 이런 이중적 전선의 배치가 그를 그의 시대의 경구적인 삶의 기예로부터 멀리 벗어나게 했다. 근대 산업사회와 자유주의 정치 경제학의 융성은 삶의 기예의 주관주의에서 유래하는 새로운 사회적 의식을 요구했다. 헤겔은 주체성과 개별성을 정신 개념을 통해 체계론에서 결합하는데, 이 체계론은 개인 윤리에게 어떤 공간도 허용하지 않는다. 개인의 행복과 특수성의 전개는 사회적 과정에서의 인간의 상호 인정에 달려 있다. 헤겔의 시민 사회에서는 나중에 헤겔주의자인 비셔(F. T. Vischer, 1807-1887)가 정식화한 "도덕적인 것은 자명한 것이다Das Moralische versteht sich von selbst"라는 표현이 타당하다.

칸트의 엄숙주의에 반해 헤겔이 내놓은 인륜성 개념은 내적 행위와

[1] 역자 주: 직역하면 "자기 자신의 곁에 있는 존재"로서 모든 제약으로부터 벗어난 자유의 상태를 의미한다.

외적 행위, 도덕과 법을 다시 더 밀접하게 연결시킨다. 그러나 고대의 향수에 젖은 변용이 없는 것은 아니지만, 그것의 그리스적 결속력에는 도달하지 못한다. 헤겔은 기독교적 자유의 프로테스탄트적 개념을 주체성에 대한 자신의 규정에서 수용하며, 동시에 그것의 분열을 누구보다도 헤겔이 인식하고 분석했던, 근대 사회의 이념을 구출하고자 시도했다. 주인과 노예의 변증법의 폭로와 함께 도덕철학에 새로운 인간 상호간의 차원이 들어온다. 이 차원은 헬레니즘의 자기 돌봄의 영역을 넘어선다. 공동체주의적 입장이 자유주의에 대한 수용할만한 선택지를 제공할 수 있을지는 삶의 기예의 오늘날의 철학에 의해서는 물론 입증되지 않는다.

2. 공리주의 혹은 결과 평가의 기예

Utilitarismus oder die Kunst der Flogeabschätzung

또한 19세기 영국의 윤리학, 즉 공리주의는 칸트의 형식주의에 대항하여 도덕규범의 사회적 정초를 제공한다. 밀(J. S. Mill, 1806-1873)은 쾌락의 상이한 종류를 구별함으로써 도덕적 의무를 행복 추구로부터 도출하고자 시도했다. 다수의 잘못된 해석에 반해 밀은 개인의 행복을 다수의 행복을 위해 결코 희생시키지 않는다. 오히려 그는 개인의 행복과 일반적 행복이 서로 화해된다는 것을 확신했다. 개인의 이해와 보편적 복지의 수렴은 그리스의 폴리스와는 달리 사회가 개인에 선행하지 않기 때문에 가능하게 된다.

밀은 경제적 자유주의에 의해 각인된 시민사회로부터 출발한다. 이 사회의 경제 법칙들이 개인의 희구와 특수성의 인정을 장려한다. 시장은 개인과 사회의 분리가 지양되도록 욕구충족을 모두 포괄하는 개인화를 허용한다. 또한 공리주의 윤리학으로부터 개인의 삶을 목표로 하는 삶의 기예는 고대 덕 윤리의 실천적 지혜를 넘어서게 하는 새로운 자극을 획득한다.

3. 철학을 대신하는 세계의 변혁

Weltveränderung statt Weltweisheit

비록 언뜻 보기에 삶의 기예의 철학을 위한 어떠한 장소도 없는 것처럼 보이지만, 좌파 헤겔주의자들에 있어서도 공리주의와 유사한 관계를 보여준다. 아무튼 마르크스(K. Marx, 1818-1883)는 개별성의 원리를 고집한다. 그는 "우연적 개인"에 반해 "개인적인" 것을 구하려고 한다. 그러나 구출은 단지 자본주의적 체계의 파괴에서 인식한다. 마르크스에 따르면, 단지 계급 없는 사회만이 인간들 사이의 소외가 지양되고, 개인에게 자신의 고유한 소질이 모든 측면에서 발전 가능토록 허용하는 조건들을 창출한다. 개인주의는 여기서 미래의 사회형식과 결합되는데, 이 형식이 도입되기 위해서는 개인들에게 계급투쟁의 참여가 요구된다. 그러므로 마르크스에게는 개인적 행복의 비정치적 실현으로서의 삶의 기예는 아니지만 "새로운 인간"으로의 교육을 통한 모든 측면에서의 욕구충족이 기대된다.

4. 심리학과 교육학

Psychologie und Pädagogik

윤리학의 상이한 체계들은 이른바 개인들에게 삶을 잘 형성하는 기술을 매개하는 삶의 기예에 대한 관심이 결코 완전히 포기된 것은 아니라는 점을 알게 해준다. 먼저 19세기에 도덕철학의 지위를 차지한 것은 물론 더 이상 우선적으로 철학이 아니라 심리학이었다. 이러한 전개의 가장 저명한 대표자가 쾨니히스베르크 대학에서 칸트의 석좌교수직을 물려받은 헤르바르트(J. F. Herbart, 1776-1841)였다. 헤르바르트의 과학적 심리학은 강하게 주지주의적으로 방향 설정되어 졌다. 이 심리학에 따르면 의식의 기능들은 표상들의 결합이라는 기계론적 법칙에 기인한다. 이런 기초위에 헤르바르트는 자신의 교육학을 구성했으며, 이 교육학은 19세기 전반부에서 교육제도에 많은 영향력을 끼쳤다. 여기에는 지식과 능력의 매개가 중심을 이루기 때문에 어린아이의 개인적 발전과 자기 전개를 위한 공간은 거의 남지 않는다. 그러나 여하튼 "기예론"으로서 교육학과 윤리학이 나란히 자리 잡게 되었으며, 그리하여 삶의 기예의 이념은 과학의 시대에도 생동적으로 남는다.

위와 같은 전제하에서 낭만주의에 의해 양육된 독일 의사출신의 카루스(C. G. Carus, 1789-1869)의 심리학이 삶의 기예의, 생철학적으로 실행된 전통을 위한 새로운 기초를 마련했다는 것은 놀라운 일이 아니다. 괴테에 연결해서 카루스는 직관적 인식의 원천으로 정서적 경험을 인정하는 형태론적 심리학eine morphologische Psychologie을 발전시켰다. 직관의 기초위에서 그는 1863년『델포이 신전의 제명題銘에 의거한 삶의 기예』라는 철학적 삶의 기예의 프로그램을 발전시켰다. 카루스에 있어서 삶의 기예는 "우주에서의 자기 이해와 자기 정위"라는 철학과 심리학이 공동으로 가지는 목표의 실현에 기여한다. 카루스의 뚜렷한 유기체론의 개념을 통한 자연철학적 프레임은 그의 영향을 제한시켰으며, 그의 심리학, 특히 그의 삶의 기예는 단지 과학사에서만 관심의 대상이 되었다. 그러나 카루스는 19세기 후반부에 생철학과 함께 표면에 등장한 후기 낭만주의의 숨겨진 움직임을 대변한다.

공동체로의 개인의 편입은 19세기 윤리학의 모든 형식을 특징짓는다. 이런 경향에 대해 공동의 책임을 지는 것이 세기의 중엽부터 등장하는 가치개념이다. 이 개념은 주관적 소망과 지각의 사회적 객관화를 대변한다. 윤리학의 근본 개념으로서의 가치에서 경제 법칙이 공론Öffentlichkeit에 대한 도덕 법칙과 결합된다. 이 공론의 힘이 개인의 발전가능성을 제한한다. 사회적 가치윤리학의 압력은 19세기 후반부에 일기장과 개인적 편지에로 주체성이 물러섰다는 것이 관찰될 수 있을 만큼 강했다. 여기서 바로 휴지 기간 동안 삶의 기예가 물러섰던 틈새Nische가 이야기될 수 있다.

5. 쇼펜하우어: 고통으로서의 삶

Schopenhauer: Leben als Leiden

쇼펜하우어(A. Schopenhauer, 1788-1860)는, 그 뿌리가 19세기 후반부에야 인기를 구가하게 되는 낭만주의까지 거슬러 올라가는 삶의 기예의 철학에로의 윤리학의 생철학적 변형을 대표한다. 1851년에 발간된 쇼펜하우어의 삶의 기예에 대한 잠언은 니체가 『반시대적 고찰』의 3장에서 표현하듯이, 쇼펜하우어를 하나의 전체 세대를 위한 "교육자"로 만들었다. 그의 잠언들은 그의 전체 철학의 영역 안에서 평가될 수 있다. 그것의 핵심을 형성하는 것은 인간의 자기의식이 이성이 아니라 의식하지 못하는 삶에의 의지에 의해 유도된다는 논제이다. 삶에의 의지는, 그 자체로 취하면 인간의 마음을 냉담하게 만드는 모든 표상에게 느껴진 의미를 부여하는 심급이다. 그에 반해 의지로서의 세계는 인간을 감동시키고 동기를 부여한다. 물론 세계는 더 이상 인간에게 예정 조화의 안전을 제공하지는 않는다. 모든 존재에게 공통적 의지의 충동은 삶을 고통으로 만든다. 왜냐하면 소망의 충족은 항상 실망스러운 것이기 때문이다. 쇼펜하우어에 따르면 인간은 자신의 행복을 단지 삶의 충동을 체념할 때에만 성취할 수 있다. 쇼펜하우어가 "삶에의 의지의 부정"이라고 칭하는 체념에서 인간은 자신의 개별성을 포기하고 불교의 니르바나Nirvana에 상응하는 모든 창조물과 하나가 되는 상태로 넘어간다. 불교의 가르침이 그에게 권고하는 것처럼 체념의 길은 도덕심리학적으로 인간들을 고통에서 서로 결합시키는 감정인 동정으로 인도한다.

항상 의지 형이상학의 논증적 일관성이 또한 그러한 상태인 것과 같이 한 가지 사실은 이론의 여지가 없다. 그것은 도덕의 원천으로서 순수한 의지에 관한 칸트의 구상에 반해 쇼펜하우어가 의지 개념을 도덕철학적 명증성의 새로운 형식으로 가져왔다는 것이다. 그는 자신의 전체 철학을 일인칭의 관점을 올바르게 평가하는 처세에 능통함Lebensklugheit으로 파악한다. 그것은 칸트의 "실천이성의 우위"와는 다른 것이다. 칸트가 자신의 철학에서 자기 자신에 대해 침묵하는 반면, 쇼펜하우어의 사고는 자신에 관련된 것으로 남는다. 특히 도덕에서 그는 보편적 가치가 중요한 곳에서, 이미 몽테뉴가 그러했던 것처럼, 항상 단지 자기 자신에 대해서만 이야기한다. 그는 윤리학에서 어떠한 규정도 만들려 하지 않았다. 또한 당위의 위치에 그는 주관적 관점에서의 인간 조건*conditio humana*에 대한 기술을 내세웠다. 적대적 세계로 던져진 존재에게 삶의 무대 위에서 배우와 관객의 이중적 삶을 수행하는 것이 필수적이 된다. 실존적 자기 관계는 정서적으로 초벌칠이 된 가치평가로 인도하는 명증성을 얻는다.

쇼펜하우어는 정서적 명증성에 대한 모든 강조에도 불구하고, 도덕적 평가의 근거를 제공하는 자기 이해의 보편적 형식을 탐구하지 않았다고 할 만큼 지나치게 칸트주의자이다. 그가 개념적으로 그 배후로 갈 수 없는 삶에의 의지의 명증성에 도달하기 위해서는 특별한 해석학적 능력이 필요했다고 할 수 있을 것이다. 쇼펜하우어는 육체의 고유한 표현을 동기에 의해 생겨나는 "개별적 의지행위의 가시성"이라고 해석했다. 그러나 동기는 의지에 외적인 것으로 머문다. 동기는 단지 의지가 나타나는 시점만을 규정한다.[2] 『의지와 표상으로서의 세계』에는 "그러나 내가 일반적으로 의지한다는 '것'과 또 내가 일반적으로 의지하는 '것', 즉 나의 모든 의지작용 전체를 특징짓는 준칙[을 규정하는 일은 없다]"(Werke Bd. I, 165쪽)라고 되어 있다. 그런 연유로 쇼펜하우어는 치유의 길을 "이러한 현상에서 자신의 고유한 존재를 인식할 수 있기 위해 의지가 방해받지 않고 드러나는 데서" 찾는다.

---

2 역자 주: A. 쇼펜하우어, 『의지와 표상으로서의 세계』, 『세상을 보는 지혜』(권기철 옮김), 동서문화사, 2009(3판), 625쪽.

> "이러한 인식의 결과로서 의지는 자기 자신을 고양할 수 있으며, 그와 함께 자신의 현상으로부터 분리할 수 없는 고통도 끝날 수 있다."
>
> (I. 544쪽)

이로써 철학적 삶의 기예가 도덕주의를 훨씬 능가하는 새로운 탈도덕주의적 패러다임을 형성한, 개념의 범위가 확정되었다. 결정적인 것은 자기경험의 관계이다. 이것으로부터 모든 규범적 진술이 생겨나고, 그 진술이 자신의 측면에서 이것으로 인도된다. 이것이 주관의 "자존적 존재"로서의 헤겔의 자유를 쇼펜하우어가 생철학적으로 번역하여 제시한 결과이다.

6. 삶의 예지로 귀환하는 생철학

Lebensphilosophische Rückekhr zur Lebensweisheit

쇼펜하우어는 『삶의 지혜에 대한 잠언들』(*Aphorismen zur Lebensweisheit*)에서, 인간은 자신의 재량권을 넘어선 재물과 사건들에서 벗어날 수 있을 때에만 어느 정도 행복한 삶을 영위할 수 있다는 스토아 철학의 이념을 따른다. 행복한 현존으로의 지침을 제공하려는 삶의 기예의 계획은 고통으로서의 삶에 대한 쇼펜하우어의 형이상학적·윤리적 근본 신념에 모순된다. 인간은 이 고통으로부터 단지 삶의 의지를 부정함으로써만 벗어날 수 있다. 단지 극소수의 사람들만이 이런 발걸음으로 나아 갈 수 있기 때문에 고통스러운 현존에서의 일상적 인간은 그가 할 수 있을 정도로 잘 순응해야 한다.

쇼펜하우어는 자신의 니르바나-계획으로부터 『삶의 지혜에 대한 잠언들』이 이탈하는 것을 분명히 명시하고, 자신의 "행복론Eudämonologie"을 단지 제약된 윤리적 가치에 대한 절충이라고 묘사한다. 바로 이러한 환원주의적 계획이 쇼펜하우어의 세계관을 많은 독자들에게 유명하게 만든 것이다. 그와 같이 그의 『삶의 지혜에 대한 잠언』은 1차 세계대전까지 독일의 교양시민이 즐겨 읽는 책이었다. 그것은 정신사적으로 우연이 아니고, 관념론으로부터 19세기 후반을 분리하는 현실주의적, 바로 유물론적 근본태도에 부합한다. 세계를 전체에서 이성적이고 의미 있는 것으로 간주하는 관념론의 배경 위에서, 삶의 기예는 말하자면 단지 일시적 난관과 우연적 불행에서 벗어나는 회복의 안내와 사소한 위안거리로만 기여한다. 쇼펜하우어에게 사정은 정확히 반대의 경우이다. 현실적인 것의 이성성에의 신뢰는 사라졌고, 삶의 기예는 모든 무의미성에도 불구하고 자신의 고유한 힘으로 삶을 극복하는 데에서 성립한다. 냉철함, 그러니까 자포자기의 영웅주의를 릴케(R. M. Rilke, 1875-1926)는 "누가 승리에 대해 말하는가, 극복이 모든 것이다"라는 문장으로 요약했다.

오늘날 쇼펜하우어의 『삶의 지혜에 대한 잠언들』을 손에 들게 되면, 많은 것이 시류와 연관되어 있고 시대착오적이라는 인상을 준다. 이 텍스트가 학술 작업에서 어떠한 주목도 받지 못했다는 것은 놀라운 일이 아니다. 그러나 이것은 부당한 것이다. 삶의 기예의 다른 어떤 철학보다도 쇼펜하우어의 텍스트는 자신의 고유한 철학으로부터 도출될 뿐만 아니라, 삶의 기예를 다루는 모든 현대철학에 본질적으로 내재한 내적 모순을 드러나게 만든다. 우리는 쇼펜하우어에게 윤리학에서 이론과 실천, 기술적 진술과 규범적 진술의 관계가 얼마나 양가적으로 작용하는지를 배울 수 있다. 그러므로 텍스트를 그것의 근본 특징에서 주목하는 것은 도움이 된다.(Werke, Bd. 4, 371-580쪽)

세속적 행복에 있어서 쇼펜하우어는 '고유한 존재', '소유', 그리고 '명예'라는 세 가지 원천을 들고 있다. 행복을 위해 가장 유의미한 것은 첫 번째 원천인 '누군가인 그것das, was einer ist'이다. 왜냐하면 여기에서 인간은 다른 것으로부터 독립적이다. 행복의 최상의 등급은 우리가 자신과 일치해서 살아갈 때 도달된다. 이것은 괴테의 "너 자신이 되어라"라는 준칙에 상응한다. 쇼펜하우어는 또한 자기향유를 언급한다. 이것은 자족의 의미에서, 사람들이 자신의 요구를 자신의 고유한 능력에 부합하는 정도로 축소하자마자, 적응하는 것을 의미한다. 여기에서 쇼펜하우어에게 중요한 것은 무엇보다도 정신적 능력들이다. 왜냐하면 이 능력들은 외적 상황으로부터 지속적으로 독립적일뿐만 아니라, 지루함의 고통으로부터 벗어나는 유일한 수단이기 때문이다. 그 외의 정신적 능력들은 그것의 향유가 삶에서 도달 가능한 최상의 행복을 나타내도록 세련되게 다듬어진다.

자기 존재의 행복에 관한 이 견해는, 단지 삶의 의지에 대한 거절과 부정에 의해서만이 나타날 수 있는, 쇼펜하우어가 표명하는 가상으로서 개별성의 쇠약화Depontenzierung와 독특한 대조를 이룬다. 당연히 이러한 상태에 도달하지 못하는 한 인간은 자신의 개별성에 사로잡혀 있다. 개별적 성격의 융통성 없는 그릇에서 사람들은 자기인식을 위해 노력함으로써 가장 잘 순응한다. 자각하는 사람이 바라보는 것, 즉 삶에의 의지의 맹목성과 내적 분열은 고양시키는 모습은 아니지만 의지의 극복할 수 없는 힘을 견딜 수 있게 하는 최상의 수단이다. 아무도 자신의 성격을 변화시킬 수 없다. 그러나 통찰은 속박을 보상하고, 자각하는 사람을 삶에서 맹목적으로 휩쓸리는 사람들의 군집 너머로 고양한다. 그에 따라서 삶의 기예는 순수한 지적 실천, 이른바 맹목적 의미를 자기인식을 통해 "지양하는", 확고한 투명함의 의식 상태를 연습하는데 있다.

행복의 두 번째 원천[3]인 "누군가가 표상하는 것Was einer vorstellt"을 쇼펜하우어는 첫 번째보다는 덜 중요한 것으로 간주하지만 결코 낮게 평가하지도 않는다. 이는 그가 물론 다른 사람들로부터의 인정과 경탄이 커다란 만족감을 가져온다는 것을 알고 있기 때문이다. 위험은 당연히, 지속적으로 고유한 영향력 행사로부터 벗어나는, 다른 사람의 의견에 종속된다는 것에 있다. 쇼펜하우어는 개인을 사회보다 높이 평가하기 때문에 명예와 명성의 상이한 형식들에 대해 상세한 비판을 수행한다. 그러나 여기서도 그는 자신의 의지 형이상학에 대해 일종의 모순에 빠지게 된다. 의지는(밖으로) 나타나려고 하는데, 이를 위해서는 그의 개인적 현상형식에 동의하는 청중이 필요하다. 또한 여기서 쇼펜하우어는 '지양Aufhebung'이라는 사고유형의 도움을 받는다. 아무도 인정認定을 거부할 수 없다. 그러나 이것이 강요되지 않기 때문에 스스로를 인정하고, 뿐만 아니라 심지어 경탄하는 것은 즐겨 하는 일이다. 또한 여기서 자기기만을 피할 수 없기에 쇼펜하우어는 행복을 세상의 억견들의 흐름에 저항하여 나아가는 지적이고 성격적인 강건함에서 인식한다. 쇼펜하우어가 이 엘리트적 태도와 함께, 그에게 비로소 나이가 들어 청중의 총

---

[3] 역자 주: 원문의 순서와는 다르다, 원문에는 부가 두 번째이고 명예가 세 번째로 되어 있다.

애를 가져다준, 자신의 고유한 지적 인생항로를 나타낸다는 것은 분명하다.

행복의 세 번째 원천인 소유는 쇼펜하우어에 의해 가장 낮게 평가되었다. 이는 종속의 위험이 가장 크기 때문이다. 물론 이것이 쇼펜하우어가 돈만을 절대적 보배로 고찰했다는 것을 배제하는 것은 아니다.

> "왜냐하면 돈은 단 하나의 욕구에 대해서 구체적으로 충족시켜줄 뿐만 아니라, 욕망 일반을 추상적으로 충족시켜주기 때문이다."
>
> (Bd. 4, 410쪽)

쇼펜하우어의 행복론, 즉 삶을 가능한 한 평안하고 행복하게 이끄는 지침은, 양가적이라고 말하지 않기 위해, 지속적으로 상대적으로 머문다. 고통으로서의 삶의 정의에 부합하게 행복은 항상 부정적이고, 고통은 긍정적이다. 그리하여 인간이 삶에서 도달할 수 있는 최상의 실제적 행복은 고통 없는 상태에서 성립된다. 그러나 이것은 자신의 소원을 도달 가능한 것의 한계에서 멈추는 것을 전제로 한다. 이것은 우리에게 미래 혹은 과거의 낙원을 속여서 믿게 만드는 환상곡을 억제하는 것이 성취될 때에만 가능하다. 단지 이런 방식으로만 불가피한 실망을 제한할 수 있다. 현재만이 값어치가 있는 곳에서는 인간이 너무 미래나 과거에 억매여 산다면 행복은 존재하지 않는다. 그러므로 시간성은 삶의 기예에 있어서 의미 있는 역할을 수행한다. 특히 삶의 과정에 대한 적절한 주목이 중요하다. 쇼펜하우어는 청소년을 노인과 대조시킨다. 청소년은 항구적 망상 속에 살고, 노인은 비로소 모든 사물들이 공허하다는 것을 인식한다고 한다. 쇼펜하우어가 내리는 인식능력의 등급판정이 올바른지 여부는 물론 의심될 수 있다. 분명히 노인들은 세상을 청소년과는 다르게 고찰한다. 그러나 두 가지 조망방식은 각자의 가치를 가지고 있다. 또한 무상한 망상으로서의 행복의 부정성에 대한 쇼펜하우어의 견해도 교정이 필요하다. 비록 실망스럽다고 하더라도, 결과를 통해 지양되지 않는 활동의 행복이 전적으로 존재하기 때문이다.

쇼펜하우어 자신도 이 한계를 벗어나지 못했다. 그의 『삶의 지혜에 대한 잠언들』은 일반적으로 세계의 부정과 세계의 신뢰 사이의 타협적 성격을 갖는다. 능동성과 자기 보존은 수동성과 자기 포기와 투쟁하며 균형을 이룬다. 쇼펜하우어에 따르면 그렇게 인간은 자신의 고유한 삶의 배우와 관객으로서의 이중적 삶을 즐긴다. 이 양가성은 진보에 대한 믿음과 세속적 행복의 지속적 보장에 대한 회의가 함께 하는 창업시기인 19세기 말의 이중적 모습을 반영한다.

7. 니체: 예술작품으로서의 삶

Nietzsche: Leben als Kunstwerk

쇼펜하우어의 삶의 기예 프로그램은 니체(F. Nietzsche, 1844-1900)의 작품에서 기대하지 않은 전환을 맞이한다. 니체는 쇼펜하우어의 "삶에의 의지"를 "힘에의 의지"로 변형하고, 그와 동시에 자기주장을 절대적으로 정립했다. 다른 사람들과의 비교를 통해서가 아니라 인간은 자기 자신으로부터 홀로 삶을 의미 있게 형성할 수 있다고 한다. 특히 자기인식이 극도로 기만되기 쉬운 것으로 입증되었기 때문에, 물론 행복 추구에는 한계가 설정되었다. 여기서 니체의 도덕 심리학이 실효를 거두었다. 이 심리학은 프랑스의 도덕주의자들과 연결해서 '폭로의 심리학 Psychologie der Entlarvung'이라 부를 수 있다. 이 심리학의 결과는 모든 가치의 전도인데, 이것은 이론적으로 그리고 도덕적으로 상대주의와 허무주의에서 절정을 이룬다. 그래서 니체의 힘에의 의지도 독특하게 분열적인 것으로 머문다. 니체의 낙관주의는 그가 거부하는 쇼펜하우어 행복 개념의 부정성을 벗어나지 못한다. 쇼펜하우어의 메시지를 니체는 다음과 같이 묘사하다.

> "그는 인간의 행복을 현실적으로 촉진시키는 것과 허구적으로 촉진시키는 것을 구별하는 법을 가르쳐준다. 부가가 되거나, 존경을 받거나, 학식을 쌓아도, 개인은 자기 존재의 무가치에 대한 깊은 분노로부터 헤어날 수 없다는 것을, 그리고 이러한 추구들이 오로지 높고 이상적인 전체 목표를 통해 비로소 의미를 얻는다는 것을 가르쳐준다. 이 전체 목표는 피지스를 도와주고 그 어리석음과 서툴음을 조금 수정할 수 있는 권력을 얻는 것이다. 우선은 자신을 위해서이지만 결국 그것이 만인을 위한 일이 될 것이다. 물론 이 목표의 추구가 깊은 체념으로 이어질 수도 있다. 개인이나 일반적인 것에서 무엇이, 얼마나 많이 개선될 수 있겠는가!"
>
> (KSA Bd. 1, 357쪽)[4]

4 역자 주: F. 니체, 『반시대적 고찰 III-교육자로서의 쇼펜하우어』(이진우 옮김), 책세상, 2005, 414쪽 아래.

쇼펜하우어와 마찬가지로 니체 또한 삶의 관점으로부터 비로소 "도덕의 세계"가 시야에 들어온다. 이 세계는 『도덕의 계보학』의 「서론」에서 "실제적으로 영위된 도덕"이라고 표현된다. 도덕을 삶의 광학Optik des Lebens 아래에서 고찰하는 것에 현실의 폭로에 대한 요구, 즉 도덕적 판단에서 좀 더 많은 진실성에 대한 요구가 동반된다.

> "삶은 결코 도덕에 의해 창안된 것이 아니다. 삶은 기만을 원한다. 삶은 기만을 통해 유지된다."
>
> (『인간적인 너무나 인간적인 I』, 「서문」, KSA Bd. 2, 14)[5]

그리하여 니체에 따르면 도덕을 학문으로 고찰하고 철학적으로 근거지우는 모든 시도들은 공허한 결론에 도달한다. 그러나 어떻게 기만이 불가피하다는 사실로부터 가치의식이 생겨날 수 있는가? 니체는 결코 비도덕주의를 언급하려 하지 않기 때문에 "선악의 피안"에서의 영역을 찾으려고 시도한다. 이곳은 혼돈이 아니라, 순수이성의 개념으로는 묘사되지 않는 질서를 포함하고 있는 탈도덕적 공간이다. 이것은 어떤 증명도 필요 없는 삶의 질서이다. 왜냐하면 이 질서는 삶의 실행에서 스스로를 이해하기 때문이다. 삶은 논리적 법칙을 통해 논증될 수 없는 정당화를 제공하는데, 이 정당화의 명증성에서 인간은 벗어날 수 없다.

> "가치에 관해 논할 때 우리는 영감Inspiration아래, 삶의 광학 아래 논한다. 삶 자체가 우리에게 가치를 설정하라고 강요하며, 우리가 가치를

---

5 역자 주: F. 니체, 『인간적인 너무나 인간적인 I』(김미기 옮김), 책세상, 2001, 11쪽.

설정할 때 우리를 통해 삶 자체가 가치평가를 한다."

(『우상의 황혼』 *Götzen-Dämmerung*: KSA Bd. 6, 86쪽)[6]

니체에 따르면 자신의 이성에도 불구하고 인간에게는 삶의 외부에서 관점을 취하는 것이 불가능하기 때문에, 도덕적 가치의 인식을 위해서는 이 가치를 삶 자체의 형식들에서 찾는 해결책만이 남는다.

칸트적 유형의 도덕철학 체계에 대한 급진적 비판을 토대로 니체는 도덕적 사실은 전혀 존재하지 않으며, 단지 행동방식에 대한 해석만이 존재한다는 결론에 도달한다. 『도덕의 계보학』에서의 그리스적 "주인 도덕Herren-Moral"과 유대적·기독교적 "노예 도덕Sklaven-Moral"에 대한 자극적 구분은 나중에 니체 탓으로 돌려진 인종주의와는 아무런 상관이 없다. 오히려 문제가 되는 것은 강한 성격과 약한 성격 사이를 구분하는 심리학적 유형론이다. "약한" 사람들이라는 표현을 통해 니체는 자신에 마주해 있는 사람들을 "악한" 것으로 무자격 판명을 내리고 자신을 "선한" 것으로 묘사함으로써만이 자신들의 힘에의 의지를 관철할 수 있는 사람들을 이해했다. 이런 방어 전략은 니체에 따르면 매우 효과적인 것이지만, 인간성의 파괴로 인도한다. 인간성은 "강한" 자들에 의해 대표된다. 그들은 자신의 가치를 다른 사람과의 비교를 통해서가 아니라, 직접적으로 자신의 의욕과 능력의 일치로부터 얻는다. 니체가 보기에 정확히 이것이 자신의 작품에서 스스로 법칙을 부여하는 예술가를 돋보이게 한다.

그리하여 예술의 생산력, 즉 실천이나 단순한 기술이 아니라 제작

---

6 역자 주: F. 니체, 『우상의 황혼』(백승영 옮김), 책세상, 2002, 110쪽.

Poiesis은 니체가 삶의 기예로서의 철학함을 이해하려고 할 때에 의미하는 행위형식이다. 니체가 예술의 자기 구성을 실체적 주체로부터 분리한다는 사실이 그것을 변호해준다. 그는 인간의 표현들 배후에 선 혹은 악으로 규정될 수 있는 어떤 존재가 있다는 것에 이의를 제기한다. 오히려 중요한 것은 행위, 작용, 그리고 생성의 차원, 즉 삶의 실행의 차원에서의 외부에서 부과된 규범의 속박 혹은 형성의 자유이다. "선과 악"을 "자유와 부자유"로 번역함으로써 삶의 형식에서 지금까지 예감되지 못한 활동공간이 도덕성에 제시된다. 그러나 이 영역은 상대주의와 혼동되어서는 안 된다. 그 자체에서 조화로운 삶의 형식에 대한 주장으로서 삶은 자기 스스로 가치를 창출한다. 이 가치는 고유한 형식을 획득하고 지키는 의무를 지닌다. 생철학적 현상주의는 마침내 니체의 저작들이 현대의 개인주의의 자기경험으로의 길을 위한 본보기로 읽혀질 수 있고, 그리고 실제로 읽혀졌다는 사실로 인도했다.

인간의 자기 창조로서의 철학이라는 새로운 이해에 비추어 볼 때 도덕주의자들의 의미에서의 삶의 기예는 니체의 작품에서 보잘 것 없는 위치를 점한다. 단지 『선악의 피안』의 네 번째 주요 부분인 「잠언과 간주곡」이 라로슈푸코의 『잠언과 성찰』[7](『도덕에 대한 격언과 준칙』)을 강렬하게 기억나게 만든다. 또한 『인간적인 너무나 인간적인』도 도덕주의자의 윤리학과 거의 다를 바 없다. 개별적 장에는 「교제하는 인간」, 「여성과 어린아이」 그리고 「혼자 있는 사람」이라 제목이 붙여져 있다. 이것들을 제외한 그 밖의 니체 작품들은 문화철학적 글들이다. 이 글들은 규범들을 정초하지 않고, 규범의 탄생을 재구성하여 그 타당성을 상

---

[7] 역자 주: 라로슈푸코, 『인간의 본성에 대한 풍자 511』(강주헌 옮김)(나무생각/2009)

대화한다는 점에서 도덕철학적 체계와 구별된다. 니체의 발견은 도덕을 반성하는 것이 삶의 형식들을 설계하는 결과가 된다는 데에 있다. 세계를 미학적으로 정당화하는 예술가의 삶의 형식은 니체에 있어서 현대사회의 구성형식으로서의 분열에 채비하는 수단, 실로 궁극적으로 심지어 유일하게 남은 수단이다. 여기에서 니체에게 중요한 것은 고대의 의미에서의 삶의 행복을 향한 길이 아니라 오히려 "삶을 가볍게 하는 것"을 위한 지침이다.

> "삶을 가볍게 하기 위한 주요 수단은 삶의 모든 과정을 이상화하는 것이다. 그러나 우리는 이상화하는 것이 무언인지를 그림을 통해 명백히 이해해야 한다. 화가는 보는 사람이 너무 정확하거나 너무 예리하게 보지 않을 것을 요구한다. 그리고 일정히 먼 곳으로 물러서서 관찰할 것을 요구한다. ……따라서 자신의 삶을 이상화하려는 모든 사람은 삶을 지나치게 정확하게 보려고 하지 않아야 하며, 항상 일정한 거리 뒤로 물러나서 자신의 눈길을 고정시켜놓아야 한다. 이러한 요령을 예컨대 괴테는 알고 있었다."(KSA Bd. 2. 229쪽)[8]

그와 함께 예술가는 자신의 고유한 삶을 내적인 모순으로부터의 거리두기를 통해 견딜 수 있게 만드는 것이 성취되는 "삶의 기예가"의 원형으로 칭해진다. "거리두기의 파토스(Pathos der Distanz)"라는 표현과 함께 니체는 삶의 기예의 미학주의적 형식을 위한 공식을 발견했다. 이것은 세기의 전환기를 넘어 아방가르드적 엘리트들의 삶의 유형과 삶의

---

8 역자 주: F. 니체, 『인간적인 너무나 인간적인 I』(김미기 옮김), 275쪽.

감정을 각인시켰다.

제 6 장

삶의 의미에서 사랑의 기예로

Vom Sinn des Lebens zur Kunst des Liebens

학술 철학의 주요 흐름인 신칸트주의, 현상학 그리고 신실증주의는 심리학을 논리학으로 대체했고, 이러한 전조 아래에서 인식론과 학문 이론에 관심을 집중했다. 이론 철학과 나란히 윤리학이 겸손한 두 번째 자리를 차지했다. 예외라면 단지 셸러(M. Scheler, 1874-1928)와 하르트만(N. Hartmann, 1882-1950)의 가치윤리학이다. 이것은 자신의 뚜렷한 체계적 형식을 통해 철학적 삶의 기예를 위한 어떠한 발상도 제공하지 않았다. 그럼에도 이 시대에 삶의 기예가 완전히 고갈되었다고 말한다면 올바른 평가가 아닐 것이다. 단지 삶의 기예를 다른 수단으로 계속 진행시킨 사람들은 철학자가 아니라 심리학자였다. 그러나 한편으로는 심리학의 발전, 다른 한편으로는 철학의 발전이 지속적으로 분리해서 진행된 것은 당연히 아니다. 1920년대에 특히 현상학과 심리학의 접근이 이루어졌고, 이것은 실존철학에서 반영된 표현을 발견한다. 실존철학은 삶의 기예는 아니지만, 그 토대 위에 20세기 후반부 삶의 기예의 철학이 새로운 결실에 도달할 수 있었다.

1. 철학과 치료

Philosophie und Therapie

20세기 심리학의 개혁은 프로이트(S. Freud, 1856-1939)에서 출발한다. 그의 "혼자 힘으로의 심리학Psychologie auf eigene Faust" 즉 정신분석학은 자신의 의식 이론적 기초를 쇼펜하우어의 의지 형이상학에 기대어 전개한다. 쇼펜하우어의 "자기의식에서의 의지의 우위"를, 프로이트는 주체를 자연주의적으로 욕망의 체계 혹은 본능구조로서 파악하는 무의식의 이론으로 확장시켰다. "정신적 기관psychische Apparat"의 조화가 종족을 위하여 개인의 보존을 보증하는 심급으로 구성된다. 이것은 두 가지 원칙에 따라서 이루어진다. 하나는 삶의 목적을 정립하는 '쾌락 원칙'이며, 다른 하나는 삶의 조건에 적응하기 위해 애쓰는 '현실 원칙'이다. 삶의 목적은 행복 추구에서 성립한다. 프로이트는 이 추구를 강한 쾌감의 체험과 고통과 불쾌감의 회피로서 이중적으로 정의한다. 행복의 가능성에는 외적 장애물을 통해 협소한 한계가 설정되어있다. 그러나 인간은 자신의 행복 추구에서 외적 장애물에 대해서만 방어해야 하는 것이 아니다. 특히 무의식적이며 자신의 재량권을 넘어선 본능 생활이 개인의 행복 추구의 조건이다. 그러므로 인간은 이미 정신적 고통으로부터 괴롭힘을 당하지 않고 지탱한다는 것으로 만족할 수 있다. 자신의 후기 작품인 『문화에서의 불안』(*Das Unbehagen in der Kultur*, 1930)에서 프로이트는 "삶의 기예의 개별 학파들에 의해" 권장된, 그리고 어떻게 행복에 도달할 수 있는가를 서술한(여기서 행복이란 본능의 충족으로 이해될 수 있는) 상이한 길을 열거한다. 본능의 충족가운데서 성애性愛가 선도적 위상을 차지한다. 이는 성애가 집중적 쾌락의 감각을 매개하기 때문이다. 따라서 에로틱한 순간의 명증성은 인간적 행복 추구의 본보기가 된다. 프로이트에 의해 논의된 행복 내지 고통 회피로의 길에 있어서는 리비도의 경제학 규칙들을 정식화하는 "삶의 기술들" 혹은 "삶의 기예의 기술들"이 중요하다. 이 규칙들 중 어떤 것도 프로이트에 따르면 목표로 인도되지 않았다. 따라서 그는 다음과 같은 냉정한 결론에 도달한다.

> "우리에게 행복하게 되고자 쾌락 원칙을 강요하는 계획은 그러나 충족될 수 없다"
> "하지만 우리는 그것을 충족에 가깝게 가져가려는 노력을 포기해서도darf, 아니 포기할 수kann도 없다."
>
> (Ges. Werke Bd. XIV, 442쪽)

프로이트의 순수 주관주의적 행복 이론은 먼저 도덕 중립적이고, 삶의 기예에 부합하게 기술적技術的으로 설정된다. 둘째, 프로이트는 사회생활에 행복 추구에서의 특별한 위상을 부여한다. 자연적 한계는 불가피한 것으로 수용되는 반면, 다른 사람에 대한 관계는 정서적 힘들을 활성화한다. 그래서 그것의 행복 가치가 의심되는 문화가 영향을 미친다. 그 이유는 문화적 규범들이 쾌락원칙에 대한 제한을 의미하기 때문이다. 본능의 목표를 승화시키는 것은 비록 삶을 높은 단계로 고양시키지만, 순수하게 전략적이며 가치중립적으로 극복될 수 없는 문제와 인간을 마주치게 한다. 그와 동시에 도덕의 물음이 등장하는데, 여기서 프로이트는 문화를 개인의 성숙에 대한 유비에서 고찰한다. 문화의 발전에서는 개인의 발전에서처럼 성적 본능이 이중적 역할을 수행한다. 분명이 본능은 사람들을 서로 결합시킨다. 그러나 이것이 충족되지 못하면 사회생활을 위협하는 공격적 경향을 만들어낸다. 결국 프로이트는 삶의 본능으로서의 에로스에 공격본능 혹은 죽음의 본능인 타나토스Thanatos를 대립시켰으며, 문명의 과정을 두 본능의 투쟁으로 해석했다. 이 투쟁의 결말은 열려있다.

프로이트의 문화이론은 윤리학에 있어서 광범위한 귀결을 가진다. 죄책감, 양심, 그리고 선악의 구별은 천부적 도덕적 의미에서 생겨나는 것이 아니라 본능 조절의 결과들이다. 이 조절에서 그Es와 자아Ich와 나란히, 제3의 심급인 초자아Über-Ich가 작동한다. 이것은 개인에 의해 내면화되고 도덕적 요구로서 체험되는, 사회적 억압을 대변한다. 도덕에 대한 이러한 발생론적 고찰은 삶의 기예를 문화기술로 만든다. 이 기술의 목표는 문화의 유익과 해악을 서로 저울질하고 개인을 위해 화해시키는 것이다. 모든 과정에서 문화비판으로 인도되었던 문화에서의 불안은 윤리학에서 도덕적 명법의 절대적 타당성 요구에 대한 회의로 영향을 미친다. 원래 질병의 원인Pathogenese인 양심의 기원으로부터 프로이트는 윤리학이 인간의 본능 생활의 내적 분열에 대비하기 위한 치료 시도라는 결론을 도출했다. 그런 한에서 윤리학은 프로이트에게 삶의 기술의 고양된 형식으로 머물며, 이 기술의 작용이 인간(성)이 자신의 정서적 자기 파괴의 잠재력을 의미 있는 방향으로 돌릴 수 있는지 여부를 결정한다.

프로이트는 자신의 자연주의적이며 염세주의적인 인간상, 즉 자기 자신의 내면에 대한 인간의 장악력이 좁은 범위에 국한된다는 통찰을 인간성의 가장 커다란 모욕 중의 하나로 형용했다. 그것(Es, id), 즉 유아기 성의 조절되지 않은 형식에서의 성애Eros는 병을 유발하는 인간 지배를 실행한다. 인간은 시달리는 과거에의 결속을 끝내기 위해 도움이 필요하다. 그에게 이 도움은 단지 훈련된 요원에 의해 제공될 수 있다. 프로이트는 훈련된 정신분석학자만이 다른 삶의 정신적 심연에 파고들 수 있는 능력이 있으며 자격이 있다는 점에 큰 가치를 두었다. 그것Es으로부터 자아가 되도록 하기 위해서는 19세기 낭만주의 심리학Seelenkunde이 바르게 준비한 것을 모두 뛰어넘는 소통과 해석의 섬세한 방법이 필요하다.

정신분석학의 모범에 따라 비트겐슈타인(L. Wittgenstein, 1889-1951)이 『철학적 탐구』(*Philosophische Untersuchungen*)에서 입증한 바와 같이, 이론으로부터 치료의 형식이 만들어진다.

> "철학자는 하나의 질문을 질병처럼 다룬다"(Teil I, Nr. 255)

비트겐슈타인은 이 치료가 어디에서 성립하며(의미 있는 문장들과 무의미한 문장들의 구별에서), 어디서 이 치료의 성공 여부를 인식하게 되는지를 『논리철학 논고』(*Tractatus logico-philosophicus*) 마지막 부분에서 정식화한다.

"삶의 문제의 해결은 이 문제의 소멸에서 발견된다. (이것이 오랫동안의 회의 끝에 삶의 뜻을 분명하게 깨달은 사람들이 그 뜻이 어디에 있는지 말할 수 없었던 이유가 아닐까?"(6. 521쪽)

삶의 의미 추구라는 방향으로 행복 추구의 위치이동은 삶의 기예를 위해 새로운 관점을 열어준다. "예술"은 니체에서처럼 더 이상 형성적 예술이 아니라, 프로이트에서처럼 의사醫師의 기예로 이해된다.

2. 유용한 허구로서의 삶의 계획

Lebensplan als nützliche Fiktion

정신분석학의 지속적 발전과 더불어 애초에 프로이트에 의해 엄격하게 통제된 의사의 실천은 완화되었으며, 개별적 삶의 기예라는 의미에서의 철학적 실천의 방향에서 개방되었다. 이러한 발전에 결정적 기여를 한 인물은 프로이트의 변별한 제자였던 아들러(A. Adler, 1870-1937)였다. 그는 정신분석학을 개인심리학으로 변형시켰다. 아들러는 인간 행위의 중심 동력은 프로이트처럼 성본능이 아니라 우월성Geltung의 추구라고 인식했다. 인간의 우월성 추구와 권력 추구의 이유는 약하고 돌봄이 필요한 존재로서의 어린이가 투쟁해야만 하는 열등감이다. 실제적인 그리고 추정된 열등감을 보정하기 위해 성인은 삶의 계획[1], 그가

[1] 삶의 계획은 '생활설계'라고 번역할 수도 있다. 이 텍스트 전반에 걸쳐 나타나고 있는 생철학적 관점을 부각시키기 위해 '삶의 계획'으로 번역한다.

세계에게 수행하고 싶은 역할에 대한 여전히 무의식적 표상을 구상한다. 삶의 계획이 사회적 환경, 그러나 또한 개인의 체질과 일치되지 않을 때는 개인이 혼자 극복할 수 없는 병적인 상태가 생겨난다. 개인심리학적 치료는 정신적으로 병든 사람에게 삶에서의 그의 역할의 현실적 태도를 중재한다. 여기에 완고한 모순들이 존재한다. 그 이유는 자기 인식과 상태의 인식이 용기와 성격의 확고함을 요구하기 때문이다. 개인심리학자의 작업은 균형을 유지하는 행위와 다름없다. 왜냐하면 모든 사람의 삶의 계획에는, 어떤 사람을 힘든 시기와 급격한 타격으로부터 극복하게 해주는, 어느 정도의 허구가 포함되어 있기 때문이다. 물론 허구가 인간을 현실로부터 소외시켜 꿈의 세계에 가두어 두는 공상이 되어서는 안 된다.

프로이트에 비하여 아들러의 개인심리학은 성본능에서 우월성 본능으로 나아감으로써 중요한 내용적 개선을 이룩했다. 그러나 또한 형식적으로도 인간상은 변화된다. 아들러가 본질적인 것을 무의식적 욕구의 충족에서가 아니라 삶의 계획에서 인식함으로써 인간 현존의 중심점은 과거에서 미래로 옮겨졌다. 이러한 조명에서 또한 아들러가 큰 관심을 기울이는 어린아이의 발달은 다른 의미를 획득한다. 그에게 유아기는 어머니와의 통합의 고통스러운 상실이 아니라 고유한 미래의 자립적 형성을 위한 해방과 개방의 단계이다. 과거의 권력으로부터 미래의 약속으로의 강조점의 이동은 정신요법Psychotheraphie의 자명성을 변화시켰다. 아들러는 정신요법에 치료 기능과 나란히 교육 기능을 인정했다. 이런 방식으로 개인심리학은 더욱 더 인간들 그리고 자기 자신과의 화해에서 성립하는 자기 교육을 위한 안내의 형식을 가정한다. 후기

아들러에 있어서는 연대감의 형성이 하나의 역할을 수행하는데, 개인심리학이 사회심리학으로 변화한다. 사회심리학은 인간이 중요한 삶의 문제를 해결할 수 있는 규칙들을 제공한다. 이 문제들 중 아들러는 세 가지를 들고 있는데, 공동체, 노동 그리고 사랑의 문제가 그것이다. 해결의 실천은 추상적 규칙의 적용이 아니라, 인간이 자기 자신에게 도달하는 일반적 생활양식의 형성에 있다.

이 프로그램과 함께 개인심리학은 신경증의 장애에 시달리는 사람들뿐만 아니라 또한 점점 더 자신의 행위에 대해서 스스로 책임을 가지는 "정상적" 인간에게 향한다. 그와 동시에 삶의 기예의 전통과 연결된다. 부연하자면 더 이상 일차적으로 중요한 것은 행복한 삶으로의 안내가 아니라, 인간이 자기 자신과 세계에 대해 가지고 있는 생각의 해명이다. 이 해명으로 나아가는 방법들이 아들러의 최후의 대작인 『삶의 의미』(1933)의 대상이다. 이 작품은 철저히 현대 삶의 기예의 발전에 있어서 이정표로 부를 수 있다. 그 이유는 "삶"이 아들러에 의해 문제의 해결로서 파악되어졌기 때문이다. 문제들은 개인이 사회 속에서 순응하면 해결된 것으로서 고찰될 수 있다. 아들러에게 연대의 공동체는 문화적 발전의 객관적 목표이며, 강한 "연대감"의 형성에 있어 삶의 의미가 개인에게 충족된다.

개인적 의미 추구의 출발점은 어린 시절뿐만 아니라, 그 후에도 다른 사람의 공조에 종속적인 곤궁한 인간이다. 아들러가 유기적이며 심리적인 곤궁함으로 형용하는 근원적 곤궁함으로부터 "우월성의 본능"이라 불리는 배려와 인정에의 욕구가 생겨난다. 사람들은 우월성의 욕구를 충족하기 위해, 처음부터 자신들의 "삶의 계획"을 형성하는, 방향설정을 실천하는 허구들의 도움을 받는다. "삶의 계획"은 개인심리학의 중심개념이다. 왜냐하면 이 개념이 선험적 주관의 위치를 차지하기 때문이다. 각각의 인간은 자신의 삶의 계획을 "만든다." 그러나 전적으로 자유롭고 임의적인 것은 아니며, 자신이 처하고 있는 상황과 아울러 타고난 체질에 부합하게 만든다. 이런 의미에서 인간은 자신의 삶의 계획을 "발견해야" 한다고 아들러는 말하고 있다. 이 양면성이 아들러가 역설적으로 표현하듯이 삶의 계획을 "적극적 적응"의 수단으로 만든다. 또한 삶의 계획의 양면성은 이 계획이 불가결의 지지대이지만 동시에 억압을 행한다는 점에서도 표현된다. 그 까닭에 아들러 또한 "운동의 법칙"에 대해 말할 수 있다. 『삶의 의미』에서 아들러는 "삶의 계획"과 병행해서 "생활양식Lebensstil"이라는 표현을 사용한다. 이것은 현상학적으로 중요한 진전인데, 그 이유는 양식개념이 내부와 외부라는 전통적 이원론을 지양하기 때문이다. 생활양식은 종종 의식되지 못한 삶의 계획의 구현이다. 이 계획은 이를 통해 그것의 순수한 이론적 기획이라는 성격을 상실한다. 생활양식에서는 기획과 실행이 하나이다. 이것이, 삶의 기예를 적용시켜야만 하는 생활양식을 심급으로 만든다.

물론 생활양식이 유익한 허구를 통해 너무 많이 현실로부터 벗어나는 곳에는, 예를 들면 삶의 계획이 망상적 성향을 띠게 되면, 초과 보정Überkompensation의 경우가 존재한다. 이것이 의사의 치료나 적어도 상담이 필요한 노이로제의 원천이다. 개인을 사회의 기대와 충돌하게 만드는 환상적인 삶의 계획들을 아들러는 어린 시절의 탓으로 돌리고 있다. 적절한 삶의 계획의 형성에 있어서는 교육이 기초적 역할을 한다. 아들러가 노이로제의 근원을 소홀함이 아니라 악습에 젖게 함으로 인식한다는 것은 특기할 만하다. 아들러 분석의 많은 부분은 자신의 신경과민 그리고 예측할 수 없음과 더불어 악습에 젖은 사람의 허구 세계와 관계한다. 이 분석들은 장애가 있는 인간이 자신의 개별성에 제한되지 않고 사회로의 연결을 발견할 수 있는 길을 제시해야만 한다. 사회로의 연결은 단지 정서적으로만 수립된다. 게다가 이것은 공동체적 존재로서의 인간의 근본 성향으로 간주하는 연대감으로 말미암아 이루어진다. 이에 반해 이기주의, 질투, 시기 등은 "이상적 공동체"의 본보기를 형성하는 진정한 연대감의 결핍을 나타내는 징조이다. 이러한 범위에서 의미의 추구로서 삶의 기예는 그렇게 실용적 경향들을 나타내지 않는다. 달리 말하자면 공리주의에서처럼 공익이 아니라 오히려 상이한 출신과 사회화의 인간들 사이의 정서적 일치가 중요한 것이다.

삶의 의미에 대한 아들러의 탐색과 고대의 삶의 기예의 프로그램을 비교해보면 우리는 솔직히 패러다임의 변화에 대해 말할 수 있다. 훌륭하고 성공한 삶은 자기 자신에로의 회귀보다는, 그 반대로 공동체에로의 정서적 순응에서 고찰된다. 물론 아들러는 공동체를 개인위에 놓인 유기적 통일체로서 고찰하지 않았으며, 오히려 개인과 공동체는 정서적으로 균형 속에 유지된다고 한다. 그를 통해 다른 사람들과의 경계설정으로서 이해되지 않는 유연한 개인주의의 새로운 형식이 생겨난다. 이 정서적 조화에 아들러의 생활양식의 개념이 일치한다. 이것은 고유한 생활양식의 실현으로서의 삶의 기예를 의미한다. 그러나 이 생활양식은 각각의 양식처럼 사적으로 머무는 것이 아니라 공적으로 유효하며, 동시에 고유한 것das Eigene이 보편적인 것과 조화를 이룬다. 개인심리학적 삶의 기예는 오늘날 "나의 길*My Way*"이라고 부르는 것에 상응한다.

기예는 고유한 길을 이 길이 공동체로부터 특별한 길이 아니라 모든 인간의 이상적 공동체로 인도할 수 있는 수많은 길의 하나로 지각되는 것에서 성립한다.

3. 존재를 위한 자유

Freiheit zum Sein

심리학 내지 정신분석학이라는 방식에서의 삶의 기예는 2차 세계대전 이후 프롬(E. Fromm, 1900-1980)에 의해 계속 발전되어 왔다. 프롬은 1934년 이주하기 전에는 프랑크푸르트학파에 속했으나, 그 이후 사회비판을 개인심리학적으로 변형시켰다. 전환점을 형성하는 것이 『정신분석학과 윤리학』(1947)이다. 이 책에서 그는 명백히 아리스토텔레스에 연결된다. 윤리학의 목표는 개인의 행복한 삶이다. 그러나 이것을 실현하기 위해서는 사회적 환경뿐만 아니라, 우선 개인의 성격형성이 중요하다. 프롬은 성격형성의 중요한 매체로서 사랑을 고찰한다. 여기서 그는 프로이트에 동조한다. 또한 프롬은 프로이트의 성 이론을 변형시키지만 아들러와는 다른 방향으로 나아간다. 프롬은 "우월성 본능"과 "삶의 계획" 대신에 인간의 두 가지 근본 욕구를 가정한다. 이 둘은 서로 긴장관계에 놓여 있으며, 서로 화해되어야만 한다. 그것은 다른 사람들에 대한 개방과 화목 및 자립성과 고유한 인격 그 자체에서의 안정이다.

자율과 다른 사람과의 연관성 사이의 화해의 계획을 프롬은 그의 베스트셀러 『사랑의 기술』(1956)에서 설명했다. 이 책은 1968년의 시대정신에 부합했다. 이 책은 규범 윤리학의 대안으로서 읽혀졌다. 이 대안은 반권위적 자기이해에 일치했으며, 동시에 자본주의의 사회체계로부터 벗어나는 무혈의 길을 약속했다. 프롬은 규명적인 현상학적 서술과 유혹적인 이념적 약속을 혼융함으로써 "사랑의 기술"을 삶의 기예를 위한 본보기로 만들었다. 사랑의 기술은 소외되지 않은 실존에 일치하며, 그 안에서 개인과 사회가 하나로 느낄 수 있다. 사랑의 기술에 대한 프롬의 이념은 부분적으로는 현대 산업사회에서 오늘날까지 그 매력을 잃지 않은 불교적이고 신비주의적인 태도와 삶의 형식에 필적한다. 여기에는 분명 많이 왜곡된 의식이 작동하고 있지만, 그러나 이것이 삶의 기예의 철학의 개혁에 있어 프롬에게 부여되는 의의를 깎아 내리지는 않는다.

규범윤리의 형식주의와는 다르게 프롬은 현대의 철학적 인간학의 영역 안에서 지탱되는 인간론으로부터 나아간다. 본능의 해방과 더불어 세계와 자기 자신으로부터의 분리를 의미하는 의식이 생겨난다. 정서적으로 이 분리는 양가적으로 지각되어지며, 긍정적으로는 자기결정의 감정으로, 부정적으로는 고립에 대한 두려움으로 나타난다. 여기에 "인간 실존의 문제"가 놓여 있으며, 이 문제의 해결을 프롬은 일차적으로 인간 상호간의 사랑에서 찾는다. 그에게 사랑은 정념일 뿐만 아니라, 강하게 새겨진 인식적 차원을 포함하고 있는 삶의 형식이다. 타자에로의 다정한 몰입과 타자에 대한 인식은 사랑의 하나이자 동일한 행위의 두 측면이다. 프롬은 사랑의 가장 순수한 형식을 신비주의적 경험에서 바라본다. 에로틱한 사랑에서 성별의 양극단이 하나의 역할을 수행한다. 이 역할은 에로틱한 합일에서의 상대방을 상대방 그 자체로 존재하게 한다. 통일체에서의 이 상이성의 역설은 사랑을 참여자에게 용기와 신뢰를 요구하는 무한한 과제로 만든다.

프롬은 인간학적 발상을 통해 삶의 기예에 대한 현대철학의 토대를 부설했다. 이 현대철학은 사적 영역과 내면성으로의 후퇴로 제한하는 것이 아니라, 개인의 욕구와 사회의 요구를 서로 결합하려고 시도한다. 그에게 윤리학은 추상적 규범의 적용 그 이상의 것이며, 인간의 성공적 공동생활을 가능하게 하는 성격적 특성의 발전을 요구한다. 이를 위한 모델을 사랑이 제공하는데, 그래서 사랑의 기예와 삶의 기예가 일치한다. 프롬은 "존재"가 "소유"보다 더 중요한 의미를 가지는 인격 유형을 형성할 것을 주장했다.

프롬의 인간학적 발상 역시 재고의 여지가 있다면 "인간 실존의 문제"에 대한 그의 정식화는 심리학적 일면성과 형이상학적 전제들을 포함하고 있다. 이것들은 이러한 형식에서는 수용할 수 있는 것이 아니다. 쇼펜하우어의 의지 형이상학과, 이것의 불교적 배경에 연결된 모든 창조물의 통일성의 논제는 프롬을 홀로 존재함에 대한 두려움을 재결합으로의 길, 즉 사랑을 위한 중심적 동기로 가정하게끔 미혹시켰다. 이러한 구성은 사랑의 상이한 형식들의 심리학적 복잡성에 전혀 부응하지 못했다. 그 대신 프롬은 모든 사람에 대한 사랑에서 파생된 형식으로 에로틱한 사랑의 배타성을 고찰하는 것으로 임시변통했다. 동시에 그는 정서적 보편주의에 도달한다. 이것이 사랑의 기술을 본질적으로 에로틱한 관심을 가지지 않은 독자에게도 삶의 기예의 모델로 매력적으로 만든 것이다. 에로스와 로고스의 결합은 프롬의 생철학이 폭넓게 수용되는데 기여했다. 그것은 이 결합이 좀 더 나은 사회에서의 새로운 인간에 대한 전체 세대의 동경에 부합했기 때문이다.

프롬의 사상이 수용되는 조건에는, 엠마뉴엘 아르상(Emmanuelle Arsan)의 『엠마뉴엘 소설』 시리즈에서 나타나는, 1970년대의 에로틱한 유토피아가 속한다. 이 성찰의 수준을 나타내기에는 독일어로 번역된 책 제목 『쾌락의 학교』(*Die Schule der Lust, La leçon d'homme*), 혹은 『사랑의 정원』(*Der Garten der Liebe, L'Antivierge*)이 적절하지 않다. 이 소설들은 니체와 바타이유(G. Bataille, 1897-1962)에 기대어 이 시대의 성적 혁명의 이념에 부응하는 자기 돌봄Selbstsorge의 본보기를 제공했다. 『엠마뉴엘 소설』 시리즈에 대한 언급은 삶의 기예의 철학 영역에서는 부적절하게 보일 수도 있다. 그러나 이것은 삶의 기예가 얼마나 삶의 감정에 종속적인지를 시사해준다. 이러한 사실관계는 삶의 기예를 학술적으로 다루는 데에 있어서도 간과해서는 안 될 부분이다. 순수한 내재적 독서방식은 이런 방식으로 생존했던 철학의 의미차원을 규명하기 위해서는 충분하지 않다.

얼마나 사랑의 기예가 삶의 감정에 의해 지탱되었는지는 더 나은 삶의 질에 대한 약속이 시대를 넘어서 지켜지지 못했다는 사실이 보여준다. 오늘날의 시각에서 볼 때, 프롬이 인간에게 그의 실존의 중심으로부터의 삶을 위해 동반하도록 제공하는 권고들은 오히려 진부하다. 그것들은 일상적 긴장완화 및 집중의 연습이며, 이것들은 종교적 맥락에서 분리되어 건강 산업Wellness-Industrie의 피상적 유심론으로 전락한 것들이다. 자신의 입장에서는 성적으로 경직된 것을 해방시켰을 수도 있는 고유한 육체에 대한 감정은 오늘날 대중적 상담서적의 분야에서 자기창안의 왕도로서 판매된다.

4. 삶의 기예를 위한 정신치료 모델

Psychotherapeutische Modelle für die Lebenskunst

이러한 전개양상에 대해 프롬에게 책임을 돌리는 것은 분명 정당하지 못한 것이라 할 수 있다. 그는 계속해서 『소유냐 존재냐』(1976)에서 "새로운 사회의 정신적 기초를" 사회심리학적으로 차별화하고자 시도했다. 그러나 신구약성서 및 마이스터 에크하르트(M. Eckhart, 1260-1328)의 저술이 다시 수용됨에도 불구하고 그것은 세계관의 혼합주의에 머물고 있다. 이 혼합주의는, 프롬에게 사랑과 삶의 기예의 완결로서 머리에 떠오른, "존재의 기술"을 궁극적으로 존재Sein와 "안녕Wohl-Sein"의 혼돈으로부터 지킬 수 없는 것이었다. 분명히 모든 정신치료의 경향들이 이러한 위험에 굴복하는 것은 아니다. 인간의 자기 관계를 위한 이 경향들의 의의는 오늘날 충분히 높게 평가될 수 없다. 이것은 사회 환경에 안정화시키는 기능을 부여하며, 그리하여 삶의 기예는 일차적으로 의사소통적 행위를 통해 자기 자신을 발견함으로 인식된다.

이러한 방향으로 또한 로널드 랭(Ronald D. Laing, 1927-1989)의 "실존론적 현상학"도 전개되고 있다. 분열된 자기에 대한 그의 이론이 1960년대에 지속적으로 영향을 미쳤으며, 삶의 기예에 대한 새로운 감수성을 일깨웠다. 이것은 또한 에릭 에릭슨(Erik H. Erikson, 1902-1994)의 경우에도 타당하다. 그는 정체성의 새로운 이론을 심리사회적 혹은 "심리역사적" 기초위에 구성했다. 오스트리아에서는 프란켈(Viltio F. Frankel, 1905-1997)이 "정신치료의 제3의 비엔나 학파Dritte Wiener Richtung der Psychotheraphie"를 정초했다. 그 중심점은 인간의 의미탐구에 놓여 있으며, 또한 "로고테라

피Logotheraphie"로서 오늘날까지 랭글(A. Längle)에 의해 지속된다. 이런 방향들이 현상학과 밀접한 관계를 가지고 있다는 사실에 의해서 철학적 삶의 기예에 대한 강한 영향력이 형성된다. 독일에서는 모레노(Jakob Levy Moreno, 1889-1974)에 의해 전개된 심리극Psychodrama에 대한 구상이 당시에 부에르(Ferdinand Buer)에 의해 사회형성의 의미에서의 삶의 지도*Life-Coaching*로서 "책임 있는 행복이 의미를 낳는다"라는 모토에 따라서 실천되었다.

망각되지 말아야 할 것은 1903년 비엔나에서 태어난 미국 정신과 의사 코후트(H. Kohut)의 "자기심리학"이다. 그의 베스트셀러『자기의 치료』(*Die Heilung des Selbst*, 1979)에서 코후트는 욕망체계 대신에 미진한 혹은 잠재적 자기로부터 나아간다. 이 자기의 발전은 어느 정도 어린 아이가 어머니에서 그의 우월성 추구의 생동적 반영을 발견하는가에 달려있다. 코후트는 어머니를 어린아이의 "자기대상"라고 부른다. 어머니의 과제는, 어린아이가 이미 자율적 자기를 형성했다고 전제하는 방식에서 감정이입적-호의적으로empathisch-responsiv 어린아이에게 반응하는 데 있다. 코후트가 온전한 자기에로의 왕도로 고찰하는, 유아와 그의 자기대상으로서의 어머니 사이에서 "혼융Verschmelzung"이 문제가 없는지는 여기서 더 이상 논의를 유보한다. 이 모델이 치료받는 사회에서의 삶의 기예에서 높은 매력을 보유하고 있다는 것은 의심의 여지가 없다. 이러한 의미에서 "타자의 현상학"이 가치윤리학에서 삶의 기예로의 가교를 형성하는, '응답적 윤리학responsive Ethik'의 이념을 형성했다.

짧고 불완전한 조망을 통해 확인할 수 있었던 것은 삶의 형성을 위한 정신치료의 형식들이 심리학, 정신치료 그리고 삶의 기예의 철학 사이의 경계가 매우 어렵게 설정될 수 있을 만큼 분화되어졌다는 사실이다. 1970년대에 이른바 철학적 실천의 융성은 이에 대한 분명한 증거이다. 이론 철학의 좁은 영역에서는 당연히 이러한 경향에 반해 경계를 설정했다. 1980년대 독일에서는 하버마스에 의해 담론윤리학의 형식에서 규범윤리의 강화로 나타났다. 중요한 것은 칸트주의의 변형인데, 이것은 역사적으로 규범윤리의 정신치료적 해체에 반하는 방어의 운동으로 평가될 수 있다. 이 규범주의는 윤리학에 대한 모든 생철학적 접근을 비합리주의라고 의심하는 투겐트하트(E. Tugendhat, 1930)의 언어분석적 윤리학에서 지지되고 있음을 알 수 있다.

제 7 장

쾌락의 정원에서의 자기 돌봄

Selbstsorge im Garten der Lüste

철학적 삶의 기예는 1980년대 프랑스의 미셸 푸코(Michel Foucault, 1926-1984)를 통해 놀라운 새로운 발상들을 경험했다. 푸코는 먼저 과학사의 대안적 방식을 통해 능력을 발휘하여 인정을 받았다. 이 역사는 관념적 이념사와 유물론적 사회사 사이에서 전개된다. 그의 "고고학"이라 불리는 방법과 함께 푸코는 사회를 지탱하는 지식의 제도화된 형식을 발견한다. 억압 없는 사회의 유토피아에 매달리는 칼 마르크스에 정위된 비판이론의 대표자와는 달리, 푸코는 현실감각이 있는 사회상을 제시한다. 이 상像은 그럼에도 불구하고 아도르노의『부정의 변증법』과 내적 유사성을 드러낸다. 푸코는 사회적 구조들을 지식의 관리로부터 나아가는 권력관계로서 분석한다. 이 권력관계의 연결망은 개별성의 전개에 어떤 공간도 허용하지 않을 만큼 촘촘하게 짜여 있다. 푸코에 따르면 권력은 스며들고 확대 재생산되는 상태에서 등장한다. 권력은 몇몇 권력자의 수중에 있는 것이 아니라 모든 사람들에 의해 함께 운반되는 구조 자체에 있다. 이것을 푸코는 인간 구금의 제도화된 형식들에서 증명한다. 이 형식들은 정상성의 판단 기준에서 벗어난 것이다. 특히 정신 의학은 인간을 치료하는 자신의 과제를 소홀히 했다. 정신 의학에 대한 푸코의 신랄한 비판은 비정상적 개인, 사회로부터 단지 위협으로만 경험되는 아웃사이더의 파괴에 대한 그의 염려를 인식하게 해준다. 인간성을 서약하는 관념론적 담론은 현실을 통해 거짓말로 책망 받았다. 이 담론은 어떤 진리가 사회적으로 허용되는지를 결정하는 권력의 상황을 은폐하는데 기여한다.

이러한 비판적 시각을 통해 푸코는 기존의 관점을 뒤흔드는 생활세계의 시나리오를 구상한다. 이것은 윤리학에 있어서 새로운 발상을 가능하고 필요하게 만든다. 인간들이 그들 자신의 희망과 함께 권력을 구현하는, 익명적 구조의 세계에서 산다면 질문은 "내가 무엇을 행해야만 하는가?"가 아니라, "내가 어떻게 이 세상에서 내 자신에게 다가갈 수 있는가"가 된다. 이 질문에 대한 하나의 대답은 이성을 수단으로 해서 논증되는 어떠한 보편적 행위규범이 아니라, 오히려 인간이 구조의 전능全能으로부터 벗어날 수 있는 삶의 형식에 대한 서술이 주어진다. 이러한 징후 아래에서 철학이 삶의 기예가 되는데, 여기서 "지혜"는 미학적 창조성으로 의미 부여된다. 물론 푸코에게는 항상 치료라는 의사의 기예의 함축적 의미도 함께 나타난다. 이것은 우리가 천재와 광기가 공속적이라는 사실로부터 나아갈 수 있을 때 사태에 적합한 것으로 정당한 것이다. 그와 동시에 푸코의 삶의 기예의 철학은 기예에 대한 두 가지 개념을 합일시킨다. 이 개념이 순수한 방법적·기술적 지시의 피안에서 "자기 구성Konstitution des Selbst"이라 불리는 자기 관계로 이끈다고 한다.

1. 성과 자기경험

Sexualität und Selbsterfahrung

푸코에게 자기 구성의 일차적 매체는 성性이다. 그는 유럽세계에서의 성의 역사에 대해 상세한 연구를 수행했다. 여기에서 중요한 것은 전통적 의미에서의 "인륜의 역사Sittengeschichte"가 아니라, 성적 욕구와 결합된 지식형식들의 분석이다. 이 형식은 동시에 삶의 형식이기도 하다. 이 형식들은 시대적으로 변화하는 개인적 자기 이해의 대부분이 주제화되지 못한 배경을 형성한다. 우리는 푸코에게서 순수한 사고로부터 감정과 욕구에로 자의식에 대한 근대적 반성이론이 옮겨가고 있다고 말할 수 있다. 이 자의식은 자기 자신을 도덕적 주체로 인식하고자 모습을 드러내려고 한다.

푸코가 도덕적 자기 경험을 위해 성적 욕구의 경험에 매달리는 것은 또한 전기적 이유가 있다. 푸코는 자신의 동성애를 은폐하지 않았으며, 그것도 동성애자가 사회의 국외자로서 강한 차별대우를 받았던 시대에 그런 태도를 취했다. 푸코는 이러한 곤경에서 이성애의 두 당사자 사이의 관계의 규범을 통해 파묻힌 정서적 가능성을 행동을 통해 해소하고, 생각을 다듬어 표현할 수 있는 기회를 동성애에서 인식함으로써, 하나의 미덕을 만들었다. 성의 혁명을 통한 소위 해방을 훨씬 넘어서는, 동성애적 친교의 영역에서의 경험 지평의 확충은 깊은 인상을 주었으며, 추종한 전체 세대를 열광시켰다. 그러나 동시에 간과할 수 없는 것은 푸코의 윤리학이 고전적 주체철학과의 단절에도 불구하고 자기Selbst 주위를 맴돌고 있으며, 이 자기는 자신의 욕구에서 자기 자신에 열중하는 것으로 머문다. 그러나 푸코는 부부와 같은 제도화된 형식의 피안에서의 강렬한 관계에 대한 동경을 궁극적으로 자신의 욕구의 고독으로부터 구해내지 못했다. 여기에 상응하는 것이 그가 자신의 추종자들에 의해 수용되고 추앙된 방식이다. 그는 "가면을 쓴 철학자"로서 익명으로 머물기를 원했다. 그 이유는 그가 욕구의 주체로서 쾌락을 도덕적으로 적용할 때 회피할 수 없는 관계점으로 남았기 때문이다.

이러한 배후관계를 고려할 때 삶의 기술에 관한 푸코의 윤리학이 "자기 돌봄"의 고대적 형식인 '자기 배려*epimeleia heautou*'에 준거한다는 것은 놀라운 일이 아니다. 물론 고대는 돌봄의 대상인 자기를 충족의 대상인 욕구 체계로 이해한 것이 아니며, 플라톤에게 중요한 것은 인간이 보유한 신적 부분으로 존재하는 영혼이다. 푸코 역시 자기를 신체의 현존을 넘어서지만, 더 이상 신체와 분리된 실체가 아니라 모든 삶의 표현이 집중되는 활동성의 목표점으로 파악했다. 그에 부합하게 "돌봄"의 개념은 실존적 특색을 획득한다. 이것은 하이데거의 "실존범주Existenzial"에 필적한다. 다르게 표현하면 자신에 대한 돌봄은 순간적 만족을 넘어 전체 삶의 형식에 까지 미친다.

돌봄Sorge이라는 실존적 개념은 그것이, 우리와 동일하지 않으나, 우리가 그것과 일치하기를 원하는 우리 자신 안에 어떤 것을 지향한다는 것을 함축한다. 이를 통해 자기 돌봄은 무한한 과제, 푸코가 표현하듯이 "우리가 운 좋게도 결코 도달하지 못하는"(*Von der Freundschaft*, 88) 자기에로의 정신적 작업이 된다. 따라서 자기 돌봄으로서의 삶의 기예라는 푸코의 이념에 대한 중심적 물음은 성적 욕구와 유희적 관계에서, 모든 외적 강압으로부터 주체의 해방이라는 과제를 가진 자기가 '어떤 형이상학적 지위를 보유하는가' 하는 것이다. 단지 이 물음이 답해질 때에만 "실존의 미학Ästhetik der Existenz"과 "자기 창안Erfindung des Selbst"과 같은 푸코의 공식들이 그것의 개념적 의의에서 적절하게 평가될 수 있을 것이다.

푸코는 자기 돌봄의 윤리학을『성과 진리』의 제3권에서 전개했다. 그 제목이『자기 돌봄』(1984)이다. 제2장(「자기 자신의 문화」)에서 체계적 서술의 시도를 담고 있는 이 책에서 푸코는 기원후 2세기의 저명한 저자들에 동조하는데, 아우렐리우스, 세네카, 에픽테토스 등이 그들이다. 비록 푸코가『쾌락의 사용』(1984)에서 고전 시대의 윤리학에서 이미 자기 돌봄이 중심적 역할을 수행했다는 것을 증명하려고 시도하지만, 그는 자기 돌봄의 절정을 헬레니즘 학파, 특히 에피쿠로스학파와 스토아학파에서 발견한다. 그는 행복의 내면화는 국가 제도의 몰락과 더불어 확산된 개인주의의 결과였다는 일반적 견해를 따른다. 물론 이로부터 삶의 기예로의 고전적 윤리학의 개혁이 강제적으로 일어나지 않는다. 뉘앙스에 대한 그의 섬세한 직감이 푸코가 개인주의의 논제를 충분한 것으로 간주하지 않는다는 것을 증명해준다. 그의 관점에 첨가되는 것은 헬레니즘 철학에서 잠재의식적으로 작용하는 종교의 차원이다. 푸코에 의해 선별된 인용문들은 자기 돌봄에서 표현된 구원과 신적 도움을 향한 동경을 인식하게 한다. 아무튼 빈번하게 "영혼"에 대해 언급되는데, 이는 고대에서 기독교적 표상으로의 이행을 분명히 보여주고 있다. 여기에 신비주의적 흐름이 영향을 미치는 데, 이것이 신플라톤주의의 발전을 장려했다. 이 차원은 쾌락의 사용이 궁극적으로 인도해야만 하는 자기상自己像을 형성하기 위해서 고려되어야만 한다.

푸코는 자기 돌봄의 종교적 차원을 명백하게 규명하지 않았다. 그 대신 그는 니체에 기대어 미학적인 것에 자기 돌봄에서의 핵심적 역할을 부여했다. 푸코가 "실존의 미학"에 대해 말할 때 이 개념은 이중적 의미에서 이해될 수 있다. 미학은 한편으로 자기 자신에 대한 지각으로서, 다른 한편으로 자기 자신의 형성으로서 이해된다. 이를 통해 푸코는 결코 미학주의, 즉 가상을 통한 삶의 정당화를 변호하려는 것이 아니라 바로 자기의 진리가 나타나도록 도와주려는 것이다. 자기의 미학적 진리는 푸코에 있어서 개인에서 조정될 수 있는 욕망과 욕구의 인정에 있다. 따라서 오히려 그의 염세적인 역사 이해에 마주하여 개인적 정체성의 낙관적 이해가 자리하고 있다. 이것은 외부로부터의 추가적 덧붙임에 종속적인 것이 아니라, 자신의 명증성을 성적 체험의 정서적 강렬함에서 갖는다. 자기 돌봄에 대한 푸코의 구상의 배후에는 에로티시즘이 자리하고 있다. 이것에 의거해 선악의 피안에서 삶의 표현의 진정성이 모든 도덕적 평가의 척도가 된다. 에로틱한 자기감정의 명증성이 유심론, 즉 형이상학적이며 바로 종교적인 영혼의 믿음Seelenglauben에 의해 지탱된다는 점을 감각 욕구에 대한 푸코의 복권이 일부러 속여서 알지 못하게 할 수 없다.

실존적 에로티시즘을 좀 더 면밀히 바라보면 푸코가 어떻게 자기 돌봄의 실행 방법을 떠올리는지를 알 수 있다. 푸코는 어떠한 명법도 정식화하지 않으며, 주의를 고유한 생활양식에로 돌린다. 이것은 모든 이기주의를 무릅쓰고 자기 고찰을 모면한다. 그는 "자기 자신에의 작업Arbeit an sich selbst"에 대해 언급하는데, 이것을 제작poiesis의 행위방식과 동일시하고 있다. 예술가가 주어진 재료로부터 예술작품을 만들듯이 인간은 자신의 욕망의 물질성으로 자기 자신과 자신의 현존을 예술작품으로서 형태화해야만 한다. 이러한 구상으로부터 재음미할 수 있는 의미를 획득하기 위해 "분절Artikulation"의 개념이 제공된다. 예술의 규칙에 따른 자기 창안은 특정한 육체적이며 정신적인 실행방법의 형식에서 자기 통제를 포함하고 있는 금욕의 근원적 의미를 뒤따른다. 인간은 자기 시험과 자기 통제를 통해 자기 자신으로 되돌아간다. 이것은 자기가치감정의 해방과 강화로서 경험되는 과정이다. 푸코에 있어서 자기감정의 내용보다 더 중요한 것은 순간적 환희가 아니라 장기적 기쁨에서 경험되는 강도이다. 본능적 욕구를 극복하는 감각적 즐거움의 이러한 상태에서 개인은 도덕적 주체로 구성된다. 이것은 당연히 시간이 어떠한 권력도 가지지 않는 에피쿠로스적 정원과 같은 보호된 공간을 전제로 한다.

2. 푸코 계획의 한계

Grenzen des foucaultschen Programms

쾌락을 창조적으로 다룸으로써 욕망에서 벗어나 정신적 자유를 획득하고자 하는 푸코의 계획은 비판들에게 빌미를 제공한다. 물론 이 비판들은 즉각적으로 나타났다. 푸코가 자신의 서술에서 논쟁적이기보다는 서술적이며, 해석적으로 대처한다는 것을 제쳐놓더라도 그의 근본 개념들이 충분히 명료하게 규정되지 못했다는 점에서 그에게 비난이 쏟아졌다. 여기에는 먼저 "자기 구성"이라는 개념이 해당된다. "구성Konstitution"은 "건조Konstruktion"와 동일한 것이 아니다. 비록 우리가 구성을 예술적 창조성의 의미에서의 제작으로 파악한다 하더라도 이 행위형식은 곧장 자기 관계에 적용되지 않는다. 왜냐하면 삶은 인공물, 즉 예술가로부터 분리되는 예술작품이 아니다. 삶에서는 실행과 결과가 동시에 발생한다. 그리하여 아무도 자신의 자기 구성의 우연적 조건들로부터 벗어날 수 없다. 푸코는 자신의 생애 마지막에서 이 결함을 감지한 것으로 보이며, 『자기의 기술』(*Technologien des Selbst*)이라고 제목을 붙인 책을 통해 대응하려고 했다. 그와 동시에 미학의 모델에 반하여 의학의 모델이 전면에 등장하게 된다. "자기 자신을 돌본다"는 것은 "자신의 고유한 의사이고자 하는" 것을 의미하게 된다.

두 번째 결함은 자기 돌봄의 매체와 관계가 있다. 푸코는 비록 욕망을 쾌락으로부터 구별하지만 그러나 에로틱한 명증성의 표상에 정향한다. 그에 반해 항상 누군가를 향하는 욕망은 자신의 진리를 다른 사람에 의해 충족될 수 있을 때 가진다. 푸코는 부부를 예를 들어 욕망의 초월성을 주제화한다. 그는 남자와 여자 사이의 이성애적 결합보다 동일한 성별의 인간들 사이의 우정을 우선시 한다. 왜냐하면 여기에서 성별의 양극으로부터 독립해서 의사소통적 행위와 공동의 관계를 위한 공간이 열려지기 때문이다. 푸코는 자기 자신과의 친교라는 고대의 모델을 추종한다. 그러나 에로틱한 주관주의와 함께 자기 자신과의 친교는 고대에서는 잘 알려지지 않은 영역을 부각시킨다. 그것은 성적 행위의 공간인데, 이 공간에서 자기 자신과의 신뢰성의 교환이 이루어진다. 궁극적으로 자신의 쾌락으로부터 밖으로 나아감Aus-sich-Herausgehen, 커밍아웃Coming out에 머물게 되며, 여기서 타자는 단지 유인誘因의 역할을 수행할 뿐이다. 따라서 성의 진리는 실제로 관계로서가 아니라 명증성으로 파악된다. 이 명증성에 있어서는 자기감정을 넘어 어떤 규준도 존재하지 않는다.

마지막으로 결함은 또한 '자기 개념'에서도 드러난다. 비록 자기를 구성하기 위해 성적 욕망이 선행하는 주체가 필요하지 않다는 것은 옳은 주장이다. 하지만 여기서 생겨나는 자기는 하나의 객체에 마주해 있는 하나의 주체가 아니라 항상 두 가지 모두이다. 여기에 후설이 이미 생활세계의 경험에서 부각시켰던 인간 주체성의 역설이 놓여 있다. 이러한 역설에서 자기 돌봄의 프로그램은 자신의 한계를 발견한다. 욕망의 구렁텅이로부터 자신을 구하려는 시도는 보조 구성없이는 이루어지지 않는다. 이것과 관련해서 후설은 선험적 환원, 현실의 배제에서 도피처를 찾았다. 푸코의 자기 개념 또한 정확히 그것을 목표로 한다. 그는 "공동空洞, Hohlraum", "공허함의 배후Hintergrund des Leeren"에 대해 언급한다. 이것은 현실들이 가능성의 의미를 억누르지 않는다는 것을 보장한다(*Von der Freundschaft*, 92). 후기 후설은 "근원적으로 건립하는urstiftenden" 주체의 이런 공동을 생활세계적 실존의 상호주관적 기초를 통해 충전시켰다. 그에 반해 푸코는 이 결음을 망설이면서 내디딘다. 그의 관심은 다양한 관계를 위해 개방된 자기 돌봄의 고립된 주체에 향해 있다. 비로소 마지막에 푸코는 어떻게 "자기의 정치학"을 통해 개인과 사회의 직접적 관계가 조성될 수 있는가라는 물음에 몰두한다.

위에서 언급된 근본 개념과 연관된 결함들은 삶의 기예에 대한 푸코의 철학을 명법이 없는 명증성의 윤리학으로 만든다. 자기의 다관점성, 탈한계 그리고 변화는 탈근대적 개인주의의 본보기에 맞는 행복의 약속이다. 푸코의 자기 돌봄이 내용적으로 제공하는 것은 원형윤리학, 즉 삶의 경험의 윤리학이라는 수준에 머물고 있다. 이것은 단지 자기 자신을 잘 다룰 수 있는 사람이 다른 사람들을 잘 다룬다는 것을 의미한다. 규범적 무규정성이 삶의 기예에 대한 푸코의 에로티시즘을 매력적으로 만들었지만, 그러나 행복의 약속을 논쟁적으로 이행하는 데에 필요할 수도 있는 개념적 해결을 가져오지는 못했다. 삶의 기예로의 푸코의 전회는 먼저 학술적 철학의 변두리의 애호가 동아리에서 수용되어졌으며, 그 다음 윤리학을 그것의 전체 범위에서 파악했다. 영향사에서는 두 가지 주요 갈래가 구분될 수 있다. 그 하나는 니체에 정위된 유럽적 경향이며, 다른 하나는 실용주의에 정위된 미국인의 경향이다.

3. 새로운 기초 놓기

Eine neue Grundlegung

푸코 저작들의 이 부분에 대한 유럽의 수용은 독일어권에서는 무엇보다도 슈미트(W. Schmid)에 의해 이루어진다. 그는 1990년대 푸코의『성의 고고학』을 번역한 이후 새로운 삶의 기예의 탐구를 수행했다. 그의 성공작인『삶의 기예의 철학-하나의 정초』(1998)는 선험적 반성에서 일상의 심리학에 이르기까지 모든 영역과 단계를 포괄하는 삶의 기예의 하나의 온전한 도서관을 위한 기반을 제공한다. 슈미트의 철학적 요구는 그가 철학적 삶의 기예를 상담이나 치료가 아니라, 오히려 인간의 자기 이해를 규정하는 실존적 물음에 대한 개념적 해명으로서 이해하려고 했다는 점으로 표현된다. 삶의 기예의 철학은 슈미트에 있어서 "하나의 철학을 가지려는" 의식과 동일하다. 당연히 여기서 철학은 엄밀학이 아니라, 즉 논증의 합리성에 예속되어있지 않으며, 오히려 자신의 진리를 스스로 찾고 정식화해야만 하는 기예로서의 철학을 말한다.

그러나 정확히 여기에 슈미트의 『정초』에서 해결되지 못한 채로 남아있는 문제가 있다. 특히 세 가지 문제가 의심스럽다. 첫 번째 문제는 항상 새로운 삶의 관점을 열어야만 한다는 "다르게 느낌", 즉 삶의 형식의 변화에 대한 강조이다. 현실의 의미에 대한 가능성의 의미의 이러한 우위의 배경에는 그의 시대에 크게 유행했던 구성주의Konstruktivismus가 있다. 이것에 의거하면 현실은, 우리가 그것을 지각하는 것과 같이, 우리의 고안물이다. 그러나 이것이 비록 고양된 자기감정을 만들어낼 수 있을지는 몰라도 고유한 구성에 있어서도 역시 타당한, 우연적 현사실성의 견고한 본질을 지양하지 않는다. 단지 은유적 의미에서만 자기 고안 혹은 자기 창안에 대해서 말해질 수 있다. 그것과 함께 20세기 말의 시대정신이 엄청나게 뽐낸 주체에 대한 "다르게 현대적인andersmoderne 구상"은 또한 "사이비 선험적 반성"을 통해 개인적 정체성의 스킬라Skylla와 사회적 역할의 복수성의 카리보디스Charybdis사이의 어떠한 길도 발견하지 못한다[1]. 만약 자기의 통일성이 여하튼 도덕적 책임을 정초해야만 한다면, 건조Konstrukt로 입증되어서는 안 되며, 오히려 삶의 경과의 연속성으로부터 도출되어야한다. 이것이 19세기의 생철학의 발견인데, 이에 대해서 슈미트는 단지 관례적인 의심만 제시한다.

두 번째 문제는 개인에게 자유와 자기결정의 최대치를 보장해야만 하는 선택의 파토스다. 각각 자신의 길을 가도록 하는 약속은 미혹적이

---

1 『오디세이』에 나오는 메시나 해협(the strait of messina)에 있는 바위인 Scylla 근처에서 발생하는 소용돌이 Charybdis.

지만 규준의 문제는 남아있다. 슈미트가 비록 자기의 "자율적 해석학autonome Hermeneutik"에 대해 말하고 있지만 외부로부터의 시선은 그가 삶의 기예가에게 부여하는 "자기의 강력함"을 아직 보증하지 않는다. 또한 여기에서도 생철학은 제공할 것이 더 많다. 예를 들면 쇼펜하우어가 그 경우이다. 그는 자유를 "숙고의 능력Deliberationsfähigkeit"이라고 묘사한다. 그에 반해 근거 없는 선택은 빨리 대세 순응주의로 급변할 수 있으며, 개인들은 그가 자신의 소위 고유한 결정에서 유행과 추세에 영향을 받으며, 정치적·경제적 권력들에 의해 도구화되는지를 깨닫지 못한다. 이것은 또한 유행적으로 꾸며진 "복수성의 주체"에서 일어날 수도 있는 것과 같이 그렇게 자유롭지 못한 철학의 선택에도 해당된다.

세 번째이자 체계적으로 결정적인 약점은 "성취된 삶erfülltes Leben"이라는 여러 곳에 나타나는 언급에 있는데(94쪽 그리고 도처에), 이것은 "영위된 삶geführtes Leben"이라는 은유와 교차하는 위험한 은유이다. 무엇에 의한 혹은 무엇을 통한 "성취"는 슈미트가 그것을 통해 삶의 실행에 내재적 의미를 부여하려고 시도하는 '양적 실체주의einen quantitativen Substanzialismus'를 가리킨다. 무엇이 개별적 내용의 본질인지는 각자 자신에게 맡겨졌다. 이로써 "성취됨"은 자기 목적이 된다. 이것은 하이데거의 "죽음에의 선구Vorlaufen zum Tode"의 탈근대적 변형이다. 하이데거에 있어서 미래가 고유한 현존재의 실행방식을 나타내고, 그래서 결정으로의 선구적 결단을 가능하게 하는 반면, 슈미트는 순간의 쾌락에 매달린다. 그와 같이 죽음의 의식은 "삶의 진리"에 속한다. 여기에서 삶의 지양할 수 없는 한계로서의 죽음이 "성취된erfüllt" 방식으로 살도록 요구한다고 한다. 그러나 삶은 의식과 같이 임의적으로 채워지는 저장 용기가 아니다. 만약 그렇다면 시간성은 삶의 기초질서로부터 벗어나며, 그리하여 선험철학적으로 수준 높은 의미의 "정초"에 대해서는 더 이상 감당할 수가 없을 것이다.

자기형성에 대한 슈미트의 서술이 탈근대적 개인의 자기 이해를 재현하고 있다는 점이 참작될 수도 있다. 그러나 삶의 기예에 대한 그의 철학을 구성하는 개념들은 어떤 논증의 연관, 즉 반증할 수 있는 이론을 형성하지 못한다. 오히려 이 개념들은 비판적 거리두기가 적절할 수도 있는 삶의 감정을 은유적으로 표현한다. 슈미트는 니체에게서 여전히 존재하고 있는 "거리두기의 파토스"를 포기한다. 그가 '삶의 기예의 철학'을 '삶의 기예로서의 철학'과 동일시하는 한 그에게서 이 파토스는 물러서야만 한다. 그리하여 그의 정초는 시간성을 의식 구성의 매체로서 반성하는 철학적 삶의 개념의 근거에 미치지 못한다. 보편적 발생사의 위치에 삶의 반성되지 않은 형식과 내용의 통일체가 등장한다. 이것은 생철학적 관점에 의해서는 근거되지 못할 조화의 약속을 포함한다. 그러므로 이론중심의 철학이 다원주의적 삶의 기예의 철학에 대해 슈미트가 제공하는 내용적으로 풍부한 파노라마를 개념적으로 파악하는데 어려움을 갖는다는 것은 당연한 일이다.

4. 철학적 삶의 기예에 대한 최근의 비판

Neuere Kritik an der philosophischen Lebenskunst

슈미트에 의해 모범적 방식으로 드러난, 삶의 기예를 다루는 현재의 철학에서의 근본 개념과 연관된 불명료성은 최근 삶의 기예의 계획에 대한 전면적 비판을 야기했다. 케르스팅(W. Kersting)에 의해 대표된 신칸트학파의 측면으로부터 이 비판은 『삶의 기예의 비판』(2007)의 형식에서 개진되었다. 비판은 탈중심적 주체의 "자아의 강력함"이, 경험에 의해 한계가 부여되지 않는다면 마치 자기 자신에게 맡겨진 이성이 이율배반에서 끝나는 것처럼 자기 자신에 대한 모순적 태도를 야기할 수도 있다는 것을 분명히 하고자 했다. 물론 칸트의 범주적 종합으로의 회귀는 도덕적 자의식을 논증하는 길일 수 없다. 그런 연유로 정상성Normalität의 이론가인 롤프(T. Rolf)는 「정상적 자기실현」이라는 논문에서 규범성이 정상성으로부터 벗어나지 않는다는 점을 상기시킨다. 그와 동시에 그는 슈미트를 능가하는 관점으로 이끌 수도 있는 삶의 기예의 정초를 위한 방법을 제시한다. 또한 슈미트에게 인식적 자의식으로부터 자기 형성으로의 이행이 그렇게 불확실할 수도 있지만, 자기 형성이 선험적 주체의 영점零點으로부터 나아갈 수 없다는 그의 통찰은 올바르다. 오히려 중요한 것은 삶의 실행 자체에 놓인 가능성의 실현, 그것 없이는 변화에서 동일성이 존재하지 않을 수도 있는, 의식의 과정상의 통일성이다. 공공연한 "다르게 존재함Anderssein"에서 해체될 수도 있는 자기는 자의식을 상실할 것이다. 그러므로 슈미트의 정초는, 본인의 바람과는 무관하게, 의식상태의 이질적 연속성을 배후로 갈 수 없는 삶에의 의지에서 정초하는 생철학의 자기구상에 근접한다.

또한 삶의 기예의 정초가 자의식에 대한 칸트 이론으로부터 독립적인 "실존의 미학"으로 파악되면 미학적 경험의 개념이 해명되지 않는 한 어려움이 야기된다. 토매(D. Thomä)는 어느 범위까지 이야기(서사) 형식들, 특히 자서전의 형식들이 자기 관계의 상이한 차원을 해명하는데 적절한지를 탐구했다. 「특별한 능력과 미학사이의 삶의 기예」라는 기고문에서 그는 철학적 삶의 기예에서 굴절된 기예의 모델이 영위된 자기 관계의 복잡성을 파악하는데 충분하지 못하다는 결론에 도달한다. 삶의 중요한 한 부분이 자기 자신을 해석하는 데에서 성립한다면, 삶의 기예는 삶을 모사할 뿐만 아니라 삶의 현실에서 어떤 것을 가시적으로 만드는 자기서술의 규칙들을 정식화해야만 한다. 토매가 좀 더 생각했다면 미메시스*Mimesis*가, 둘의 동일성을 요청함이 없이도, 기예와 삶을 통일시키는 고전적 서술형식이라는 것을 지적할 수도 있었을 것이다. 기예와 삶은 단지 이 둘이, 거리를 유지하면서도, 서로를 반성하는 것을 통해 공속적일 수 있다. 미학적 삶의 기예는 단지 이것이 의사소통적 행위의 창조성에서 나아갈 때만 미학주의를 벗어날 수 있다. 우리가 이 태도를, 토매가 그랬던 것처럼, 사회심리학적으로 "타자를 향한 급선회 Einschwingen auf den Anderen"로 형용할 수 있는지 여부에 대해서는 판단을 유예한다. 중요한 것은 오히려 삶의 기예에 대한 사랑, 즉 자신의 고유한 삶의 화자를, 자신이 연루된 타자의 역사와 화해시키는 하나의 멋진 현실주의이다.

5. 삶의 기예의 철학으로서의 실용주의

Pragmatismus als Philosophie der Lebenskunst

독일과는 달리 미국에서의 푸코의 수용은 더 강하게 실용주의적으로 지향되었다. 자기 돌봄의 윤리적 차원은 고립된 주체의 표현 능력을 목표로 하는 것이 아니라, 항상 사회적 맥락에서 존재하는 행위의 결과에서 측정되었다. 물론 신실용주의는 더 이상 제임스(W. James, 1842-1910)에서처럼 그렇게 완고한 것이 아니었다. 제임스가 행위의 결과를 통한 "입증Wahr-Machen, Veri-fikation"으로 형용한 것은 실재성의 원칙에 예속된다. 그는 열정적으로 사물의 질서와 함께 임의적 놀이를 추구하는 것(『실용주의』, 129)을 경고했다. 그러나 바로 이 놀이에 미국에서의 탈구조주의적 사고가, 도덕성을 순수한 상징적 기능으로 만듦으로써, 관여했다. 이점에서 독일의 전통이 더 실존주의적이다. 슈미트의 "자기 창안"은 현존재의 어두운 근거를 결코 감추지 않는다. 그에 반해 미국인의 신실용주의적 결과주의는 유별나게 귀결이 없는 것으로 머문다. 세 명의 대표자가 언급될 수 있는데, 로티(R. Rorty, 1931-2007), 버틀러(J. Butler, 1956-) 그리고 슈스터만(R. Shustermann, 1949-)이 그들이다.

로티는 의심할 나위 없이 미국의 전후 철학자에 속하며, 그의 신실용주의는 삶의 기예의 철학에 있어서 중요한 의미를 가진다. 그는 잠재성Potenzialität에 관한 주제로 학위를 받았다. 이 때 그는 잠재성과 현실성의 "함께"Zusammen를 전자의 방향으로 이동시켰다. 잠재성의 우위, 현실의 의미보다 가능성의 의미의 우위는 탈근대적 삶의 감정을 위한 개념적 전제조건을 창출했다. 이것이 로티의 사고를 엄청난 성과로 이끌었다. 그의 저서 『우연성, 아이러니, 연대성』에서 로티는 세 개의 핵심어를 언급한다. 이것들은 인간의 자기창조에 대한 푸코의 학설에 동조한 것으로 삶의 기예에 특징적인 것이다. 우연성의 인정에서 로티는 자유를 위한 전제를 인식했다. 그러나 우연성은 이전에 "운명"이라고 불리었던 것의 환원을 대변한다. 이를 통해 삶의 기예의 처방을 통해 극복될 수 없는 모든 비극적인 것이 삶에서 사라진다. 우연과 더불어 살아가기 위해서는, 로티에 따르면 여성들에 의해 탁월하게 실천되는, 아이러니로 충분하다. 그리하여 그는 아이러니를 책임과 속죄에 대해 거리를 획득하고 육체의 절대적 타당성 요구를 유지하는 방법으로서 묘사한다. 이러한 태도로부터 연대가 생겨난다. 이것은 활동적 이웃사랑과는 무관하며, 오히려 공통의 언어놀이를 통해 네트워크를 형성하는 데에서 그 역할을 다한다.

이러한 기초위에 로티는 도덕성과 영리함에 대한 칸트의 구별에 대항하여 "내용이 풍부한" 인륜성을 주장한다. 이것은 결정의 가치를 그것이 얼마나 참가자의 삶의 질을 향상시키는가에서 측정한다. 로티에게 '선 자체Gutes an sich'는 존재하지 않으며, 항상 단지 누군가를 위한 '선'이다. 여기서 경쟁적 선 사이의 합의가 규칙인 것이다. 무엇을 통해 서구사회의 가치에 상응하는 도덕적 합의가 게으른 합의와 구별되는지에 대해 로티는 어떠한 규준도 언급하지 않는다. 이것은 도덕적 가치가 유통되는 시장의 자기치유력에 대한 믿음에 부합한다. 이 시장에 대해 1980년대 많은 서구 지식인들이 열광했다. 이 열광으로부터 도덕성은, 모든 제공되는 기회를 행복하게 존재함을 위해 활용하는, 기예가 된다.

동성애를 미학적 "자기 구성"을 통해 극복하려는 푸코의 시도는 그 대응물을 급진적 여성주의에서 가진다. 이것은 성의 정체성을 전통적인 문화적 의미부여Zuschreibung의 속박으로부터 해방시키고자 한다. 미국의 여성주의자인 버틀러는 이러한 영역에서 개인의 정체성 문제를 모든 존재론적 수준에서 여러 가지로 심사숙고했다. 그녀는 젠더를 생물학적 성sex과 구별해서 수행적 행위를 통한 자기구성으로 고찰했다. 섹스에서 젠더로의 발걸음이 진정 해방적 사고를 약속하는 해방을 가져오는지 여부에 대한 물음은 물론 열려 있다. 사회적 "진리의 체제Wahrheitsregime"로부터 벗어나는 수행성Performativität은 스스로가 속박이 되지 않기 위해서는 더 확실한 규준을 필요로 한다. 그 이유는 다음과 같다. 첫째, 성의 사회적 구성은 여성주의자들이 남자 진영으로부터 배제되었다고 느끼는 권력에 의해 잠재적으로 선도된다. 둘째, 여자의 자기관계는 생물학적으로 동기 부여된 아이를 갖고 싶은 욕망을 고려해야만 한다. 이 욕망은 오늘날 드러나는 것과 같이 더 이상 「결코 태어나지 않은 아이에게 보내는 편지」(팔라치Oriana Fallaci, 1926-2006)에 의해 해소될 수 있는 것이 아니다. 생물학적 구성은 갈등으로 번질 수도 있다. 이 갈등이 자유로운 자기창안을 실패한 것으로 평가한다. 버틀러는 『윤리적 폭력에 대한 비판』이라는 책에서 이 통찰에 동의하는 것처럼 보인다. 후기 푸코에 연결해서 그녀는 도덕 주체의 형성을 자기구성과 같은 방식으로 파악한다. 여기에서 타자들과의 육체적 만남이 현대의 인정이론의 한계를 분쇄한다. 이로부터 삶의 기예에 있어서 주체 형성의 모든 조건이 자유롭게 사용가능하지 않으며 언어가, 인간이 자기 자신에 대해 변명하는, 절대적 매체가 아니라는 귀결이 생겨난다. 버틀러가 푸코의 텍스트에서 인용한 구절 하나가 이 결과를 역설한다.

> "담론은 삶이 아니며, 그것의 시간은 너희의 시간이 아니다……"(51쪽)

삶의 시간은 임의적으로 응축되지 않는 성숙의 시간이다.

이로써 급진적 여성주의자 버틀러는 동등함을 위한 정치적 투쟁과는 독립적으로, 도덕적 의무에 대해 특별히 여성적 경험에 주의를 환기시키는 여성주의적 윤리학을 위한 노력에 가담하게 된다. 생물학적으로 모성과 결합된 "남을 배려하는 태도의 관점Fürsorglichkeitsperspektive"은 감정이입능력Empathie으로 파악되어졌으며, 보편주의적 도덕 구상들의 정의의 관점에 마주하여 세워졌다. 그래서 여성주의 윤리학의 계획은 "성별에 기초한 도덕의 피안에서" 삶의 기예에 일치한다. 당연히 이 삶의 기예는 더 이상 일차적으로 미학적 관점에서 설정되지 않는다. 여성들이 자신들의 자녀들과 함께 마주하게 되는 개인적 삶의 상황, 또한 여전히 남성들보다 더 강하게 지배되는 정서적 성향들은 수사학적 자기창안의 꿈을 능가하는 삶의 기예에 새로운 진지함을 가져온다. 인접영역에로 방향설정함으로써 삶의 기예에 대한 여성주의적 견해는 응용윤리와 더 친밀한 관계를 갖는다.

삶의 기예의 실용주의적 구상의 세 번째 대표적 인물로 슈스터만을 들 수 있다. 그는 『지혜롭게 살기』(*Kunst leben*)에서 푸코와 로티와의 논쟁에서 삶의 기예의 미학적 해석에 사회적 구성 요소를 제공하려고 시도했다. 이는 자기관계를 예술가의 모범에 따라 해석하게 되면, 금방 민주적 자유주의의 이상과 합치할 수 없는 엘리트식의 미학주의에 이르게 되기 때문이다. "자기창조"와 "자기 확충"으로서의 삶의 기예라는 순수한 사적 자유를 존중하는privatistische 구상은 개인을 소비사회의 희생물로 만든다. 소비사회는 새로운 매력을 향한 채워지지 않는 추구를 통해 자기결정을 파괴한다. 미국적인 삶의 방식Way of Life에 대한 비판적 수용을 통해 슈스터만은 유익하게, 그것의 비용을 지속적으로 특권을 덜 가진 자들의 집단들에 의해 부담하게 되는, 좋은 삶의 무한한 가능성의 지혜에 대한 로티의 꿈으로부터 구별된다. 슈스터만은 또한 구체적 삶의 실천으로부터 새로운 어휘의 창안으로의 위치이동과, 현대적 아이러니스트(반어가)를 특징짓는 언어놀이와의 탁월한 교제에 대해서도 유보적인 태도를 취한다.

미학주의의 대안으로서 슈스터만은『삶의 실천으로서의 철학』(*Philosophie als Lebenspraxis*, 2001)을 전개했다. 그는 듀이, 비트겐슈타인, 그리고 푸코에서 어떻게 철학적 삶에서 이론과 실천이 서로 밀접하게 연관되는지를 보여주며, 그들의 전기를 사적인 것과 공적인 것을 결합하는 삶의 철학을 시도하기 위한 본보기로서 표현한다. 슈스터만은 듀이의 실용주의적 개선주의Meliorismus에서 윤리와 정치의 분리를 극복하는 방법을 발견했다. 그는 자신의 고유한 경험의 지평에서 서술하는 유대인의 정체성에 대한 물음을 통해 구체적으로 실례를 들어 검증했다. 그는 반유대주의적 도전의 극복, 즉 의미부여Zuschreibung의 독립성에 대해 변호했다. 이로부터 그에게 인종, 국가 그리고 심지어 종교의 피안에서의 자기구성의 이상理想이 생겨난다. 물론 여기에는 수행적 자기모순의 위험을 간과할 수 없다. 다른 사람과의 비교가 없는 자기창안은 뒷문으로 우연성과 종속성을 허용하게 한다. 이것들은 자기통제를 통해 최종적으로 극복되어야만 하는 것들이다. 유대인의 정체성은 다른 모든 출신과 소속처럼 운명적이며, 규준이 없는 자기선택을 통해 적절하게 파악되지 않는다. 자기 자신에게서도 안식을 발견하지 못하는 영원히 유랑하는 유대인Ahasver은 예루살렘과 뉴욕사이를 배회하는 지식인들을 통해 기묘하게 신뢰할 수 없는 지위를 얻는다. 자신이 선택한 역할의 다양성과 장소 변경의 불안의 배후에는 벤(G. Benn, 1886-1956)이 그의 『표현형의 소설』(*Roman der Phänotyp*, 1944)에서 묘사했던 것과 같은 유전인자형의 정역학靜力學, Statik이 은폐되어 있다. 그렇게 고찰하면 신실용주의 또한 탈근대적 삶의 기예의 미학주의에 대한 설득력 있는 대안을 제공하지 못하는 것처럼 보인다.

자기 돌봄의 윤리학은 삶의 기예를 그것의 형식적·기능적 관점에서 실존의 미학과 자기 구성으로 서술한다. 이때에 윤리학의 목표로는 분명히 푸코가 소크라테스적으로 "자기 자신과의 친교"라고 형용했었던 긍정적 자기감정 및 자존심의 안정화가 떠오른다. 자기 자신과의 친교의 내적 규정은 물론 독특하게 무규정적으로 머문다. 일차적으로 중요한 것은 자기 경험, 자기의 어두운 측면에로의 접근이다. 이 자기는 니체가 머리에 떠올렸던 것과 같은 "초인"이라는 인위적 인물Kunstfigur과는 아무런 공통점도 없다. 눈에 띄는 것은 이러한 맥락에서 행복이 아무런 역할을 수행하지 못한다는 점이다. 자기 이해의 매체로서의 성은 전통적으로 행복과 결합되어 있는 만족과 영혼의 평안을 제공하기 위해서는 지나치게 긴장이 넘치며, 그리고 양가적이다. 고독의 경험, 두려움 그리고 자기회의는 푸코에 있어서, 자신의 행복 약속을 단지 순간적으로 해소시키는 성의 진리에 속한다. 그리하여 푸코는 쾌락 개념을 자신의 개인주의 윤리학의 핵심으로 삼는 것을 바람직한 것으로 간주한다. 쾌락의 의미 있는 사용은 그에게 인간이 자신을 성적 주체, 즉 주체 일반으로 인정하기 위한 전제이다. 이는 자신의 성에 대한 성찰이 인간의 주체성의 토대를 형성하기 때문이다.

제 8 장

넘치는 행복의 철학

Philosophie des Glücks im Überfluss

푸코를 삶의 기예의 탈근대적 철학을 위한 추진력의 제공자로 만들었던 성에 관한 그의 인간학적 발상에 반해, 신칸트학파의 전통에 서 있는 강단철학자들은 행복과 도덕의 관계에 대한 전통적 물음에 초점을 맞추었다. 이들은 도덕 원칙으로서 행복 추구에 대한 칸트의 무조건적 거부와, 자신의 행복을 도덕적으로 선한 삶에 수용하는 행복주의의 덕윤리 사이에서 하나의 해답을 찾고자 했다. 그것은 대체로 고대적 관점의 단순한 복권은 아니지만, 명백히 행복 개념에 대한 집중적 논쟁으로 이끌었다. 행복에 대한 오늘날의 이해는 결코 고대의 행복Eudämonie과는 일치하지 않는다. 분명히 행복은 더 이상 마음의 안정Seelenruhe이라는 상태가 아니라 오히려 그것을 극복하는 과제로서 고찰된다. 통용되는 공식은 "너는 그것을 할 수 있어Du schaffst es"이다. 이것을 통해 우리가 누군가에게 용기를 부여한다. 여기에서 "만들어"지는 것은 자율을 염두에 두는 인간이 획득하고자 투쟁하는 인격적 정체성과 관련이 있다. 상이한 역할을 수행하는 과정에서 자기 자신에 머물고, 스스로 도구화되지 않도록, 그러나 또한 숨어서 살지 않도록 하는 것, 이러한 것들이 탈근대적 행복 개념이 드러내는 복잡한 상황이다.

비록 "각자가 자신의 행복의 개척자이다"라는 격언이 오늘날에도 타당하지만 더 이상 수공업의 기예를 통해 충족되지 않는다. 자아발견의 행복을 위해 요청되는 기예는 배우俳優와 수공업자의 기예 사이에서 동요한다. 그리하여 어떤 행복 개념이 현대의 인간상과 세계상에 상응하는가하는 물음이 제기된다. 행복 개념은 훌륭한 삶에 관한 현대 윤리학을 위한 토대로서 그것의 유용성을 평가하는 개인심리학과 사회심리학의 통찰이라는 맥락에서 시험되었다. 1980년대부터 강하게 증가하는 행복의 주제에 대한 다수 문헌 중에서 필자는 세 명의 독일어를 사용하는 작가를 선택했다. 이들은 강력하게 체계적으로 논증하고 삶의 기예의 철학과의 연결을 도모한다. 그들은 젤(Martin Seel, 1954-), 토매(Dieter Thomä, 1959-) 그리고 비른바허(Dieter Birnbach, 1946-)이다.

1. 형식적 의미에서의 행복
Glück formal

『행복의 형식에 대한 시론』(*Versuch über die Form des Glücks*, 1995)에서 젤은 도덕철학적 의도에서 행복 개념에 대한 세밀한 분석을 제공한다. 여기에서는 윤리학의 동시대적 입장들과의 일치와 차이가 제시된다. 그렇게 성립된 관련망은 행복 개념이 칸트 이후의 현대 윤리학과 얼마나 밀접한 관계에 있는지를 인식하게 해준다. 행복에 대한 젤의 시론은 삶의 기예에 대한 안내이고자 하지 않는다. 그의 요구는 이론적이다. 물론 이론은 도덕적 행위 규범의 합리적 논증이 아니라, 분석적 개념 설명의 엄격한 핵심을 수반하는 도덕적 경험의 생활세계적 서술에서 성립한다. 그의 형식적 행복 규정은 바로 삶의 기예의 실질적 윤리학의 서설序說, Prolegomena로 읽힐 수 있다. 그의 서술의 중점에는 개별행위에 대한 평가가 아니라, 신념에서 비롯되는 개별행위의 원천과 인간의 상황적 심정성心情性, Befindlichkeit에 대한 개별행위의 영향이 자리하고 있다.

이와 상응하게 젤은 행복 개념을 넓게 파악한다. 행복은 에피쿠로스가 생각했던 것처럼 고독한 주체의 상태가 아니며, 다른 사람과의 교제에서 생겨난다. 말하자면 행복은 바로 다른 사람과의 관계에서 성립한다. 여기에서 중요한 것은 단순히 나의 곁에 있는 타자뿐만 아니라, 특히 나 안에 있는 타자들이다. 주체성에 대한 이러한 견해를 통해 젤은 행복에 대한 두 가지 전통적 견해를 제거한다. 행복은 순수한 감정도, 객관적으로 확정된 목표도 아니며, 오히려 구조적-기능주의적으로 묘사되는 삶의 형식이다. 그것이 행복을 하나의 실행으로 만든다. 젤에게 행복한 삶은 "성공한" 삶이다. 젤이 말하는 삶의 성공에는 자기 결정과 세계 개방성이 속한다. 물론 두 가지 계기가 실제로 서로 마주한다는 보장은 없다. 그리하여 젤은 그가 "과정적"이라고 부르는 행복 개념에 도달한다. 목표는 과정의 외부가 아니라, 과정 자체를 유지하는 데에 있다. "상호주관적이며, 객관적 상태와 마찬가지로 주관적 능력에 종속된 성공"을 젤은 "형식적 목적formales Telos"이라 부르며, 이로부터 다음의 권유를 이끌어낸다.

"그러므로 자신의 바람이 충분히 충족되기를 대체로 원하는 자는 그러한 삶을 향해 노력해야만 한다. 왜냐하면 그러한 삶은 - 그러한 삶의 운영 혹은 단순히 그러한 삶에의 참여 - 인간적 삶의 최선의 형식이기 때문이다."(Versuch, 137쪽)

최고선의 형식적 규정, 즉 젤이 기도하는 형식의 최적화Formoptimierung는 행복 경험의 연속으로 상승하는 네 가지 단계에서 성립한다. 첫 번째 단계는 젤이 목적론적 행복 개념이라 부르는 소원의 성취이다. 그 다음은 성취된 순간이며, 이것이 미학적 행복 개념을 형성한다. 세 번째 단계는 목적론적 시각과 미학적 시각을 결합하는 자기 결정의 단계이며, 이를 젤은 과정적 행복 개념이라 부른다. 네 번째이자 최종 단계는 궁극적으로 성취된 세계해명Welterschließerung이다. 그와 함께 의미된 것은 주어진 삶의 상황에서 고유한 삶의 형성을 위한 활동공간을 확보하는 능력이다. 젤은 개인과 환경의 관계를 물음과 대답의 역동적 관계로서 해석한다. 그래서 우리는 응답적responsiven 행복 개념에 대해 말할 수 있다. 행복의 네 가지 형식이 모두 함께 취해졌을 때 비로소 삶은 자신의 전체성에서 훌륭한 삶을 이룬다. 이를 위한 전제는 유리한 환경과 성격적 능력뿐만 아니라, 행복의 활동공간을 활용하고 기획하는 의지이다. 여기서 젤은 상상력에 윤리적 심급으로서 중심적 역할을 부여한다. 이는 당연히 환상적 행복 개념에 대한 변론이 아니다. 오히려 젤은 상상적 현실주의를 대변하는데, 이것은 가능성의 의미를 통해 우리가 살아가는 현실을 해명하는 것에서 성립한다.

물론 젤은 세계개방성으로서의 행복 형식에 만족하지 못한다. 그는 또한 훌륭한 삶에 있어서 중심적이어야 할 내용들을 언급한다. 노동, 상호작용, 놀이 그리고 관조. 젤은 이런 내용들을 "차원"이라고도 부른다. 이는 개인의 세계해명과, 그와 함께 성공한 삶이 종속적인, 사회화의 매체가 중요하다는 것을 암시하기 위한 것이다. 물론 이것은 그것의 긍정적 특성을 간과할 수 없는, 사회적으로 부담이 안 되는 행위형식들에 대한 상상력이 부족한 목록작성에 머물러 있다. 함께 고려되지 못하고 있는 것은 마약이나 성적 탐닉을 통한 환각상태와 같은 "충동방향의 전환"이다. 현대의 행복 이해에 있어서 구성적인, 개인과 사회 사이, 주관적 관점과 객관적 관점사이의 긴장에 도달하기 위해서는 가능한 것에 불가능한 것이 속한다. 중요한 것은 긴장을 해소하는 것이 아니라 오히려 차이를 유지하는 것이다. 여기에서 젤의 행복 개념이 근대의 역동적 인간상, 즉 인간의 탈중심적 위치성die exzentrische Positionaltät에 대한 통찰에 부합한다. 따라서 행복은 에피쿠로스주의자들과 스토아주의자들이 떠올렸던 것처럼 영혼의 평안과 태도의 적절함이 아니라, 행복의 요구와 인간의 삶의 형식을 혼동할 수 없도록 만드는 행복의 품위Glückswürdigkeit 사이의 해결할 수 없는 긴장을 개인적으로 명확히 표현하는데 있다.

젤의 형식개념의 배후에는 미학적 발상이 은폐되어 있다. 이것은 "도덕의 우위"를 통해 반듯하게 보다는 더 나쁘게 감추어진다. 미학적 판단의 보편성 요구가 객관적으로 논증되지 않는 것과 똑같이 젤이 고집하는 "선의 보편주의Universalismus des Guten"는 자신의 주관적 원천을 부인할 수 없다. 행복주의에 대한 그의 형식적 복권에서 젤의 머리에 아른거리는 것은, 그가 언급하고 있지는 않지만 "해결할 수 없는 긴장"으로서의 행복과 도덕에 대한 그의 관계규정에서 기초가 되었던 짐멜(G. Simmel, 1858-1918)의 '삶과 형식이라는 이원론'의 조명에서 분명히 드러난다. 이 긴장을 짐멜은 삶과 형식의 변증법적 상호작용으로 서술한다. 삶은 자신의 전개에 있어서 형식에 종속된다. 그러나 삶은 새로운 활동공간을 만들기 위해서는 이 형식들을 항상 되풀이해서 파괴해야만 한다. 정확하게 이 변증법적 운동이 젤이 "인간의 의욕과 의욕능력의 방법Wie des menschlichen Wollens und Wollenkönnens"에서 추구했던 것이다. "이러한 노선에서 지속된 탐구는 개인적 선의 보편적 개념으로 인도한다"(*Versuch*, 10쪽). 즉 짐멜의 "개별 법칙"으로 인도한다는 것이다.

행복의 형식에 대한 젤의 시론이 어떻게 우리가 삶을 형성해야만 하는 가에 대한 실천적 지침은 아니지만, 적어도 고유한 삶을 재음미하기 위한 개념적 도구를 제공한다. 성공한 세계 해명에 근거하는 성공한 자기결정의 행복이라는 젤의 프로그램은 "반성적 행복주의"라 할 수 있다. 이러한 현실주의적 태도를 위해 또한 "상태를 인식하라!Erkenne Lage!"는 보수 진영으로부터의 표어가 적용될 수도 있다. 젤은 자신의 행복 윤리학의 보수주의를, 도덕적 규범의 현대적 평등주의와 보편주의에 순응하기 위해, 용어를 비판이론으로부터 차용함으로써 은폐한다. "억압적이지 않은 도덕"에 대한 언급은, 무엇을 "모두가 자신의 고유한 이해관계에서 원할 수 있고 원하여야만 하는가"(*Versuch*, 138쪽)라는 물음을 목표로 할 때에는 내용이 공허한 것으로 머문다. 이것은 단지 자기성찰에서 관심과 인식이 하나라는 환상적 전제에서만 의미를 가진다. 실제로 사정이 그렇지 않다는 것은 인간의 의욕과 의욕 능력에 대한 젤의 형식적 규정이 분명히 한다. 오히려 물음은 인간이 행복을 향한 자신의 추구에서 무엇을 진정 원하는가라는 내용이며, 이것은 누구도 미리 명확히 답변할 수 없다. 설령 대답할 수 있다 해도, 행복의 윤리학은 인간이 어떻게 그 자신에게 숨겨진 의욕에 도달할 수 있는가에 대한 방법을 제시해야만 한다. 자신이 정말 무엇을 원하는지를 아는 자만이 또한 무엇을 통해 그가 살 수 있는지를 안다. 여기에 절대적 당위가 자신의 한계를 발견하는 성공적인 자기 결정의 비밀이 있다.

2. 현대적 의미에서의 행복
Glück modern

젤의 반성적 행복주의는 삶과 삶의 형식에 대한 언급을 통해 은폐되는 체계적 결함을 드러낸다. 이 결함은 성공한 삶의 행복이 배분되어야 할 주체의 지위와 관계한다. 이 결함을 토매가 해소한다. 개인적이며 사회적인 정체성 형성이라는 의식 이론적 맥락에서의 행복이 그의 『현대에서의 행복에 대하여』(*Vom Glück in der Moderne*, 2003)의 대상이다. 토매는 현대 사회에서의 행복의 위치를 찾는 어려운 과제를 떠맡는다. 그에게 행복은 항상 특정한 경험지평과 함께 생활세계에 관계한다. 경험은 탈근대적 체험세계와는 조금 다르다. 체험에 반해 경험은 정서적이고 개별적이라기보다는 더 강하게 사태와 연관되며 지속적이다. 사람들은 경험을 만들어야 하며, 진보하는 성장과정으로서의 경험은 양도할 수도 매수할 수도 없다. 이에 상응하게 행복은 사람들이 제조할 수 없는 어떤 것이며, 우리의 능력을 넘어서는 성취이다. 행복의 최종적인 것das

Definitive이 표현되는 언어적 형식은 그것의 회고적인, 경험을 완결하는 경향을 나타내는 격언이다

"행복과 유리잔, 그것은 얼마나 쉽게 깨어지는가."

이러한 배경에서 토매는 현대 세계에 적절한 행복 개념을 정식화하기 위해 모든 노력을 기울인다. 실제적인 혹은 가상의 실현가능성의 우리 세계에서 경험은 더 이상 잘 유통되고 있지 않다. 미국의 사회학자인 세넷(R. Sennett, 1943)이 묘사한 획기적 경험 상실은 과거의 업적이 아니라 잠재 능력을 지향하는 새로운 인간유형, "융통성 있는 인간"을 만들어냈다. 삶의 역사가 없는 융통성 있는 인간은 정확히 불안정한 사회적, 그리고 빠르게 변화하는 경제적 조건에 부합한다. 이러한 생활형식은 참여자에 의해 자기결정으로 체험되며 긍정적으로 평가된다. 그런데 토매는 자기결정적 삶의 현대적 구상과, 행복이 자신의 재량권을 넘어섰다는 것과 어떻게 조화를 이룰 수 있는가라고 묻는다(*Vom Glück*, 269쪽). 기대가 더 자주 실망으로 끝나고 기획들이 더 드물게 완결된다는 사실을 손상함이 없이, 현대의 행복에게 물러설 곳은 단지 삶의 실행 자체만 남는다고 한다. 현대에서의 삶이 점점 더 파편화에 예속되면, 인간에게는 파편화 자체에서 행복을 찾는 것 이외의 다른 길이 없다. 행복이 주체의 활동적 자기결정에서 벗어나는 곳에서 융통성 있는 인간은 자신의 전기를 즉흥적으로 연주하고, 이로부터 긍정적 삶의 감정을 얻어야만 한다.

> "행복은, 스스로를 완전히 통제하지 못하고 있다는 것을 즐거워하며, 그리고 그것을 분명히 아는 자기에게 달려 있다."(*Vom Glück*, 269쪽)

마음대로 할 수 없다는 것에 대한 즐거움이 체념에 있지 않아야 한다면 그것은 단지 저항과 직면함으로써 생겨나는 삶의 감정의 강렬함에서 찾아져야 한다. 이것은 당연히 강한 주체, 특히 자기 자신을 넘어서는 능력을 전제로 한다.

> "자기 자신을 넘어서려는 준비자세가 정체성에 대한 이러한 이해의 중심에 놓여 있다."(*Vom Glück*, 291쪽)

이 준비 자세에서 토매는 현대 인간의 전통주의적 자기이해와 자율주의적 자기이해 사이의 길을 발견한다. 그에 상응하게 자기 자신을 내세움Sich-selbst-Stellen, 즉 준비자세의 태도는 "준비하는 것이 모든 것이다" 라는 오래된 격언을 상기시킨다.

이러한 행복구상으로부터 행복주의 윤리학의 어떤 귀결들이 생겨나는지에 대해 토매는 『너 자신을 이야기하라. 철학적 문제로서의 삶의 역사(*Erzähle dich selbst. Lebensgeschichte als philosophisches Problem*, 1998)』에서 설명했다. 여기서 그는 이야기(서사)와 삶 사이에 형식적 구조유사성이 존재한다는 전제 아래, "너 자신을 알라!"라는 델포이 신탁을 "너 자신을 이야기하라"는 권유로 변형했다. 인간 삶이 사건들의 단순한 연속들이 아니라 하나의 동기연관을 형성하는 것과 같이 이야기는 그것의 연관성을 통해 의미를 인식하게 만드는 하나의 형식이다. 그를 통해 고유한 삶의 이야기는 정체성을 수립한다. 물론 삶의 역사와 개인사이의 객관주의적 일치가 가정될 수는 없다. 그 이유는 고유한 삶의 역사를 이야기할 때 항상 허구적 계기가 어떤 역할을 수행하기 때문이다. 그러나 허구는 공허함 혹은 공상적인 것으로 사라지는 것이 아니라, 현존재의 이미지Daseinsbild로 인도된다. 이것이 인간에게 지금까지의 삶에 대한 개괄처럼 자기 자신의 본보기로서 머리에 떠오른다. 그와 함께 이야기는 토매가 자기인식과 자기창안 사이에 위치시키는 자기 구성의 매체가 된다.

이야기가 구성적 역할을 수행하며, 정체성의 행복에 가장 근접하는 자기 관계를 토매는 "자기애自己愛, Selbstliebe"라 부른다. 자기애가 관계하는 자기는 최종적으로 고정될 수 없기 때문에, 여기에서 그는 자기애가 윤리적 개념으로 문제의 소지가 있다는 사실과 직면하게 된다. 이는 인간이 이야기에서 자기 자신에 대해 만드는 이미지는 자기애가 관계하는 인물과 동일하지 않기 때문이다. 심지어 우리는 장 파울(Jean Paul, 1763-1825)과 함께 토매에 반대해서 자기애가 전혀 존재할 수 없다고 이의를 제기할 수 있다. 왜냐하면 사랑하는 자기가 사랑받는 자기로 동화되지 않으려면 두 개의 자기가 존재해야만 하기 때문이다. 그렇지만 우리는 토매에게 그가 고유한 삶의 역사의 이야기에서 "자기애의 불투명한 심연"(*Qunitus Fixlein*, 248)을 밝히는 수단을 인식했다는 것에 감사를 표할 수 있다.

토매가 자기애에 대한 구상에서 도출하는 "이야기 윤리학die Ethik der Erzählung"은 현대 신학의 서사 윤리학die narrative Ethik을 상기시킨다. 개별적 행위가 아니라 전인全人이 자신의 성향과 함께 시험대 위에 선다. 여기서 인간에 대한 본보기 이야기가 자신의 삶을 변화시키도록 정서적으로 감동을 주며 동기 부여할 수 있다. 토매는 이 구상을 고유한 삶의 이야기에 응용한다. 그래서 인간은 흡사 자기 자신의 본보기로서 등장하게 된다. 그러나 이것은 "너 자신을 이야기하라"는 요구가 명법이 아니라, 단지 하나의 구체적 상황에 결합된 권고일 수 있다는 것을 의미한다 (*Erzähle*, 259쪽). 이러한 관점에서 볼 때 명법이라는 형식은 삶의 역사라는 철학적 문제를 성공적으로 정식화하지 못한다. 왜냐하면 자기 성찰은, 그에 대해 어떠한 요구도 필요 없는, 고유한 삶의 역사에 대한 항구적 작업이기 때문이다. 단지 특정한 경우에서, 예를 들어 누군가 좌절했다면, 그의 고유한 삶의 역사에서 좌절의 원인을 추적하도록 요구하는 것이 의미를 가진다. 그러므로 고유한 역사에 대한 작업의 윤리적 계기는 상태의 현실주의적 평가에 있다.

사실들에게 언제나 특정한 해석의 본보기를 부가하는 삶의 역사는 단지 과거에 대한 관계만을 미래의 결정을 위한 교정으로서 가지는 것이 아니다. 반대방향에서의 해석에서도 삶의 역사는 유의미하다. 우리는 과거를 미래의 기대와 계획이라는 조명아래 바라본다. 그러므로 자기이야기는 과거와 미래의 상호작용에 의해서 생명력을 부여받으며, 이미 그 안에 행복의 약속이 있다. 이것은 동시에 도덕적 차원을 보유한다. 이야기의 윤리학은 실체적·확정적 정체성의 행복을 약속하는 것이 아니라, 현대인을 자기 자신에로의 긴, 끝내려 하지 않는 길로 보낸다. 이 윤리학에서는 길이 목표이다. 이는 길 위에 머물려고 하는 준비 자세와 능력이, 고유한 역사의 이야기가 항상 새롭게 분절화하려고 시도하는 행복이기 때문이다. 자신의 역사를 이야기할 수 있는 사람은, 설령

이 역사가 완전한 단절이라 하더라도, 정신적으로 이미 얽혀듦Verstrickungen에서 해방되었으며, 이를 통해 '우연'이 극복된다. 이로써 이야기의 윤리학은 단어의 함축적 의미에서, 또 미학적 감각과 실천적 영리함의 결합이라는 의미에서 하나의 "시학Poetik"이다. 그에 상응하게 중요한 것은 인간이 자신의 삶을 후회와 부끄러움 없이 이야기할 수 있도록 그렇게 행위하는 것이다. 그렇게 개별적 행위들이 결합되지 않은 채 순간에서 병렬적으로 늘어 서있다 하더라도 미래에서는 이 행위들이 거부할 수 없도록, 아무도 벗어나지 못하는 하나의 삶의 본보기로 조화를 이루게 된다. 이런 의미에서 삶의 역사는 자기애와 책임, 마찬가지로 행복과 도덕을 서로 결합시키는 일차적 매체이다.

3. 주관적 의미에서의 행복
Glück subjektiv

행복주의 윤리학을 향한 새로운 길을 비른바허가 『행복의 철학』(2005/6)에서 제시했다. 비록 비른바허가 밀(J. S. Mill)에 연결해서 강하게 심리학적으로 논증하지만, 그의 단초는 전적으로 현상학적으로 형용될 수 있다. 그는 어떻게 인간이 자신의 행복을 경험하는가에서 논의를 시작한다. 여기서 비른바허는 행복의 일상언어적 이해에 정위한다. 이 이해는 언제나 도덕적 요소를 포함하고 있다. 그는 칸트의 '급진적 행복 회의주의'를 거부하고, 행복이 내용적으로 규정되지 않고 임의적이라는 사정을 모두 감안해도 인간이 어디에서 자신의 행복을 발견하는가를 고려해 보면, 행복 찾기에서 형식적 공통성이 존재한다는 점을 가르쳐 준다. 이것은 비록 합리적으로 정초 가능한 행위규범들의 보편성은 아니지만, 상식적 의미에서 인간을 행복 추구로 결합하는 주관적 보편성이다. 행복 찾기의 주관적 보편성은 비른바허에 따르면 행복이 직접적으로 추구의 목표가 아니라, 특수한 목표설정의 보편적 부수 효과로서만 나타난다는 문장에서 서술된다. 이것은 모든 행복 철학의 핵심에 속한다고 한다. 이 철학은 인간 품행의 근본 신념들과 관계를 가지며, 그러한 것으로서 모든 규범의 정초에 선행한다.

비른바허는 마치 행복의 두 형식들이 상대적으로 독립적 방식에서 나란히 성립할 수 있는 것처럼, 행복의 경험에서 짧은 행복과 지속적 행복을 구별한다. 이것은 상태뿐만 아니라 평가도 포괄하는 행복의 주관성을 가리킨다. 행복의 이중적 주관주의에 비추어볼 때 비른바허에 따르면 세 가지 전통적 행복이론들은 불충분한 것으로 입증된다. 재물, 욕구 충족 그리고 소원 성취는 행복 경험의 복잡성을 파악하는데 충분하지 못하다. 그래서 비른바허는 주관주의적 행복주의를 변호한다. 이것은 실제로 어떻게 인간이 행복에 도달하는가에 대해 해명하려는 새로운 행복론이 아니다. 비른바허의 행복철학의 요점은 해명되어야 하는 현상에 대한 새로운 기술에서 성립한다. 이 철학의 목표는 행복의 도달 가능성에 대한 인간적 확신의 정통함과 신빙성을 묘사하는 것이다. 여기서 행복 추구는 어떠한 객관적 논증도 필요하지 않은 명증성에 종속된다. 이로써 비른바허는, 주체성을 일반적이며 보편타당한 가치의 도입을 통해 안정화시키려 시도하는 이른바 행복객관주의를 논박한다. 비른바허에게 그것은 헛된 시도일 것이다. 왜냐하면 행복 경험의 피안에 "참된" 혹은 "순수한" 행복이 존재할 수도 있기 때문이다.

비른바허의 행복 주관주의는 후기 고대의 행복 내면화의 노선에 있다. 그러나 비른바허는 여기서 벗어나 행복을 당연히 영혼의 안정에 고정시키는 것이 아니라 흥분 상태에 까지, 그것이 현대적 삶의 역동성을 필연적으로 가져오는 것처럼 확장한다. 이로부터 상대주의와 아무런 관련이 없는 내용적 행복다원주의가 생겨난다. 상대주의의 위험은 그들의 재물이 내용적으로 상이하다 하더라도 모든 인간을 결합하는 행복 신념의 자명성을 통해 물리치게 된다. 이로써 비른바허는 현실주의적 행복주의를 대변하게 된다. 이 행복주의에 있어서 행복은 도덕적 가치에로의 직접 접근하는 매체이다. 이는 이 가치들이 행복 찾기라는 노력에서 고유한 것이기 때문이다.

이중적 행복 주관주의의 설득력 있는 구현을 비른바허는 동화『행운아 한스』(*Hans im Glück*)에서 발견한다. 그는 이 동화를, 반성 없이 발생하는 자발성과 끈기에 기인하는 행복의 경험에 대한 증거로서 해석한다. 행복 경험의 소박함은 물론 단지 역사의 절반의 교훈일 수 있을 것이다. 다른 절반은 자신의 행복 체험을 위해 이 세계에서 어떤 대가를 치러야만 하는지를 이해하지 못하는 사람의 경험부족을 가리킨다. 이렇게 본다면 "평가의 주권Bewertungssouveränität"은 비른바허가 믿게 만들려 원했던 것처럼 그렇게 대단한 것은 아니다. 여기서 행복 주관주의는 자신의 한계에 도달하는데, 이는 주관적 행복이 소외로 이끌어질 수 있다는 것이다. 객관적 재화들이 무제한적으로 삶의 실행에서 통합될 수 있는 것이 아닌 것과 같이, 지나친 행복의 감정은 행복의 범람을 초래할 수도 있다. 이러한 현상은 탈산업적 체험사회에서 특징적인 것이다. 이 사회는 행복 경험에 대한 과잉공급을 통해 집단적 광기를 산출하며, 이 광기는 행복을 "즐거움을 가짐Spaß haben"과 유쾌함sich wohlfühlen으로 환원함으로써, 인간을 조작가능하게 만들고 시장의 법칙에 예속시킨다. 그 결과를 무질(R. Musil, 1930~)이 그의 소설 『특성 없는 남자』(*Der Mann ohne Eigenschaften*)에서 "이 세계를 체험한 자가 없는 체험의……세계"라고 묘사했다. 물론 자아의 상실은 참여자로부터 결코 그러한 것으로 경험되지 않았다. 모순적 감정의 통제되지 않은 행동을 통한(감정의) 해소는 현실 원칙을 차단하는, 강렬한 자기감정의 상태를 산출한다. 자신의 삶을 고유한 결정의 결과에서 측정하는 대신, 인간은 주관적 행복 찾기에서 고유한 삶에 휩쓸리며, 미지의 강에 도달한다. 전쟁술의 개념으로 표현하자면 다음과 같다: 지금 지배적 감동주의Emotivismus에는 결과에 대한 감각이 결여되어 있다. 미리 결과를 생각함이 없이 개인은, 거의 항상 패배자가 존재하는, 자신의 감정의 전쟁터에 나아간다. "나는 그것을 원하지 않았다" 그리고 "유감스럽다"는 것이, 회한의 마음가짐과 함께 고려의 결핍을 사과하는 것처럼, 상투적 사과를 위한 공식의 내용이다.

4. 후기 낭만주의의 기회원인론

Spätromantischer Okkasionalismus

삶의 기예의 고대 철학은 보편타당한 행복 개념과 함께 작업하며, 행복하게 존재함에 대한 지침을 제시하는 방식으로 봉사한다. 그 반면 현대의 행복철학은 더 겸손한 태도를 보인다. 각자는 행복의 길을 스스로 찾아야만 하며, 철학적 윤리학은 기껏해야 개념의 해명을 통해 행복으로 향하는 모든 길을 개방함으로써 성립한다. 이러한 신중함이 과장된 규범적 요구들과 비교해보면 환영할만한 것일 수도 있지만, 이것은 급진적 행복주관주의의 유혹을 과소평가한다. 주관적 행복 경험의 명증성은, 목적설정의 자유를 제한하는, 행복의 과잉을 허용한다. 헬레니즘의 삶의 기예는 그 재화를 마음대로 할 수 없는 외적 세계의 무관심화Vergleichgültigung를 목표로 한다. '과잉의 현대 경제학die moderne Ökonomie des Überflusses'에서는 인간에게 재화의 제한되지 않은 처분가능성을 암시한다. 이것은 소비자가, 마치 외부로부터 조종되는 것처럼, 자신의 행복소비를 알아차리지 못하게 이끈다. 그렇게 삶의 기예는 언제나 은행Bank이 이기는 도박으로 전락한다.

행복 주관주의는 동시대의 행복철학이 인간에게 약속하는 낯선 가치규정을 막지 못한다. 그럼에도 불구하고 여기서 모든 소여를 자기향유의 동기로 받아들이는 "낭만주의의 기회원인론"을 넘어 새로운 방향으로 인도하고, 주체에 놓인 행복의 객관화의 가능성을 가리키는 자기경험의 길이 요구된다. 그리하여 행복의 탈근대적 주관화에 의거해, 인간에게 자기 자신에로의 긴 여정에서 객관적인 것과 주관적인 것을 변증법적 운동에서 서술하는 본보기에 익숙해지도록 하는 철학적 삶의 기예가 과제로 남는다. 행복은 자기 자신과의 친밀함 이상의 것이다. 오히려 "거리를 통한 친밀함"이라는 공식이 자기발견과 자기형성을 행복한 삶으로 결합한다고 말한다.

제 9 장

삶의 기예의 상호문화철학

Interkulturelle Philosophie der Lebenskunst

지구화와 다문화 사회가 정착되는 시대에 삶의 기예의 철학을 윤리학의 유럽, 혹은 서구 전통에만 제한할 수 없다. 유럽 외의 삶의 형식들과 세계관들이 점점 더 진지하게 받아들여야만 하는 대안으로서 등장한다. 이 대안은 집중적 토론을 요구하며, 하나의 종합을 가능하게 한다. 문화들 사이의 대화는 이론적 차원에서 이미 풍성하게 진행되고 있다. 그러나 상호문화철학이 더 급하고 어려운 곳은 공동생활의 실천이 관건이 되는 곳이다. 여기에는 삶의 기예의 상호문화철학이 요청된다. 이 철학은 근본개념의 차이가 여전히 남아있으며, 타자성의 경험이 인간 상호간의 교류에서 극복될 수 없을 때에도 자신의 적합함을 입증해 보여야만 한다. 상호문화적 삶의 기예의 이론과 실천은 당연히 서로 영향을 끼친다. 그러나 더 나은 방향설정을 위해 먼저 이론적 측면을 고찰하는 것이 중요하다.

1. 신화에서 이성으로 그리고 회귀

Vom Mythos zum Logos - und Zurück

유럽 이외의 문화와의 비교는 철학, 그리고 특별히 윤리학의 유럽적 이념이 특수 지위를 점유한다는 데에 어떤 의심도 제기하지 않는다. 이 이념은 세계에 대한 반성을 논증의 엄격히 정의된 범주들과 형식들에 예속시키는 그리스적 로고스에서 생겨난다. 또한 '엄밀학으로서의 철학'의 이념은 윤리학에도 적용되었다. 이 윤리학은 그리스의 거장들에게서 합리적으로 근거된 행위규범에 대한 요구와 함께 등장한다. 그에 반해 삶의 기예는 응용윤리로서 하위의 역할을 수행한다. 실천철학의 우위라는 의미에서의 삶의 기예의 재평가는 비로소 헬레니즘에서 이루어지며 후속 형식의 성격을 가진다.

동양과 동아시아의 고급문화와의 비교는 다음과 같은 이념형적 형상을 결과로서 낳는다. 철학은 일차적으로 성현의 가르침으로 등장한다. 여기서 세계개념이 문화권의 폐쇄된 지평에서 움직인다. 그것을 넘어 보편타당성 요구와 함께 등장하는, 순수하게 형식적으로 근거된 윤리학은 존재하지 않는다. 성현의 가르침이 문화적으로 계류되어 있는 이유는 유럽이외의 형이상학들이 로고스를 통해 관철되지 않았다는 점에 있다. 그 까닭에 이 형이상학들은 철학과 종교의 엄밀한 분리를 알지 못했다. 요약하면 유럽이외의 성현의 가르침에서 결핍된 것은 계몽이다. 이것은 플라톤에서의 개념해명과 함께 시작하며 칸트의 이성비판에서 그 절정을 발견한 것이다.

이러한 전체적 비교는 이미 말한 것처럼 이념형적 성격을 가지며,

평가로서 이해되지 않기를 바란다. 유럽 외부의 성현의 가르침이 보여주는 함축적 형이상학이 그리스석 논리학의 개념적 명료성에 도달하지 못했다고 하더라도 인간적 근본 경험에 대한 직관적이며 균형 잡힌 광범위한 이해를 제공하고 있다는 점은 분명하다. 실천적 생활태도의 영역에서 특히 동아시아 성현들의 가르침은 심리학적으로 그리고 실용적으로 유럽의 삶의 기예를 능가하며, 이것이 항상 현실도피로 간주되어서는 안 되는, 아시아의 삶의 기예의 실행방법들에 관심을 기울이는 서양 지식인의 경향을 근거하는 것이기도 하다. 그러나 이로부터 또한 철학에서도 유럽은 단지 문화의 다양함에서 하나의 견해로서 간주된다고 하는 결론을 도출할 수 있는지는 여전히 의문의 대상이다.

2. 합리성과 주체성

Rationalität und Subjektivität

삶의 기예를 다루는 상호문화철학의 가능성은 합리성과 주체성이라는 두 가지 근본 개념이 해명되지 않고서는 실현되기 어렵다. 유럽 전통에서는 철학함이 실천의 영역에서도 논증적으로 "정당화된 참된 믿음"으로서의 지식을 지향하고, 덧붙여 기술적記述的 진리와 규범적 진리를 구별한다. 반면 유럽외의 성현의 가르침은 합리성을 직관적이고 맥락적으로 결합된 명증성으로 파악한다. 그러나 이것은 상호문화적 대화를 어렵게 만든다. 만약 대화가 이루어진다면 사람들이 이 대화를 탈근대적으로 생활세계적 명증성의 놀이로서, 혹은 통문화적으로transkulturell, 모든 인간을 "대양의 감정"에서 결합하는 정서적 영감의, 지금까지 알려지지 않은 새로운 형식의 출현에 대한 희망으로서 파악할 것이다.

규준이 없는 합리성의 보호아래 주체성도 유럽의 주체철학과는 구분되는 다른 의미를 얻는다. 자기주장의 그리스적 이상은 고유한 내면으로의 침잠을 넘어서며, 개인에게는 비판적 자기시험을 요구하는 자기 인식의 형식을 전제로 한다. 근대적 자기반성을 통한 이러한 자기 이해의 고양은 자율 개념을 창출했다. 이 개념에 의거하면 인간들은 단지 엄격한 거리를 유지하면서, 자기를 다른 사람에서 그리고 다른 사람을 자기에서 반성함으로써 공속적이 된다. 이성 윤리의 보편주의를 기초로 하는 자기반성의 고양은 유럽외의 문화에서의 주체성에게 친숙한 것이 아니다. 성현의 가르침이 언급하는 내면으로의 전환은 폐쇄된 생활공동체에의 참여의 형식에서든, 혹은 수동성의 상태로의 "급선회 Einschwingen"의 형식에서든, 자아Ich의 쇠약으로 이끈다. 이런 배경에서 미덕, 인간애 등과 같은 개념들은 동양의 성현의 가르침에서는 삶의 기예의 유럽 철학과는 다른 의미를 획득한다. 이러한 의미 변화와 함께 단지 삶에서 차지하는 자신의 자리로부터 이해되는, 실행방법도 변화한다. 유럽철학에 의해 전개된 인권 이념이 우연히 삶의 형식들의 다원주의가 넘어설 수 없는 경계선을 형성하는 것이 아니다.

삶의 기예의 상호문화철학을 위한 기회가 어떤 사정인가에 대해서는, 앞으로 중국 문화권과 인도 문화권이라는 두 개의 문화권의 구체적 예를 통해 설명할 것이다. 당연히 이 범위 내에서의 서술은 비교문화학의 모든 요구를 충족시킬 수 없다. 이를 위해서는 두 문화의 정신사적 발전에 대해서 이전의 일부터 자상히 이야기해주는 고려가 필요할 것이다. 우리의 논의에는 유럽에서 유효한 것으로 되었으며, 문화들의 미래적 대화를 위한 전망을 인식하게 하는 삶의 기예의 좁은 영역에서의 범례들만 다루기로 한다. 덧붙여 여기에서는 분명히 서구 사고의 헤게모니 요구를 개념의 탈식민지화를 통해 포기하는 것이 문화정책적 현명함의 계율이다. 그러나 이것이 인류학적으로 기초가 세워진 타당성 요구를 거부하는 것을 목표로 해서는 안 된다. 이 거부는 유럽의 문화와 같이 유럽이외의 문화, 즉 모든 문화에게 그들의 존재이유를 박탈하는 것이 된다. 또한 삶의 기예의 철학에서 끝까지 사유된 상대주의는 삶을 인간들이 살아가는 현실과는 아무런 상관이 없는 기예의 규칙아래 예속시키는 결과를 초래하게 될 것이다.

3. 중국의 삶의 기예

Chinesische Lebenskunst

중국의 삶의 기예의 철학은 선先학문적 세계해명의 가장 오래된 책들에 속하는 신탁을 담은 책에서 유래한다. 그것은『역경』(易經, *I Ging*), 즉 변화의 책이다. 그것은 우주의 통일성을 하늘, 땅, 물, 산 등의 8가지 근본 기호의 조합으로부터 도출한다. 8가지 기호의 한 쌍식의 결합을 통해 64개의 6선성형線星形[1]이 생겨난다. 그것의 각각이 삶의 특정한 상황을 나타낸다. 이 책에 대한 명백히 서로 어긋나는 두 가지 해석, 즉 공자(기원전 551-479)와 노자(약 기원전 6세기)를 통해 중국의 정신적 삶의 두

[1] 역자 주: 삼각형 둘이 교차한 형태, 예를 들면 다윗의 별과 같은 것을 가리킨다.

가지 주요 흐름이 탄생했다. 오랜 기간 동안 국가의 교의였던 유교는 오늘날까지 중국인들의 사회윤리를 규정한다. 공자와 그의 추종자들의 저작들은 간결한 형식에서 개인의 행복과 국가의 안녕이 서로 조화될 수 있기 위해 지배자와 피지배자가 어떻게 행동해야만 하는가에 대한 지침을 담고 있다. 중심적인 것은 사회적 질서의 정의를 위한 전제로서의 개인의 내적 도야에 대한 사상이다. 인격의 자기 이해에 중심적인 내적 도야의 구상은 사회심리학적 통찰에 기초한다. 그 한 예는『논어』(論語, *Annalen*)에 다음과 같이 표현되고 있다.

> 學而(학이, Buch I), 16: 진가를 인정받지 못함Verkanntsein과 분간함Kennen: "나는 다른 사람이 나를 알지 못하다는 것을 슬퍼하는 것이 아니라 내가 사람을 알지 못한다는 것을 슬퍼한다."(Gespräche, 7)[2]

그리하여 우리는 유교의 경전들을 동아시아의 덕론으로 형용할 수 있다. 유교에서는 그리스의 덕의 목록과 달리 지배자에 대한 순종, 노인들에 대한 존경과 지속적 자기 시험이 선도적 가치를 형성한다.

서양 고대 덕 윤리와 중국의 삶의 기예의 철학이 모든 점에서 일치함에도 불구하고 지금까지 종합의 모든 시도를 좌절시켰던, 세계상과 인간상에서의 근본 차이가 존재한다. 이것을 독일의 빌헬름 II세 시절의 유명한 철학자 오이켄(R. Eucken, 1846-1926)의 노력이 증명한다. 그는 1923년『중국과 유럽에서의 삶의 문제』에서 유교의 윤리가 서구의 열린사회의 역동성과 아직 관계를 맺지 못했다는 결론에 도달했다. 이것

---

2 역자 주: 子曰: "不患人之不己知, 患不知人也"

은 오늘날 자본주의의 진입과 더불어 사정이 바뀌었다. 그러나 아직도 여전히 절제와 중용Maß und Mitte이라는 유교의 이상은 유효하며, 이것은 현대 중국인에게 행동 규칙의 의례 준수를 통해 "위대한 도약"을 지배할 수 있도록 해준다. 개별적 존재는 자신의 삶을 자유롭게 형성할 수 있는 개인이 아니라, 기원과 미래의 간극을 의례화儀禮化를 통해 넘어서는 질서의 공동 형성자로서 파악된다. 바로 여기에 심리학적 내면 고찰에 가치를 두지 않으며 개인과 사회의 통일을 목표로 하는 중국의 삶의 기예의 강점이 놓여 있다. 이 통일은 전 생애 동안 진행되는 학습을 통해서만 도달될 수 있다. 이 정신적 태도는 서구의 주관주의에 있어서는 단지 어렵게만 이해되지만, 유교의 정신적 귀족(군자)을 형성하는 내적 견실함을 산출한다. "군자Edle"는 자신의 생활형식으로부터 이웃에 대해 인자할 수 있게 하는 힘들을 창출해야만 한다. 인仁, Gütigkeit은 많은 관점에서 고대 덕의 이상을 상기시키는 이상이다. 그러나 이 이상은 당연히 존재와 비존재의 통일이라는 중국의 형이상학과는 비교 불가능한 이데아론이 없이 제시된다.

20세기 서구의 지식인들은 삶의 기예의 연결을 유교에서 뿐만 아니라 노자에게서도 찾았다. 그의 저서 『도덕경』(*Vom Sinn und Leben, Tao Te King*)은 빌헬름(R. Wilhelm)의 독일어 번역을 통해 삶의 기예의 "유럽도가적eurotaoistische" 철학을 출범시켰다. 노자의 삶의 기예는 유교 경전과는 문체뿐만 아니라 내용적으로도 구별된다. 이 기예는 준칙이 아니라, 삶의 원천과 목표에 대한 간략한 고찰을 담고 있다. 노자에 따르면 도덕성은 최고의 사고형식인 비존재Nicht-Sein에 상응하는 삶의 형식으로서의 무행위無行爲, Nichthandeln 혹은 "무위無爲, Nichtsmachen"에서 완결된다. 무행위에는 사회에 대한 가장 영속적 영향이 있다. 이러한 삶의 기예의 구상에는 노자를 서구 합리주의의 비판자에게 매력적으로 만드는 불교와의 유사성이 인식될 수 있다. 물론 현재의 유심론적 흐름을 통해 노자를 수용하는 것은 주의를 요한다. 이는 그의 텍스트가 그렇게 정신적으로 태도를 취하는 것만큼, 애매한 구절은 더욱 더 신비주의적 관조를 회상시키기 때문이다. 그러나 노자의 삶의 태도는 철저히 현실에 정향되어 있다. 그는 선을 항상 유용한 것과 결합시킨다. 여기에서 그는 근본적으로 공자와 구별되지 않는다. 공자와 노자의 삶의 기예는 낙관주의적이며, 인간에게 행동에서의 신축성을 요구하는 지속적 유동성Fluxus을 흔쾌히 받아들이는 것을 목표로 삼는다.

지속적으로 변화하는 재화의 질서(등급)에 대한 올바른 판단은 하나의 합리성 구상을 전제로 한다. 이것은 서구의 합리성 구상처럼 이성 진리와 사실진리, 이론과 실천 사이를 구별하지 않는다. 이로부터 중국 철학은 존재하지 않는다는 결론을 이끌어 낼 수 있는 지는 더 이상 논의하지 않기로 한다. 논의의 여지가 없는 것은 고대 중국의 성현의 가르침이 신화의 단계에 머물러 있지 않는다는 점이다. 물론 그들의 논증 체계들은 그리스에서처럼 형식논리학의 엄격한 훈련을 통해 진행되지 않았다. 그들의 개념들은 생활세계적 현상의 개관으로부터 귀납적으로 생겨나고, 철학은 일차적으로 삶의 형식으로 등장한다. 이는 전적으로 유럽 고대의 삶의 기예와 비교 가능하다.

지식은 항상 삶과 연관되어 있으며, 동시에 합리적으로 해결 불가능한 인간의 의미욕구를 고려한다. 아마도 그것의 표현에 미학적 형식이 속하는, 중국인의 삶의 기예의 직관주의에 대해 말하는 것이 바람직할

지도 모른다. 노자에게 중요한 것은 행복과 덕을 결합하는 것이 아니라, 오히려 선을 미에서 발견하는 것이다. 선과 미의 결합은 현사를 특징짓는다. 그는 세상의 일로부터 스스로 물러난다는 것을 통해 가장 강하게 인간에게 영향을 끼친다. 전설에 따르면 노자는 파탄에 이른 사회적 관계에 직면하여 서쪽을 향하여 검은 물소를 몰았다고 한다. 서쪽이라 불리는 것은 이른바 인도를 말하며, 그곳은 불교의 본고장이다.

4. 인도의 삶의 기예
Indische Lebenskunst

인도는 동아시아의 삶의 기예가 높은 전성기에 도달했던 두 번째로 큰 문화권이다. 여기서는 본보기로 두 개의 텍스트가 언급된다. 이 텍스트의 선택과 편성은 역사적 맥락에서 결코 정당화될 수 없는 것이지만 유럽에서의 수용과 연관시켜 보면 상호문화철학의 이념에 범형적이다. 두 텍스트는 바츠야야나(Vatsyayana)의 『카마수트라』(*Kama Sutra*, 4세기-6세기)와 14대 달라이 라마(Dalai Lama, 1935-)의 『사랑의 논리』(1968)이다. 두 텍스트들은 힌두교(탄트라 불교)의 전통에 상응하게 사랑을 기예로 서술하고 사랑의 기예를 삶의 기예의 기초로 파악한다. 이 둘은 신적 에로스를 성적 사랑에서 이끌어내는, 그리스·로마적 고대의 반대형상을 산출한다. 사랑의 기예 오비디우스Ovids처럼, 성적 사랑이 주제가 되는 곳에서도 이것은 경박한, 그리고 풍자적 형식으로 묘사되었다. 그에 반해 불교의 전통에서 감각적 사랑은 진지한 놀이이다. 그것의 의식적 숙달이 인간을 세계질서의 비밀로 끌어들인다.

『카마수트라』는 샤스트라Shastra, 즉 전혀 상이한 삶의 영역을 위한 경전에 속한다. 샤스트라는 '수트라Sutra'라는 짧은 교훈시에 기록되었는데, 이것을 우리는 운韻을 맞춘 잠언이라고 형용할 수 있다. 카마수트라의 대상은 카르마Karma이다. 그것은 산스크리트어로 쾌락 혹은 즐거움을 의미하며, 여기서 육체적 지각이 중점에 있다. 카르마는 인도인의 삶의 목표이지만, 그것은 분리해서가 아니라, 항상 두 가지 다른 것, 즉 다르마Dharma와 아르타Artha와 결합되어 취해져야만 한다. 다르마는 정확히 종교적, 도덕적 그리고 사회적 의무 정도를 말하며, 아르타는 세속적 재화를 확보하는 의무이다. 여기에서는 부와 나란히 숙련된 능력과 학식도 속한다. 카르마, 아르타 그리고 다르마는 서로 조화를 이루어야만하지, 다른 것을 그늘지게 해서는 안 된다. 아르타와 다르마와의 결합에서 『카마수트라』는 마치 우리가 쾌락, 특히 성적 쾌락을 얻는 것처럼, 단순한 안내가 아니라는 것이 분명해진다. 쾌락의 실천과 의무이행의 계기가 결합된다. 그 이유는 형식이 내용보다 더 높이 평가되기 때문이다. 이것이 『카마수트라』를 하나의 도덕 교과서로 만든다.

서양에서는 『카마수트라』가 그 책이 제시하는 성행위의 상이한 체위에 관한 상세한 서술에만 집중하는 방식으로 대중적으로 수용되었으며, 이 책이 인간의 생활태도를 전체적으로 다루고 있다는 것을 간과했다. 이 책은 친구와 다른 사회적 관계의 선택을 위한 규준을 제공하고, 조화로운 가정생활을 위한 부부의 바람직한 성격을 언급하며, 어떻게 사람들이 자신의 직업적 활동과 사회적 역할을 사회에 조화롭게 충족시키는지에 대한 지도를 제시한다. 주제와 도덕적 의도의 폭에서 『카마수트라』는 전적으로 서양의 『크니게』(4.5. 인간과의 교제에서 영리함)와 비교될 수 있다. 특히 행동형식들이 단지 도덕적으로 냉담한 외관뿐만 아니라, 외적 도움 없이는 지탱되지 못하는 내적 태도를 산출한다는 점에서 그러하다. 이를 통해 『카마수트라』는 도덕성을 내면성과 결합하는 서양의 감정윤리학에 대한 명백한 대안을 형성한다. 『카마슈트라』에서 감정이 어떤 역할도 수행하지 않았다는 것이 아니라 감정은 규약화Kodierungen에 결합되어 있다. 이것은 사랑에 대한 우리의 낭만주의적 이해에 있어서는 냉혹하고 기술적으로 보인다. 여기에는 물론 낭만주의의 오해가 깔려 있다. 그 이유는 서양의 독자들이 탄트라 불교의 육체의 장식과 육체의 통달에 정통하지 못하기 때문이다.

오해의 빌미를 제공해주는 인도인의 사랑의 기예가 보여주는 생소함은 『카마수트라』를 삶의 기예의 상호문화철학에 있어서 흥미로운 참고문헌으로 만든다. 육체 숭배와 육체의 표현을 강하게 지향하는 성적 행위의 탈근대적 규약화는 보수적 문화비판의 진영으로부터 내면성의 상실이라는 탄식으로 표출되어졌다. 그러나 『카마수트라』의 관점에서 보면 평가의 척도가 옮겨진다. 외적 형식의 교육은 감정의 새로운 종류를 산출한다. 이것을 우리는 반성의 감정이라고 부를 수 있으며, 이것은 낭만적 사랑의 열정적 흥분보다 더 지속적이며 더 신뢰할만한 것이다. 현대 인도에 고대 사랑의 기예가 거의 남지 않았다는 것은 마치 역사의 아이러니와 같은 느낌을 불러일으킨다. 폭발적인 "불리우드Boolywood"의 영화산업은 인도의 소비자들을 쿠르츠-말러(H. Courths-Mahler, 1867-1950) 양식의 자극적이며 지나치게 감상적인 사랑의 이야기를 통해 다양한 향유의 대상을 제공해주고 있다. 오직 『카마수트라』의 적절한 수용이라는 우회로를 통해 에로틱한 문화가 그 발원지에서 다시 수입되기를 기대할 따름이다.

힌두교의 『카마수트라』가 유럽에서 대부분 외설적으로 잘못 해석된 반면, 불교의 저술들은 깊이 있는 이해를 통해 음미되었다. 그것은 쇼펜하우어와 더불어 시작한다. 그의 동정윤리학은 모든 피조물의 통일성에 관한 학설로 환원된다. 그때부터 인도의 삶의 기예는 내적 태도를 통한 이기주의의 극복 방법으로서 서구 산업국가의 문명에 지친 인간들을 여러 개의 사조思潮로 사로잡았다. 이러한 맥락에서 또한 14대 달라이 라마에 의해 공표된 티베트 불교의 가르침도 자리매김할 수 있다. 달라이 라마는 공공연하게 특별히 서구의 청중에 관심을 쏟고 있으며, 본래의 불교적 표상들과 방법들을 서구의 경험 지평에 연결하고자 시도한다. 이러한 방향 선회는 문화적 근본태도의 응용가능성의 한계를 인식하게 한다는 점에서 삶의 기예의 상호문화철학에 교훈적이다. 왜냐하면 서구 생활양식에 동화됨으로써 달라이 라마의 불교적 가르침은 그 문화적 특징들 중 몇몇을 상실하기 때문이다. 타자에서의 자아라는 매우 사변적 이념은, 물론 실천에서 종종 부정되는, 비폭력과 연대의 불확실한 인본주의가 된다. 그래서 달라이 라마와 슈바이처(A. Schweitzer, 1875-1965) 사이에 어떤 차이도 인식할 수 없다. 이들은 더 나은 세계의 선구적 인물로 현대에 의해 들볶인 지식인을 열광시키지만, 그러나 그들을 기껏해야 "탈락자"로 만든다. 그리하여 오늘날의 달라이 라마의 저작들과 등장은 단지 조심스럽게 삶의 기예의 상호문화철학의 본보기로서 간주되어야만 한다.

5. 문화의 다양성과 삶의 기예의 통일성

Die Vielheit der Kulturen und die Einheit der Lebenskunst

동아시아 성현의 가르침의 본보기들은 세계화의 시대에서 삶의 기예가 어떤 문제 앞에 서 있는지를 알게 해준다. 오늘날 중요한 것은 '어떻게 문화적 가치의 다양성이, 인권에서 정식화된 행위의 보편 규범과 결합되어지는가?' 라는 문제이다. 문화철학자 로타커(E. Rothacker, 1888-1965)는 『문화인류학의 문제들』(1965)에서 창조적 존재로서의 인간이라는 전제로부터 나아간다. 이 존재는 특정한 상황 혹은 상태를 스스로 극복하는 과제 앞에 서 있다. 이러한 기초적 의미에서 각각의 문화는 고유한 삶의 기술을 발전시켰는데, 특정한 가치표상들이 여기에 속한다. 그러므로 우리는 문화를 고찰하는데 있어서 보편적 가치규준으로부터 나아갈 수 없으며, 가치들은 창조적 결정의 산물이다. 인간들은 자기실현의 유토피아가 오늘날 믿게 만들려 하는 것과 같이, 임의적으로 많은 가능성 사이에서 선택할 수 없다. 이것은 겉모습에 따라 여러 매체의 "다원적 보편Pluriversum"[3]에서의 가능적 삶에 해당될 수도 있으나, 실제적 삶에 해당되는 것은 아니다. 여기서 요구된 결정은 항상 두 간극 사이에서 생겨난다. 그것은 지금까지처럼 계속 하거나 혹은 새로운 길을 선택하든가 이다.

로타커에 따르면, 문화인류학적으로 중요한 것은 결정이 행위자에 의해 설정된 목표로 인도하는지 여부뿐만 아니라, 특히 어떻게 행위가 자기이해에 영향을 끼치는가 하는 것이다. 그는 행위의 법칙을 성숙과

---

3 역자 주: Plural(복수)와 Universum(보편)을 결합하여 만든 표현이다.

성장의 법칙들로부터 구별한다. 이 법칙들이 궁극적으로 하나의 문화가 다른 문화와의 경쟁에서 살아남을 수 있는가에 대해 결정한다. 행위와 태도는 상호 작용에서 서로 마주한다. 여기서 "태도Haltung"를 단지 외적 행동뿐이 아닌 신념으로 이해할 수 있다. 신념은 단순한 생각과는 다르게 항상 반성 행위의 동기부여, 그리고 삶의 실행에서 희생할 수 있는 준비 자세와 결합된다. 문화들의 통일성과 다수성의 관계는 로타커에 따르면, 두 가지 대립적 경향으로서 각각의 문화의 발전에 토대적인, 보편성과 당파성 사이에서 창조적 종합에 도달하는지 여부에 달려 있다. 양극성 법칙들die Polaritätsgesetze은 개인적 삶의 기예가 방향을 설정하는 다른 문화적 삶의 양식을 각인한다.

이미 18세기는, 상이한 종교들의 진리요구를 실천에서 조화시키는 것이 중요한 과제가 되었을 때, 이러한 문제점과 직면했다. 가장 유명한 해결시도는 레싱(G.E. Lessing, 1729-1781)에서 비롯되었다. 그는 자신의 희곡 『현자 나탄』(*Nathan der Weise*)에서 유명한 반지 우화를 이야기한다. 반지들의 각각은 위대한 유일신교의 하나를 상징화 한다. 이 종교의 진리가 논증적으로 정초되지 않기 때문에 우리는 어떻게 교의들이 인간의 공동생활에 영향을 미치는가를 주목해야만 한다. 말하자면 레싱은 반지 우화를 통해 진리의 사용설eine Gebrauchstheorie der Wahrheit[4]을 전개했다. 동시에 공동생활에 있어서는 직접적으로 경험에서 시험되는 표준들이 적합하다. 관용의 계율은 무원칙적 상대주의를 포함하고 있는 것이 아니라, 보편적 의견일치에 대한 관용으로부터 어떤 행동방식이 공동생활을 견딜만하게 하는가에 대해 적용된다. 우리는 생활세계의 실천

---

4 역자 주: 앞에서 언급된 의미 사용설과 같은 맥락에서 이해될 수 있다.

이 개인의 핵심을 건드리지 않는 구속력 없는 역할놀이보다 더 한 것이라는 것을 인식하기 위해 이러한 실용적 발상을 낙관주의적 역사신뢰로까지 지나치게 고양하는 레싱의 견해에 찬동할 필요가 없다.

로타커는 상대주의의 문제를 발전논리라는 가정과 함께 역사철학적으로 대항한다. 이 논리는 인간 행위를 항상 실질적으로 제약된 포괄적 통일체로 인도한다. 하버마스(J. Habermas, 1929~)는 로타커의 문화인류학적 구상을 계속 전개했으며, 이를 "그 의견들의 다양성에서 이성의 통일성"이라는 공식으로 표현했다(*Nachmetaphysisches Denken*, 153쪽). 물론 '통일적 이성' 아래에서 무엇이 이해될 수 있는가하는 물음이 제기된다. 이것은 아마, 의사소통적으로 해석된다고 하더라도, 순수한 논증의 합리성 이상의 것을 포괄한다. 오히려 문화적 규약화의 모든 상이성에도 불구하고, 그것의 현사실성이 논박될 수 없는 유일한 경험의 현실로부터 나아갈 수 있다. 이것을 이미 후설이 수행했다. 그는 경험의 주관성에 대한 모든 강조에도 불구하고 생활세계에서 복수複數, der Plural는 무의미한 것이라고 천명했다(*Hua*, VI, 146쪽). 문화의 다양성은 분절의 다양성에 있다고 한다. 이 분절에서 모든 인간에게 주어진 그들의 신념의 배경으로서의 생활세계가 드러난다. 생활세계에 있어서 복수가 무의미한 것처럼 오로지 하나의 철학적 삶의 기예만 존재할 수 있다. 이 삶의 기예는 그 아래에서 모든 인간들이, 목적을 정립하고 자신의 삶을 고유한 책임아래에서 형성하는, 자유를 보유하는 조건들을 창출하는 것을 목표로 한다. 그래서 "인간성"에 대한 원용이, 예를 들면 발덴펠스(B. Waldenfels, 1934-)의 타자성의 현상학Phänomenologie der Fremdheit이 주장하는 것처럼, "고정관념"일 수도 있다(『타자성』*Fremdheit*, 16쪽). 그러나 인간성의 배후에는 인간다움이 있으며, 이것이 모든 인간을 그들의 피조물성과 유한성에서 기초인류학적으로 결합한다. 여기에 삶의 기예의 상호문화철학이 불확실한 "다원성의 에토스"로 녹아버리지 않기 위해 그 토대로 삼아야하는 기반이 놓여 있다.

6. 다문화적 삶의 기예의 실천

Praxis multikultureller Lebenskunst

상이한 유래의 인간들이 다소간 동등한 권리를 가지고 공동으로 생활하며 가정을 이루는 다문화 사회의 실천은 삶의 기예의 철학을 방법적으로 생활세계의 현상학으로의 회귀를 불가피하게 만드는 문제와 직면하게 한다. 여기서 요구되는 것은 우선 '관찰하는 이성beobachtende Vernunft'이다. 이것이 급진적 타자와의 조우를 통해 형성되는 행동규칙을 발굴한다. 이데올로기적 수준에서 상이한 근본 신념들의 조정은 장기적 안목에서 찾아질 수도 있을 것이다. 그러나 인접 영역의 '지금'과 '여기'에서 사정은 어떠한가? 삶의 기예의 철학이 동화의 문제를 해결하는 데 일조할 수 있는가? 생활양식의 차이가 개인의 핵심, 즉 그의 도덕적 신념과 그것에 근거하고 있는 자기가치감정을 잘 표현한다면 그 차이는 배제될 수 있는가?

그리하여 문화의 구조법칙이 개인의 삶에 적용될 수 있는가 그리고 여기서 세계화의 시대에서 철학적 지혜의 가능성을 위해 무엇이 결과로 나타나는가 하는 물음들이 제기된다. 사회학자의 견해에 따라 세계화와 개인화가 상호 제약한다면, 윤리적 다원주의는 피할 수 없는 것처럼 보인다. 물론 삶의 기예는 사회적 능력을 요구한다. 이 능력은 또한 신념들에서의 문화적으로 제한된 차이들을 견뎌내는 것에서 성립한다. 여기서 모든 차이가 공동생활에서 동일한 중요성을 가지는 것은 아니다. 신앙의 차이는 취향의 차이보다 더 중요하다. 주관적으로는 모든 태도가 동등한 가치를 가질 수 있으나, 그러나 객관적으로는 한계가 있다. 예를 들면 우리가, 신정주의神政主義에 의해 각인된 문화를 통해 개인은 교리에 무조건적으로 복종해야만 한다는 신념을 주장하는 누군가와 같이 살려고 한다면 어떤 일이 벌어지겠는가? 배제의 기술은 밀접하고 은밀한 공동생활이 중요하고, 동시에 전인全人이 그의 욕망과 신념을 통해 영향을 끼치는 곳에서만 단지 조건적으로 기능한다. 삶의 기예는 기능주의적으로 환원되지 않으며, 따라서 이런 상황에 삶의 기예의 상호문화철학이 반응해야만 한다.

삶의 기예의 철학이 목표의 표상으로서 "성공한 삶"에 정향한다면, 그 안에 벨슈(W. Welsch)가 표현하는 것처럼 전 세계적 "다양성의 쾌락Vielheitslust"이 규준 없이 마음껏 펼쳐지는 삶이 중요한 것일 수 없다. 전세계적 개인화가 소비와 유행에서 유례없는 획일화로 이끌어졌다는 것을 제쳐 두더라도, 삶의 형식의 다양성은 또한 이상으로서 삶의 가치에 대한 명료한 개념의 한계 안에서만 의미 있다. 그것은 소위 "자유로운 삶"이 아니라, 사람들이 어떻게 세상일이 되어야만 하는지라는 자신의 신념을 자유롭게 표현할 수 있는 삶의 가치이다. 여기서는 항상 다른 신념들과의 갈등이 존재하게 되며, 그것을 해소하는데 관용이 요청된다. 그러나 관용이 자신의 신념을 포기할 것을 서약하는 방향으로 이끌어져서는 안 된다. 다른 측면으로 신념의 보존에는 고유한 가치 정립의 시험이 포함된다.

다른 모든 가치처럼 삶의 가치들은 자신의 근거를 논리적 무모순성에서가 아니라 행복 추구에서 가진다. 이는 타자들의 목적 설정의 자유에 대한 배려를 함축한다. 이는 도덕적 신념이 일반적으로 목적을 세우는 자유에 의해 지탱되기 때문이다. 정확히 그것은 인간답게 사는 것, 그리고 자신의 삶을 영위하는 것을 의미한다. 이러한 자유가 독단적 가치설정을 통해 위협받게 되면 문화의 등가성이 멈춘다. 가치는 변화하지만 모든 가치의 근거에 놓인 "삶의 원칙"은 문화적으로 불변적이다. 여기에 변화시킬 수 없는 핵심이 있는데, 그것은 실질적 가치설정의 모든 차이에도 불구하고 보존된다. 따라서 삶의 기예의 철학은 사회적 능력을 함양하는 지도이상의 것이며, 이 철학은 인간이 행복을 향한 자신의 노력에서 무엇을 "본래 원하는지"에 대해서 분명해지도록 돕는다.

또한 친숙한 결속의 인접 영역에서 문화들의 대화가 그렇게 필요하고 창조적이라고 하더라도 다문화적 소박성은 부적절하다. 대화가 더 이상 도움이 되지 않는 곳에서는 단지 거리두기의 실천만이 남는다. 여기서 상호 문화적 삶의 기예는 "전쟁술"이 되지만, 중요한 것은 당연히 타자의 말살이 아니라 실천적 신념의 활동을 수행하는 것이다. 여기서는 도가 철학자(세계에 정통한 사람)보다도 중국의 전쟁술의 거장인 손자(孫子, Sun Tse)가 난관을 극복하도록 더 도움을 줄 수 있다. 그는 싸움터의 전쟁을 전략적 계획으로 이동시켰다. 그의 고전『손자병법』(*Kunst der Krieges*)의 중심적 메시지는 "적을 알고, 너 자신을 알고 적의 가장 약한 상태에서 그를 공격하라"고 씌어져 있다. 그것은 또한 자기 자신과의 인간의 교제에도 응용될 수 있다. 왜냐하면 인간은 충분히 스스로가 가장 큰 적이기 때문이다. 그런 연유로 거리를 확보하는 것이 관건이다. 거리를 확보한다는 것은, 적에게 그의 목표를 심사숙고하도록 시간을 할애하고, 고유한 목표를 심사숙고하기 위해 자기 스스로 시간을 가진다는 것을 의미한다. 고유한 시간과 낯선 시간의 동시화Synchronisierung의 규칙들을 정식화하는 것은 삶의 기예의 상호문화철학이 담당해야만 하는 과제에 속한다.

제 10 장

삶의 기예와 삶의 철학의 수렴

Kovergenz von Lebenskunst und Lebensphilosophie

삶의 기예의 철학이 미래에는 어떤 모습으로 나타날 것인가? 이것은 순수한 관념적 물음이 아니라, 바로 하나의 "운명적 물음"이다. 이 물음은 우리 시대의 자기 이해와 연관된다. 우리의 탈근대적 세계에서 주관의 자율은 자신의 전기傳記 자체를 선택한다고 예언하는, 모든 것을 포괄하는 대중개인주의로 발전되었다. '삶의 자기 조직화'라는 프로젝트는 개인을 그의 가치평가와 결정에 있어서 순전히 그의 삶의 감정에 내맡긴다. 이것은 사회학자인 울리히 벡(Ulrich Beck, 1944-)이 1990년대에 "다른 현대로의 길Weg in eine andere Moderne"이라는 슬로건 아래 해방적 시민의식의 선도적 표상으로 구상한 발전이다. 자신의 삶을 완전히 자신의 감독을 통해 형성하려는 인간은 일반적으로 타당한 규범을 속박과 소외의 원인으로 받아들인다. 그는 전통의 모범을 더 이상 인정하지 않으며, 심지어 최고선으로서의 행복은 급진적 주관화를 참작할 때 매력을 잃었다. 남은 것은 고유한 삶인데, 이것은 억압으로부터 자유롭게 자신의 욕구와 희망을 명확히 드러내고자 한다: "나의 길", "나의 자아", "나의 시간".

개인화의 논제에 대한 모든 열광에 있어서도, 구체적 삶의 형식에로의 이 논제의 전환은 활동의 자유가 제공하는 유익함을 축소시키는 개인들의 도덕적 능력을 요구한다. 인격적 삶의 형성에 있어서 확고하고 의심되지 않은 영역을 형성했던 전통적 가치 규준들의 해체와 더불어, 삶의 가치와 의미에 대한 물음이 절박해지고 개인적 삶의 형성 자체로부터 답해져야만 한다. 개인이 신의 피조물 혹은 국가의 구성원으로 느끼는 한, 의미물음은 항상 이미 답해졌으며, 삶은 최고의 재화로 간주되지 않았다. 자신의 행복의 내면화와 함께 헬레니즘에 있어서도 개인적 삶의 형성은 신적 본성, 혹은 세계이성의 초개인적 확실성에 의해 지탱되었다. 오늘날 자명성이 사라지고 모든 것에 대한 선택의 자유가 다르게 제기되는 정도에서 고대의 삶의 기예의 프로그램은 매력을 상실했다.

그래서 자기 돌봄이라는 오늘날의 삶의 기예는 또한 행복을 각 개인이 자기 스스로 실현할 수 있는 것에서 찾고 있다. "진정으로authentisch" 살라! 이에 상응하게 삶의 기예에 대한 서적에서 규범윤리에서 벗어나 문화과학으로 나아가는 새로운 추세가 표현된다. 사회학적 혹은 심리학적 범주에서 명백한 규범들에 대한 인식 없이 개별적 삶의 영역들이 서술된다. 그러나 촘촘한 서술은 지시와 금지를 지나친 것으로 만든다고 한다. 그 배후에는 삶이 자신의 고유한 증명이라는 확신이 자리하고 있다. 그래서 문화과학의 담론에서는 삶과 삶의 기예가 서로 뒤섞여 나아간다. 기예는 사람들이 말하는 것처럼 존재하려는 것, 그리고 사람들이 그렇지 않은 것처럼 말하려는 것so zu sein, wie man redet, und so zu reden, wie man nicht ist에서 성립한다. 그것은, 삶의 기예를 다루는 베스트셀러가 표현하는 것처럼, "삶의 너무 아름다운 진리"이다. 물론 그의 삶의 기예의 구상을 많은 대중학문의 저자들이 모범으로 삼고 있는 빌헬름 슈미트가 21세기에 대한 자신의 전망에서 "계속해서 단지 항상 새로운 해방에 대해 열광하는 대신, 마침내 자유의 형식들로서의 새로운 결속Bindungen을 논증할 것"을 인내심 없이 요구할 때 생각할 거리가 존재한다.

1. 철학적 삶의 기예는 가능한가?

Ist philosophische Lebenskunst möglich?

삶의 기예의 약속과 해방이라는 화려한 외양의 배후로 시선을 돌리게 되면 물론 방향상실과 매래에 대한 염려가 많은 사람들의 자기이해를 힘들게 한다는 것이 드러난다. 그리고 이 시선은 또한 주도적 문화과학의 담론이 '현상유지status quo'의 배경을 묻는 데는 적절하지 않다는 것을 나타낸다. 원리적인 것은 그러나 "선험적인 통속작가들Tranzendentlalbelletristen"이 기꺼이 보았다고 하는 것과 같이, 그렇게 가볍게 작별을 고하게 되지 않는다. 이것은 여전히 삶의 기예에 대한 비판적 철학이 얼마나 필요한 가를 분명히 한다. 그러나 철학적 삶의 기예가 미래에도 가능한가? 헬레니즘 철학의 특수한 징표로서 도덕적 실천의 우위를 해석하는, 그라츠(Graz)의 철학자인 호젠펠더(Malte Hossenfelder, 1935)는 「삶의 기예가 존재하는가?」(*Gibt es eine Lebenskunst*, 2004)라는 논문에서 오늘날에도 역시 삶의 기예가 가능하다는 점을 방어한다. 행복의 사유화에도 불구하고 일반적 삶의 규칙들은 정식화되고 매개된다. 물론 이것은 단지 행복의 공허한 개념을 "성공한 삶"의 개념을 통해 대체한다는 조건아래에서 그러하다. 호젠펠더는 이 개념을 사람들이 세우는 모든 목적들이 실현되는 삶으로 이해한다. 이것은 행복의 규칙이 단지, 도덕적 당위를 기초하는 인간의 의욕과 연관된, 가설적 일반성에서만 타당하다는 것을 의미한다. 그는 도덕적 요구들로서 정의와 사회적 협조심을 언급한다. 이 두 가지 미덕은 필연적으로 고유한 목적설정과 결합된다. 비록 의욕으로부터 당위의 추론이 올바르다고 하더라도(그에 대해 많은 사람이 지지하는데), 그를 통해 동기부여의 문제가 해결된 것인지에 대한 물음은 아직 열려 있다. 호젠펠더는 목적과 수단의 연관에 대한 통찰을 증거로 끌어들이며 교육제도로서 삶의 기예에 대해 옹호한다. 그러나 동시에 그는 인간 마음Psyche의 복잡성에 대해 올바르게 평가하지 못하고 있다. 우리가 누구도 그의 행복으로 강요할 수 없는 것과 같이 누구도 행복의 조건으로서 원인과 결과의 연관에 대한 통찰을 강요할 수 없다. 인간은 현실과의 대립에서 벗어나기 위한 해결책을 모색하는데 독창적이다. "공포 중 가장 심한 것은 자신의 망상에 빠져 있는 인간이다"라고 프리드리히 쉴러(F. Schiller, 1759-1805)는 자신의 교훈시『종』(鐘, *Die Glocke*)에서 근대의 길 위에 있는 인간에게 경고한다. 그것으로 근대의 프로젝트에서 등장한 문제가 경험적 심리학으로 계속 넘겨진 것으로 모든 것이 종결된 것이 아니다. 삶의 기예의 철학이 소박한 심리주의에 빠지기 않기 위해서는 "개별적 일반성"의 개념을 형성해야만 한다.

호젠펠더가 삶의 기예를 체계적으로 구출함으로써 삶의 현실을 그

르치는 위험을 무릅쓴다는 것은 삶의 기예와 수공업 기예에 대한 그의 유비類比가 보여준다. 그는 결국 일반적 예술과 과학사이의 어떠한 구별도 하지 않는다. 그러나 이러한 구상은 성공한 삶을 위한 지도를 제공하기 위해서는 결코 적절하지 않다. 이는 삶이 그 생산에 있어서 기술적 숙련과 과학적 지식으로 충분한 인공물이 아니기 때문이다. 개성과 인격적 정체성에 대한 현대적 이해에는 스스로를 조직하는 실행형식Vollzugsform으로서의 삶의 개념이 상응한다. 여기서는 호젠펠더가 행복의 반대개념으로 도입한 "성공하는 삶das gelingende Leben"이라는 개념이 계속 도움이 될 수도 있다. 그를 위해서는 물론 강조점이 더 강하게 진행형식에 놓여야 할 것이다. 항상 마지막에만 평가될 수 있는 "성공한 삶das gelungendes Leben"과는 달리 성공Gelingen은 삶을 자신의 척도를 자기 자신에게서 가지는 과정으로서 서술한다.

삶이 자기관계라는 의미에서 삶의 기예의 대상으로 머무는 한, 삶의 기예의 철학은 규칙들을 삶의 실행 자체로부터 추론하는 역설적 과제 앞에 서게 된다. 이 철학은 삶의 실행 외부의 어떤 목적에 의지하지 않고, 개인적 삶의 실행을 위한 포괄적 방향설정의 지평을 제공해야만 한다. 이것은 철학적 삶의 기예에 있어서 모든 것이 이 지평이 어떻게 규명될 수 있는지에 달려 있다는 것을 말한다. 삶을 프로젝트로 취급하는 자기 돌봄의 계획은 삶의 지평성격이라는 관점에서 너무 협소하게 설정되어 있다. 당연히 스스로 삶의 계획을 수립하는 것이 도움이 될 것이다. 그러나 이것은 단지 삶이 미리 받아들인 계획을 모른다는 것을 대비하고 있을 때에 성립한다. "삶의 계획"은 모든 개별적 계획을 포괄하는 완전한 개념으로 이해되어야만 한다. 이것은 위계적 구조화와 연관 있는 것이 아니라 의미 충만한 삶의 계획은 다소 의도되지 않게, 조종되지 않게 형성된다. 즉 삶은 "창발emergiert, 創發한다". 여기에 인간적 삶의 실현가능성의 가능성과 한계가 놓여 있다.

2. 삶의 생철학적 개념
Der lebensphilosophische Begriff des Lebens

삶이 계획들의 성취에서 사라지는 것이 아니라면 삶의 기예에 관한 미래의 철학은 자신의 전통적 구상들을 비판해야만 한다. 그러나 비판은 삶의 기예와 규범 윤리학의 전통적 분리로 회귀하는 것으로 그쳐서는 안 된다. 이는 의무윤리학이 해결되지 못한 동기부여의 물음으로 말미암아 철학적 삶의 기예의 대상이기에는 적합하지 못하기 때문이다. 또한 추상적 규범들을 심리학적 통찰을 통해 보충하거나 변화를 주는 것으로는 충분하지 못하다. 오히려 중요한 것은 주체성의 분석을 통해, 관련된 사람들에 의해서 자신의 고유한 것으로 체험되는, 규칙들을 정식화하는 것이다. 그것은 쉬운 과제가 아니다. 그 이유는 객관적 관점과 주관적 관점 사이에 보완 관계가 지배하기 때문이다. 이 관계가 결코 전체 삶의 온전한 진리를 바라보게끔 하지 않는다. 어떻게 일인칭의 불가피한 관점과 보편적으로 타당한 규범이 결합되는가? 그리고 이 규범들에게 삶의 기예에서 어떠한 논리적 지위가 부여되는가?

이 물음에 대한 답변은 확장된 삶의 개념을 필요하게 만든다. 단지 이 개념만이 삶의 지혜의 철학이 자기 자신 안에서 길을 잃는 것을 막을 수 있다. 여기서 현대 삶의 철학은 하나의 대책을 제시한다. 삶의 철학은 삶의 실행들에 대한 서술을 통해 삶의 의미 물음에 답하는 삶의 개념을 전개했다. 그렇게 삶의 철학은 또한 20세기에서 이데올로기적으로 고용된 상태에서 벗어나지 못했다. 삶의 철학의 강점은 이 철학이 삶의 개념을 위해 삶 자체의 외부에 놓인 척도를 적용하지 않는다는 데 있다. 그와 함께 삶에 대한 생철학적 개념은 선험적 특성을 획득하며, 역사적으로 삶의 철학은 전적으로 신칸트주의의 선험주의의 속행으로서 고찰될 수 있다. 이것은 삶의 기예의 철학에서 자기 돌봄이 자기 구성을 가능하게 하는 모든 전제들과 조건들을 반성해야 한다는 것을 의미한다. 왜냐하면 삶은 문제를 해결하는 것에 국한되는 것이 아니기 때문이다. 그것은 해결할 수 없는 문제와 함께 산다는 것을 의미한다. 어떻게 삶의 기예의 철학이 여기서 길을 제시할 수 있을지 그리고 그것이 실현될 수 있을지 여부에 이 철학의 미래가 달려 있다.

19세기 이래로 삶의 철학은 사회적 역동성에 순응하는 삶의 개념을 형성했다. 생철학적 삶의 개념은 '자기 운동Selbstbewegung'으로서의 삶이라는 고전적 이해를 고집하며, 이 모델을 의식에 응용한다. 우리는 삶의 철학이 선험적 주관에게 삶에서의 자신의 위치를 다시 부여했다고 말할 수 있다. 반성개념으로서의 "삶"에서 삶의 철학의 노력이 반영된다. 이 철학은 물질과 정신, 존재와 생성, 활동성과 수동성, 마침내 주관과 객관에 대한 전래된 이원론까지 지양한다. 이러한 이원론과 유물론적 혹은 관념론적 기원의 환원주의의 극복에서, 창조적 운동과 동시에 안정화하려는 형식을 추구하는 삶의 변증법적 본성이 표현된다.

3. 삶과 시간성

Leben und Zeitlichkeit

생철학적 삶의 개념과, 실존론적existenziell이라 불릴 수 있는 새로운 시간 이해는 서로 결합된다. 이로써 시간은 그 안에서 삶이 펼쳐지는 혹은 그로부터 삶이 특정한 기간으로 분리되는, 객관적으로 주어진 실재가 아니다. 오히려 시간과 삶은 삶을 통한 시간의 생산이라 말하는 것을 허용하는 방식에서 결합되어 있다. 그것은 당연히 자신의 재량권을 넘어선 것으로 머무는 객관적 시간이 아니라, 주관적 시간, 시간 의식, 즉 그 안에서 시간경과의 되돌릴 수 없는 연속이 경험되는 양식과 관계한다. 여기에서 현대의 시간이해에도 생철학적 삶의 개념과 같은 것이 적용된다. 생활세계의 경험을 고정하는 대립들은 해소된다. 시간이 물질적인 것인가 아니면 정신적인 것인가, 주관적인 것인가 아니면 객관적인 것인가? 하는 물음은 생철학적 관점에서는 단지 양자 모두를 긍정하는 방식Sowohl-als-auch으로 대답된다. 그리하여 시간은 이른바 시간을 주면서 시간을 받는다는 삶의 변증법을 공유한다. 유한한 것과 무한한 것, 연속성과 불연속성, 변화와 지속을 시간은 인간 실존의 모순을 형성하는, 절대적인 것과 상대적인 것의 역동적 통일체로 결합한다.

시간성 개념이 하이데거의 실존철학에서 근본적인 것이 되기 전에 딜타이(W. Dilthey)는 "삶의 시간성"을 자기경험에 관한 이론의 요체로 만들었다(*Studien zur Grundlegung der Geisteswissenschaften*, in: Ges. Schr. VII, 74쪽 아래, 192쪽 아래 참조). 직관형식으로서의 객관적 시간의 이념성에 반해 딜타이는 의식내용의 이질적 연속으로서 체험된 시간의 실재성을 기술한다. 삶은 기억과 기대와 함께 시간계기의 충만으로서 항상 현재이다. 이것이 실제적 시간, "현존시간Präsenzzeit"을 충만하게 만든다. 그러나 시간의 흐름은 또한 삶의 부패가능성을 대변한다. "삶이라는 배"는 시간의 흐름에 의해 옮겨지며, 그러나 동시에 그 배는 지나간다. 지속과 소멸을 동시에 보증하는 삶의 시간의 이중적 기능은 시간을 사고함에 있어서 관통할 수 없는 것으로 만들고, 유명한 이율배반을 야기한다. 딜타이에 따르면 고대에서 현대에 이르기까지의 삶의 기예는 자신의 외적 우연들과 함께 삶의 흐름에서 통일적 의미, 즉 삶의 가치와 의미를 획득하는 과제를 가진다. 이것은 단지 통일적 삶의 계획의 맥락, 즉 삶의 "고유한 가치"로서 경험될 수 있는, 스스로 담지하는 작용연관이 인식되어질 때에만 달성될 수 있다. 논리정연하게 딜타이는 자서전의 해석학에서 중심적 위치를 점유한다.(기억된 과거, 체험된 현재 그리고 기대되는 미래라는) 시간의 황홀경에로의 지향이 인간의 성찰에게 상이한 의미들을 부여하듯이, 그는 아우구스티누스, 루소 그리고 괴테의 자서전에서 모범적 방식으로 선보였다.

생철학의 시간성 해석으로부터 삶의 기예의 철학에 자기 경험의 새로운 차원이 생겨난다. 삶의 짧음은 이미 고대 예술에서 순수하게 객관주의적으로 그리고 실용적으로 다루어진 주제였다. 그것은 생철학의 시간이해를 위해서는 충분하지 못하다. 삶의 기예의 철학은 시간 의식을 다루는데 있어서 새로운 형식을 전개했다. 이 형식들은 체험된 시간의 양식(과거, 현재 그리고 미래)이 서로 연관될 수 있는가를 보여주어야 한다. 그것으로 인간이 자기 역할의 변화 속에서 동일한 인격으로 체험가능 할 수 있다. 삶의 자기 조직화로서 자기 결정은 오늘날 이전의 '객관주의의 스킬라Skylla'와 '주관주의의 카리브디스Charybdis' 사이에서 차별화된 시간형성의 방법을 찾아야만 하는 시간의 자기 조직화보다 더 많은 것을 의미한다. 단지 시간의식을 통한 길에서 삶의 형태화와 더불어 미래적 삶의 기예가 또한 이론적으로 답할 수 없는 삶의 의미 물음에 실천적 대답을 제공하게 될 것이다.

4. 시간 경험과 인격존재

Zeiterfahrung und Personsein

미래의 삶의 기예의 철학이 시간성을 어떻게 고려해야만 하는가를 명확히 하기 위해서는, 현상학도 동조하는 생철학적 시간개념을 훑어보는 것이 도움이 된다. 이 개념을 통해 "시간이라는 수수께끼"는 비록 해결되지 못했지만 인격적 정체성과 개인적 생활태도에 있어서 유익한 구별이 이루어졌다. 생철학자인 베르그송(H. Bergson, 1859-1941)은 의식에 직접적으로 주어진 것에 대한 분석(독일어 번역: *Zeit und Freiheit*)에서 동질적 매체로서의 시간의 양적 파악에 반해 "지속"으로 체험된 시간을 대비시켰다. 이 시간 안에서 질적으로 상이한 감정 상태들이 말하자면 끼워진다. 베르그송에게 지속Dauer은 주관에 의해 결합된 불연속의 시점으로 구성되는 것이 아니다. 연속성Kontinuität은 직접적으로 자기 경험에서 주어진다. 또한 후설도 내적 시간 의식에 대한 분석에서 지금das Jetzt을 지속적으로 어둠 속으로 사라지는 "과거지향들Retentionen"과 "미래지향들Protentionen"에 의해 빙 둘러싸인 영역으로 묘사함으로써 이러한 실상을 고려했다. 시계의 시간은 '더 이상 없음Nicht-mehr'을 '아직 없음Noch-nicht'으로부터 분리하지만, 지속은 현재에서 과거와 미래를 결합시킨다. 객관적이고 주관적인 두 가지 시각은 분리될 수 없으며, 시간을 차이를 만드는 동질적 매체 즉 "이질적 연속성"으로 만든다. 여기에 시간의 역설이 놓여 있으며, 이것은 후설이 정식화한 세계에서의 객체이며 동시에 세계에 대한 주체성이고자 하는 "인간 주체성의 역설"에 상응하다. 이 역설의 이론적 해결을 위해 철학, 즉 삶의 기예는 몰두하게 되며, 이것은 당연히 철학적 기초 없이는 꾸려나갈 수 없다. 이런 실상은 시간성을 통해 인간 삶에 우리 스스로가 만들거나 야기하지 않은 질서가 생겨난다는 것을 분명히 한다. 여기에 삶의 기예에 대한 기술적 이해의 한계가 있다. 정신과 의사이자 현상학자인 민코브스키(Eugène Minkowski)가 1933년 『살아본 시간』(*Gelebte Zeit*)에서 묘사한 고유한 시간과의 교제는 "수동적 활동성"을 가정한다. 인간은 시간 속으로 편입되어졌고, 시간을 사용하고 나눌 수 있지만, 시간을 "만들" 수는 없다. 살아본 시간에서 행위와 겪음Handeln und Leiden은 함께 속한다.

시간의식에 대한 생철학적 분석은 개인적 자유의 차별화된 개념을 형성하는 방법을 제시한다. 베르그송은 자유를 지속의 기능으로 해석함으로써 결정론과 의지의 자유라는 전통적 이원론을 무력화시킨다. 인과성의 단절도 선험적 주관을 통한 절대적 출발점의 정립도 자유를 형성하지 못하며, 순간에서 전체 삶을 현재화하는 특수한 인간의 능력이 자유를 형성한다고 한다. 베르그송에게 자유란 소위 자립적 동기와 가능성 사이에서 근거 없는 선택을 시간으로부터 끄집어내는 것이 아니라, 살아 본 시간의 상이한 차원들(과거와 미래)을 인간의 전체 역사가 유일한 행위에서 나타나도록 집중하는 것이다. 시간의 이 응축Verdichtung에 베르그송에게서 체험에서만 질적으로 해명 가능한 "깊은 자아Tiefenich"를 가리키는 인격존재Personsein가 있다.

> "대부분 우리는 우리 자신에 대해 피상적으로만 살아가며, 우리 자아의 색깔 없는 환영만을 지각한다. 이 환영은 동질적 공간속으로 순수한 지속을 투사하는 그림자이다.……자유롭게 행위한다는 것은 자기 자신을 독차지 한다는 것, 순수한 지속으로 침잠하는 것이다."(『시간과 자유』, 171쪽)

여기서 분석은 인격적 자기관계의 차원에까지 파고든다. 이 차원에서는 삶의 기예가 더 이상 자신을 기술적인 재생산 가능성에 제한할 수 없다. 삶의 기예의 과제는 객관적 시간과의 교제의 규칙을 '살았던 삶'의 반복불가능성과 유일성이 보존되게끔 정식화하는 데 있다.

5. 카이로스와 크로노스
Kairos und Chronos

베르그송의 생철학적 시간 이해는 삶의 기예를 위한 시간구조의 탈형이상학적 지평을 규명하기 위해서는 아직 충분하지 않다. 여기에 첨가되는 것이 '카이로스Kairos'라는 표어와 결합되어 있는 고찰방식이다. 카이로스는 그리스 철학에서 형식적 시간인 '크로노스Chronos'에 대립해서 획기적인 기분의 고양을 나타내는 시간경험의 위기를 형용한다. 마태복음에는 카이로스는 예수의 현현顯現을 통해 결정적으로 충만한 시간이며, 이 시간은 개심을 촉구한다(마태복음 1장, 15절). 독일계 미국 신학자이자 철학자인 틸리히(P. Tillich, 1886-1965)는 1920년대 이 개념을 신학적 차원에 도입했다. 문화기독교적kulturprotestantisch 역사주의에 대항하여 틸리히는 카이로스를 긍정적이고 미래 지향적 의미에서의 시간의 충만으로 이해했다. 이것은 우선 역사철학적 관점이다. 이 관점은 최후의 심판 날의 유토피아적 거대 서사(이야기)에 상응하며, 틸리히를 자유신학과 변증법적 신학 사이의 제3의 길로서 "종교적 사회주의"의 창시자로 만들었다.

그러나 카이로스는 인격적 차원도 보유한다. 의식이 항상 "무엇에 대한 의식"이듯이 시간은 항상 무엇을 위한 혹은 누군가를 위한 시간이다. 이와 함께 인간에게 시간성으로부터 주어지는 대답이 언급되었다. 위급의 상황에서 우리는 단순히 기다릴 수 없다. 우리는 결정을 내리도록, 그리고 필요한 경우 활동적으로 개입하고 도움을 행하도록 요구받는다. 개인은 개심하기 위해 자신의 삶을 바꾸라는 요구와 직면할 수 있다. 이것들은 탈근대의 자기 돌봄과 자기실현에 초점이 맞추어진 삶의 기예와는 거리가 먼 경험들이며 타당성 요구들이다. 그러나 세속화된 사회에서도 과제로서의 삶과 충만으로서의 시간의 신학적 개념들이 인간학적 의미를 상실한다. 자기 돌봄의 개인은 전적으로 자기 자신으로부터 자기 자신을 마음대로 하려고 하며, 그래서 자기를 상실한다. 그것은 삶을 삶이 없는 곳, 이른바 자유로운 처분가능성에서 찾고자 하는 망상이다. 그에 따라 삶의 기예는 자기 자신 그리고 그 누구에게 자신의 시간을 제공하고 허용하는 것에서 이루어진다. 말하자면 의미 충만한 시간과 사용된 시간, 카이로스와 크로노스의 차이에 대한 직감이 중요한 것이다.

시간성의 도덕적 차원은 화이트헤드(A. N. Whitehead, 1861-1947)를 통해 해명된다. 그는 문화적 상징화에 대한 이론에서 '제시적 직접성präsentative Unmittelbarkeit'과 '인과 작용kausale Wirksamkeit'이라는 인간 경험의 두 가지 양식을 구별했다. '제시적 직접성'은 대상들의 감각지각을 형용한다. 이 지각의 통일성은 개별 인상들의 상호적 지시를 통해 성립된다. '인과 작용'은 그에 반해 되돌릴 수 없는 순서를 대변한다. 이것은 고유한 육체에서 실재성으로 경험되는 것이며, 시간의 이념화를 통해 지양될 수 없는 것이다. 두 가지 관계는 외적 지각뿐만 아니라, 내적 지각에 대해서도 유효하다. 여기에 도덕적 책임을 위한 의미의 시간적 원천이 놓여 있다. "시간은 소멸되고 해명되기 위해 쌓인다pereunt et imputantur라고 교회건물의 오래된 해시계의 제명이 적혀있다. 시간의 소멸은 직접적 제시에서(수천가지 다채로움에서 즐겁게, 일시적인 그리고 내적으로 무의미하게) 드러난 세계와 관계한다. '이것들이 해명된다Sie werden angerechnet'는 것은 인과 작용의 세계와 관계한다. 이 세계에서는 모든 사건들이 자신의 특수성과 함께 다가오는 시간을(선과 악 모두에서) 접촉한다. 거의 모든 파토스는 시간의 사라짐과 연관되어 있다"(『문화적 상징화』, 106쪽). 이것은 시간에 대한 인상주의적 이해, 즉 무시간적 순간의 현재로의 배설에 대한 명백한 비판이다. 시간의 상징적 형식은 항상 양가적이며, 솔직히 역설적이다: 이 형식은 보게 만들고 은폐하며, 지평을 열며 희망을 파괴한다. 화이트헤드에 따르면 단지 시간과 영원성을 결합하는 것, 실재성의 과정성Prozeaßhaftigkeit을 실천하는 것을 성취한 사람만이 지혜의 인간이 도달할 수 있는 최상의 등급에 도달한다.

6. 전통적 삶의 기예의 열린 물음으로서의 시간

Zeit als offene Frage der traditionellen Lebenskunst

삶의 기예의 철학에서 시간의 역설은 아직 충분히 주목받지 못했다. 자기 구성으로서의 자기 돌봄은 행위이론적으로 시간에 대한 자유로운 처분가능성을 전제하며 시간은 "가능성의 시간"으로 파악된다. 이것은 속도의 증가가 타임래그time-lag, 시차의 삶을 가능하게 하고, 잠재적 현실이 순서를 지양하고, 과거를 미래로 변화시키는 결과를 가져오는 한 정당하다. 그와 동시에 시간의 이념성은 자신의 실천적 증명을 경험한 것처럼 보인다. 그러나 가상은 기만한다. 시간의 이동은 삶의 감정의 표면에 머물며, 인간적 현존재의 시간성을 지양할 수 없다. 삶의 기예의 철학에서 영위된 삶의 실재성을 고수한다는 것이 얼마나 긴박한 문제인가를 삶의 기예의 시대에 대한 짧은 회고가 보여준다. 비록 시간의 지배가 종점에 놓인 것은 아니지만 모든 과정에서 시간의 지배가 열린 물음으로 인지될 수 있다.

고대의 삶의 기예는 행복의 주관화에도 불구하고 운동의 수로 파악되는 아리스토텔레스의 시간 개념에 결합된다. 우주론적 시간이 영혼보다 상위에 놓여 있다. 그리하여 영혼의 안식은 단지 시간의 명령아래 예속됨으로 도달될 수 있다. 따라서 에피쿠로스는 현재라는 원자로 시간을 분할함으로써 덧없음을 통한 동요로부터 벗어나려는 전략을 추종한다. 여기에 고대 심리학의 한계가 드러난다. 이것은 삶을 지속적으로 서로서로 뒤섞이지 않고, 그래서 '처분 가능한 것'으로서 간주되는 상태들의 합계로서 파악한다. 물론 세네카에게 주체성은 시간에 순응하는 생활태도의 문제로서 주의를 환기시킨다.

"너희들은, 마치 너희들이 영원히 살 것처럼, 살아간다."

그리고 당연히 예언자 솔로몬의 "모든 것은 때가 있다"라는 시詩 또한 쾌락주의적 삶의 기예를 추종하는 인간들에 대한 경고로서 떠돌고 있다.

신학적 인간학에 있어서 중요한 것이 된 내적 시간의식에 대한 아우구스티누스의 발견은 삶의 기예의 시간 망각성을 그냥 내버려두지 않았다. 새로운 시간 의식은 신의 왕국의 초세속적 영원성에 반해 현세적 실존의 유한성과 허약성을 강조하는데 기여한다. 여기에 아우구스티누스에 기대어 페트라르카(F. Petrarca, 1304-1374)가 도덕적 행위의 규범화를 위한 원천을 주체성 자체의 시간적 역동성에서 찾는다는 면에서 조금 변화를 주었다. 동시에 페트라르카는 차안을 정향하는 르네상스-인간의 자기 이해에게 앞길을 터주었다. 물론 시간의 실재성은 일차적으로 운명Fortuna이라는 형태에서의 예측불가능성에서 경험되며, 그리하여 삶의 기예의 시간적 시각을 '예측 불가능한 행복'을 고려하는 것으로 제한시켰다.

프랑스 도덕주의자들에게 사멸성의 의식으로서 시간이 하나의 역할을 한다. 그런 연유로 몽테뉴는 철학함을 "죽음을 연습하는 것"으로 묘사했다. 여기서 시간은 더 이상 신학적으로 선물이 아니라, 이것이 인간의 기대를 없애고 실망에서 끝낸다는 면에서, 위협으로 간주되었다. 이런 배경에서 칸트가 행복주의를 직관형식으로서 시간의 이념성에 연결시키고, 도덕성을 완전히 시간으로부터 끌어내는 것이 역사적으로 이해가 된다. 무시간성에 기초하고 있는 그의 도덕철학적 왕국은 인간 삶의 과정성에 어떠한 여지도 허용하지 않는다. 이러한 발걸음을 되돌리고 삶 자체의 시간적 실행에서 행위의 방향설정을 찾는 것이 지난 두 세기 동안의 실천철학의 복권이 목표하는 바이다.

19세기 삶의 철학은 삶의 모든 표현형식에서 시간의 역동성을 부각시켰으며, 그와 함께 삶의 기예를 위한 새로운 철학적 기반을 창출했다. 쇼펜하우어는 칸트에 의해 제시된 내적 직관형식으로서의 시간의 이념성의 대척점으로 "삶에의 의지"의 불가피한 실재성으로서 체험된 현재를 제시했다. 여기서 프로이트는 정신분석학을 위한 귀결을 이끌어냈다: 삶의 극복은, 어느 정도까지 배제된 욕망에서 계속 생동하는 과거의 힘을 의식적 기억을 통해 단절하는 것이 성취되는 가에 달렸다.

베르그송과 하이데거의 『시간과 존재』에 접목해서 실존론적 시간개념이 현존재 분석으로 당당히 진입했다. 주체성의 병리학들이 시간의식의 결함이 있는 형식들, 즉 상실한 시간, 고통스러운 시간, 부서진 시간을 임상적인 삶의 기예의 대상으로 만들었다. 또한 전기傳記는 서사된 시간의 심연을 통해 그 명백성을 잃었다. 그리고 푸코에 의한 고대 삶의 기예의 복권조차도 시간 경험을 통해 새로운 차원을 얻는다. 그것은 아마도 푸코의 자기 구상이 성으로 정향하는 결과로서 주체성을 철저히 현재적으로 파악하는데서 기인한다. 유한성의 의식은 성애性愛적 순간의 상반감정의 양립을 강화한다. 자기실현은 관능주의자인 푸코에 있어서 자신의 원천과 목표를 삶에게 확실하고 분명한 현재에서 가진다. 이 현재는 최근의 조사에 따르면 3초 이상 지속하지 않는다.

시간의 내면화, 시간의 급진적 주관화는 삶의 기예에 대한 최후의 표현일 수 없다. 잃어버린 시간을 향한 시도를 통해 해결될 수 없는 시간 문제가 자기 돌봄의 개인주의에 숨겨져 있다는 것을 현재의 "융통성 있는 인간"의 일시적 심적 상태가 잘 보여준다. 자본주의 체계는 시간으로부터 상품을 만들었다. 사람들은 이것을 마치 돈처럼 절약해서 다루어야만 한다. 이러한 시간 산정의 배후에는 어떤 되돌림Zurück도 존재하지 않는다. 이제 문제는 다음의 물음에 놓여 있다. 어떻게 사람들이 시계의 기계적 시간을 영리하게 다룸으로써 창조적 시간으로서 자신의 고유한 삶의 시간을 유효하게 만들 수 있는가? 또한 세계화로 말미암아 시간 문제는 더욱 첨예하게 되었다. 상이한 문화영역으로부터 온 인간들의 공동생활은 상호문화적 삶의 기예를 비동시성의 동시성을 극복하는 과제와 직면하게 만든다. 그리하여 우리는 대강의 회고로부터 다음과 같은 결산을 도출할 수 있다: 삶의 기예의 철학은 어떻게 삶의 실행에서 시간성의 문제가 해결되는가? 라는 물음에 달려있다.

7. 세계 시간에서 생애로

Von der Weltzeit zur Lebenszeit

시간문제를 인간학적이며 신학적으로 고찰하여 삶의 기예와 연결시킬 수 있도록 한 현대 독일어권 철학자들 중에는 블루멘베르크(H. Blumenberg, 1920-1996)와 토이니센(M. Theunissen, 1932-)이 있다. 블루멘베르크는 『생애와 세계 시간』(Lebenszeit und Weltzeit, 1986)에서 인간을 생애의 유한성 때문에 신음하는 자로 묘사했다. 그는, 자기주장에서 세계의 무관심성을 통해 위협받고 있다고 보는, 주관의 이미지를 구상했다. 세계가 나 없이도 계속 존재하고 내가 나의 죽음 이후에 잊혀 진다는 생각은 블루멘베르크에게 주관적 행복 감정의 가장 커다란 위협이다. 이것을 하이데거의 "염려"에 상응하는 실존론적 근본항Radikal으로 고찰할 수 있는지 여부는 결정하지 않고 내버려 두었다. 그러나 명백한 것은 여기서 영원성의 신학Theologumenon의 세속화가 중요하다는 것이다. 인간이 이미 죽음 이후의 피안의 삶을 희망하는 것이 더 이상 허용되지 않는다면 그에게 남는 것은 세속적 구원의 유일한 길로서 그를 죽음 이후에도 망각하지 않게 하는 삶의 형식이다. 정신적 혹은 정치적 활동에 있어서 이것은 사후의 명성을 보장한다고 하는 필생의 사업에의 노력이다.

시간성의 지평으로서의 영원성이 배제됨으로써 현대적 삶은 비록 '시간잉태적zeitimprägniert' 이긴 하지만 자신의 생애를 자기 마음대로 할 수 있는 개인의 요구는 인간이 시간을 "만들" 수 있다는 것을 의미하지 않는다. 우리가 시간을 만들지 않았다면 우리는 시간을 신으로부터 불멸하는 영혼의 형식에서 받아들였다고 신학적 인간학의 교시Auskunft가 밝힌다. 그에 반해 블루멘베르크의 철학적 인간학은 시간 의식에 대한 후설의 분석에 기대어 다른 대답을 제시한다. 지속적으로 경과하는 시간은 시간 자체에 예속되는 않는 절대Absolutum이며, 이 안에서 모든 시간차원과 시간측정단위가 자신의 뿌리를 가진다. 어떻게 인간이 시간 흐름의 멈추지 않는 연속성에서 벗어날 수 있으며, 또한 자신의 개별성을 보존할 수 있는가?

이 물음에 대한 블루멘베르크의 대답은 생애로부터의 탈출을 목표로 한다. 미래의 역사성에로의 자아Ego의 초월은 하나의 기예를 전제로 한다. 이 기예는 이미 삶에서 삶을 포기하고, 쇼펜하우어의 표현을 빌리자면 삶을 의지에서 표상으로 추방한다. 의지와 표상의 통일로서의 생활세계는 부서지고 삶에의 의지가 노동의 의지로 변화한다. 여기서 노동은 후설의 의미에서 "무한한 노동"으로 이해될 수 있다. 현대의 노동사회의 삶의 형식에의 동화同和, Angleichung를 아렌트(H. Arendt, 1906-1975)는 『활동적 삶에 관하여』*(Vita activa oder Vom tätigen Leben, 1960)*에서 "노동하는 인간의 승리"로 묘사했다. 그러나 노동개념을 통해 행위 개념이 보충됨으로써 어떻게 소위 인간이 자기 생애의 유한성에도 불구하고 행복한 삶을 영위할 수 있는가라는 삶의 기예의 문제가 해결되었는지 여부는 의문의 대상이다.

블루멘베르크에 의해 정점으로 치달은 생애와 세계 시간의 불일치는 결코 인간의 일상적 시간 경험에 상응할 수는 없을 것이다. 오히려 이것은 성공한 삶의 행복을 위협하는 시간 내적인 국면의 위치이동이다. 여기에 놓인 문제의식은 '구성이론Konstitutionstheorie'의 양가성으로 드러난다. 이미 후설의 현상학에서 능동성과 수동성 사이에서 개념이 동요하며, 그래서 산출과 성립, 선험적 관념론과 존재론적 실재론이 서로 뒤섞인다. 의식의 삶이 드러내는 덧없는 자기 지시(관계)는 지향적 행위를 제외하지 않는다. 개별 행위들은 항상 마음대로 할 수 없는 시간지평 속에 매설되며, (바로) 이 지평의 해명을 삶의 기예가 시도해야만 한다.

8. 생애와 삶의 시간

Lebenszeit und Zeit des Lebens

블루멘베르크와는 달리 토이니센은 성공한 삶과 실패한 삶이 시간과의 교제에 종속적인지 여부와, 어떤 형식에서 그러한지에 대한 물음을 다룰 때 신학적 전제로부터 출발한다. 그는 『시간의 부정신학』(1991)에서 인간의 의도에 대한 시간의 지배를 인상 깊게 서술했다. 시간은 우리 위에서über 뿐만 아니라 우리 안에서in 그리고 우리를 통해durch 지배한다. 토이니센은 이중적 지배형식으로서의 "삶의 시간Zeit des Lebens"을 단순한 "생애Lebenszeit"와 구별한다. 시간은 인간의 삶을 지탱하기도 하지만 동시에 파괴하기도 한다. 그것은, 시간이 자신의 매개적 성격을 상실하고 스스로 관심의 대상이 될 때 절박해지는, 시간의 고통을 만들어 낸다. 그런 면에서 살아본 시간은, 시간과 영원성이라는 모순의 기독교적 이해에서 표현되는, 지양할 수 없는 내적 긴장을 포함한다. 신의 "선물"로서의 시간은 실재하는 선이고, 이것은 폴리네시아 사람들의 교환의 식儀式에서 따라 이루어지는 포트라트쉐 축제Potlatschfest[1]에서의 대용물처럼 투입되는 것이 아니다.

시간의 지배를 주관화와 다원화를 통해 분쇄하려는 근대의 모든 시도들은 토이니센에 의해 좌절된 것으로 판정되었으며, 의도하지 않게 고통을 강화하는 방향으로 옮겨간다. 블루멘베르크와 달리 토이니센이 높은 경각심을 부여하는 시간체험의 정신병리학적 형식들인 정신

---

[1] 역자 주: 포틀래치 축제로서 미국 북서안 인디언들이 부와 권력의 과시로 행하는 겨울 축제의 선물 분배행사를 말한다.

분열증과 우울증은, 세계의 요구를 고려하여 삶을 조직화하는 힘이 사라질 때 어떻게 시간 차원이 마비되면서 확산되는지를 알게 해준다. 시계의 빈 시간을 시간 차원의 의미 충만한 질서로 변화시키는 것을 목표로 하는 시간 운영은 토이니센에 따르면 종말론적으로 이해된 구속사救贖史, Heilsgeschichte의 모범 없이는 생각할 수 없다. 그러나 이것은 토이니센을 행위의인行爲義認, Werkgerechtigkeit 2에로의 도피가 아니라, 종교적 믿음에 상응하는 생산적 내면성으로 인도한다. 이 내면성은 연속성의 단절을 "시간의 타자Anderes der Zeit"로서 인정하고 삶의 과정에 융합함으로써 '항상 똑같음Immergleich'의 운명을 벗어난다.

토이니센은 시간의 부정신학die negative Theologie을 칸트에 의해 제시된 당위 윤리학의 형식주의와 차별화 한다. 그는 우리가 시간 속에서 행복할 수 있는가라는 질문의 답변에서 "성공하는 삶"에 대해 말할 때 그 표현을 고결한 것이어야만 하는, 소위 "선한 삶"으로 여전히 이해하려 하지 않았다. 먼저 중요한 것은, 그것이 심리치료법의 처치의 목표인 것처럼, 더 이상도 더 이하도 아닌 바로 "견딜만한 삶"이다. 선악의 피안에서의 이러한 입장과 더불어 토이니센은 그 기초적 이해에서 삶의 기예에 근접한다. 정신병리학적 경험으로부터의 출발은 당위를 존재 자체로부터 도출한다는 것을 시사한다. 존재는 당연히 삶의 과정의 우연한 현사실성이 아니라 삶에의 의지를 통해 각인된, 자기 존재의 우연성에도 불구하고 시간에의 고통에로 운명적으로 결부되지 않은 본질로서의, 인간의 자기이해이다. 시간성의 구조로부터 이러한 요구를 논증하는 것을 토이니센의 『시간의 부정신학』은, 전적으로 칸트의 정초에 필적

---

2 역자 주: 신학용어로서 선행으로서 신에게 의(義)를 인정받는 일을 의미한다.

할 수 있는, 삶의 기예의 철학적 정초작업으로 만든다.

프로테스탄트 형식에서의 '변증법적 부정주의der dialektische Negativismus'를 슈미트(W. Schmid)의 시간에 대한 상론과 비교하면 차이가 그렇게 크지 않다고 할 수도 있다. 토이니센이 실존론적 시간의 역설을 추적하는 반면 슈미트는 자신의 삶의 기예에서 힘, 선택의 자유 혹은 죽음과 같은 생활태도의 "근본 관점들"을 긍정적으로 해석하는데 국한한다. 그러나 이 방법으로는 시간화Zeitigung의 규칙들이 도출될 수 있는 어떠한 원칙들도 획득하지 못한다. 토이니센이 시간성을 실존범주Existenzial로 파악함으로써 그는 삶의 기예와 영위된 도덕을 통일체로서 고찰하는 현대 생철학적 전통의 연장선상에 있다. 도덕과 삶의 기예의 통일은 일인칭 관점에서 시간성이 열린 경험지평으로서, 그러나 동시에 필연적인 것을 행하는 내적 강제로서 체험되어 진다는데 있다. 이와 함께 삶의 기예의 철학은 홀로 자신의 행복을 향한 추구로부터 출발할 수 없다는 것이 분명하다. 이 철학은 또한 칸트가 "내 안의 도덕법칙"이라고 불렀던, 의무의 감정을 고려해야만 한다. 물론 칸트에게 내적 법칙성은 무시간적으로 머문다. 비로소 여기서 생철학이 생활세계의 경험으로의 전회를 가져왔으며, 그리하여 윤리학의 체계적 위치가 수행적인 것das Performative으로 옮겨간다. 칸트에 따르면 생활태도의 "실천적 규칙"을 넘어서 이성윤리만이 도덕 법칙으로 인도하는 것처럼, 이제 칸트 이후의 삶의 기예는 자신의 위치를 순수 이성의 피안에서 찾아야만 한다. 여기서 그 규칙들이 어떤 위상을 가지는지가 분명하다. 앞(1. 철학체계에서 삶의 기예의 장소)에서 이미 상술한 것처럼 체계적 위치는 경험주의와 형식주의 사이에서 전개되는 발생론적 현상학 혹은 생철학에 놓여 있다.

9. 시간화의 규칙들

Regeln der Zeitigung

철학적 삶의 기예는 행위에서의 자기경험을 위한 규칙을 요구한다. 이에 의거해 인간은 자신의 삶을 운영할 수 있다. 그러나 목표와 실행이 시간성에서 동시에 발생한다면 규칙들은 어떤 성질을 가지는가? 방법과 목표로서 "선한 삶"은 구성적 원리일 수가 없으며, 단지 전체에서의 삶의 운영을 위한 도덕적 판단력의 규제적 이념일 뿐이다. 우리가 이러한 사고를 진지하게 받아들이면 하나의 체계에서 논증되며, 객관적으로 서술되지 않는 아주 특수한 종류의 규칙들과 만나게 된다. 이것은 더욱이 "시간은 돈이다"라는 모토와 함께 효율성의 개선을 위한 시간 분배에서는 가능할 수도 있을 것이다. 그에 반해 성공한 삶을 위한 규칙들은 객관적 시간과 주관적 시간의 변증법을 판독하고 생명력을 불어넣을 수 있게 만드는 그러한 것이다. 그것들은 시간의 흐름에서 정지로 가져오는 신념을 확립하는 규칙들이며, 정지된 것을 다시 움직이게 하는 행위 규칙들이다.

시간화의 규칙으로서 삶의 기예의 규칙들은 탈산업사회적 삶의 세계에서 직선적 시간과의 교제에서 실증된다. 일정들의 인지와, 전례 없는 시간의 결핍이 삶의 세계의 전세계적 기술화 그리고 상업화와 결부되어 있다는 것은 충분히 잘 알려져 있고 상세히 기술되었다. 실존론적 시간화가 상업적 "시기포착Timing"으로 되었다. 수첩의 시간은 항상 더 짧은 단위로 나누어지고, 장기적으로 축적되는 동질적 시간이다. 영원한 시간경영은 인간을 의사일정의 링거주사에 종속적으로 만들며, 이

링거주사는 일정에서 일정으로 무반성적으로 독려하며, 삶의 질을 다시 회복할 수 없는 정도로 손상시키는 대가를 치르면서도 효율성을 추구한다. 인간을 경악시키는 그렇게 문화비판적 시나리오이지만, 그러나 인간은 여기서 벗어날 수가 없다. 느림을 다시 발견하고 자연 순환적 생활형식으로 돌아가자는 권고는 비록 좋은 의미를 가지고 잘 팔리지만 삶의 기예를 위한 현실적 대안이 아니다. 시류에 영향을 받지 않은 화폐 시장과 기술의 증가하는 개혁의 비율은 되돌릴 수 없다. 그 이유는 단지 그것들만이 인구과잉의 세계에서 인간에게 어느 정도 만족시켜주는 존립의 기초를 보장해주기 때문이다.

시간의 동질화는 시간체험에 영향을 끼쳤다. 비록 "현재의 수축 Gegenwartsschrumpfung"이 일반적으로 언급되고 있지만, 그러나 실제로는 그 반대가 맞는 이야기이다. 계획을 통해 현재는 확장되며, 뤼베(H. Lübbe)가 『시간-관계. 진보의 문화철학에 대하여』(1983)에서 부각시킨 것과 같이 미래와 과거는 일정의 달력을 통해 "현재화"된다. 미래는 임박한 일정으로 과거는 소화한 일정으로 경험된다. 그렇게 현재는 자신의 성질을 변화시키며 현재는 더 이상 시간 망각과 자기 망각의 양식이 아니라 시간의 현존이며 자기의 현존이다. 일정계획의 동질적 시간에서 인간은 단지 자기 자신만을 만난다. 정확히 그것이, 자기조직의 프로젝트를 마치 그림자처럼 수행하는, 미래에 대한 근심을 만들어낸다. 융통성 있는 인간을 불안하게 만드는 미래에 대한 근심은 역설적으로 열린 미래에 대한 근심이 아니라 계획을 통해 이미 "현재화된 미래"에 대한 근심이다. 그와 똑같이 과거와도 관계한다. 이 과거는 완수된 의사일정으로서 영위된 삶의 지평으로부터 벗어난 것이다. 그와 함께 시간성은 의미의 일관성을 상실하며 인간을 변덕스러운 정체성과의 놀이라는 운명으로 만들며, 그와 동시에 도덕성이 신뢰를 상실한다.

시간의 파편화, 즉 이질적 연속에서 동질적 불연속으로의 시간의 변화는 삶의 기예의 철학을 어떻게 살아본 시간의 손실이 만회될 수 있는가 하는 물음과 직면하게 한다. 그를 통해 삶의 지혜는 순수하게 보정적 혹은 심지어 퇴행적이 되지 않도록, 시간과의 교제를 시간체험의 주체성이 살아본 시간의 특성을 수용하는 정도까지 의식으로 고양해야 한다. 삶의 지혜의 규칙들은 사람들이 그것을 임의적으로 확정하지 못한다는 점에서 놀이규칙과 구별된다. 삶이 사람들이 살아서 벗어날 수 있는 놀이가 아니라, 끊임없이 연기되지 않는 단계들의 경과이기 때문에 규칙들은, 그 일반성과 필연성에 도달함이 없이, 법칙에 근접하는 위상을 획득한다. 삶의 기예의 규칙들은 일차적으로 행위의 지침들이 아니라 삶의 경과를 값어치에 따라 구조화하는 조망방식이다. 그리하여 그 규칙들은 객관적으로 정의할 수 있는 목표의 실현으로의 직접적 지향*intentione recta*이 아니라 각각의 행위를 통해 다른 것이 되는 자기에로의 간접적 지향*intentione obliqua*을 조정할 수 있다. 이것은 전체는 부분에서 부분은 전체에서 이해되는 텍스트 해석에서의 해석학적 순환에 상응한다. 그런 방식으로 그것은 인간 삶의 조직과 관계한다. 삶의 기예에서는 사실의 확립이 아니라 인간의 자기가치감정이 종속되어 있는 맥락의 해석이 중요하다. 따라서 해석학적 순환은 시간적 논리를 가지며, 이 논리는 순간에서 삶의 지속을 지각하는 것에 있다. 단지 시간의 신호를 인식하는 자, 흐름에서 머무는 것을 인식하는 자만이 마지막에 자기 자신에 대해 훌륭한 삶을 살았다고 말할 수 있다.

시간은 "만들게" 하지 않는다. 삶의 현실의 구성적 구조로서 시간은 과정이라는 특징에서 가차 없는 것이다. 그러나 해석구성Interpretationskonstrukte으로의 관념적 해체가 약속하는 것보다도 시간으로부터 더 많이 "쟁취하게" 한다. 순간은 우리가 다른 것을 할 수 있음에도 불구하고 우리가 해야만 하는 것을 하도록 명령한다. 여기에 행위자가 신선하고 명료한 것으로 경험하는 지양할 수 없는 시간의 현실이 놓여 있다. 누군가에게 시간이 다가오면 그것이 비록 고통스러운 순간이라 하더라도 그는 자기 자신으로 다가간다. 시간이 인간에게 요구하는 것은 언제나 똑 같다. "준비하는 것이 전부이다." 반면 무제한적 가능성의 처세에 능한 사람들에게 행복은 은폐되어 있다. 이 행복은 준비 자세에 놓여 있으며, 또한 삶을 잃는 것에서 성립할 수도 있다. 순간에서의 명증성은 탈근대적 삶의 감정에서 특징적인 쾌락주의의 "지금 즐겨라"라는 의미에서 파악된다. 그에 반해 "모든 것은 때가 있다"는 예언자 솔로몬의 잠언은 인간을 자신의 참된 자기로 되돌리는 시간의 외침을 가리킨다. 그렇게 잘못 계획된 미래로부터 다시 기대가, 끝난 과거로부터 다시 기억이 생겨날 수 있다.

10. 시간과 친숙하게 되는 것

Mit der Zeit befreundet sein

시간의 역설을 조명하는 가운데 자기 자신과의 친교라는 고대의 삶의 기예는 하나의 새로운 의미를 획득한다. 따라서 자기 자신과 친숙해진다는 것은 고유한 시간과 친숙해진다는 것을 의미한다. 그러나 이것은, 우리 생애의 제한성이 위협으로 경험되기 때문에, 결코 단순한 일이 아니다. 늙어가는 인간은, 특히 동년배가 죽을 때, 제한된 생애의 냉혹함을 경험한다. 오래 산다는 것은 많은 것을 견뎌냈다는 것을 의미하며, 그것은 다시금 더 고독하게 느낀다는 것을 의미한다. 왜냐하면 인간은 주위에 공동의 과거를 가진 인간을 항상 적게 가지기 때문이다. 프랑스의 현상학자 레비나스(E. Lévinas, 1905-1995)는 현상학 전통의 주체 중심적 시간파악에 반해 삶의 지평은 일차적으로 기획하는 주체가 아니라 본질적으로 다른 인간들과의 관계에서 생겨난다는 견해를 표방한다. 이 통찰은 고통스럽게도, 그의 전체 삶 혹은 그 삶의 일부를 함께 보낸, 특별한 의미를 가진 타자의 죽음에서 입증된다. 나이의 삶의 기예는 이러한 생애를 제약하는 고독에 채비되어 진다는 것에서 성립한다.

삶의 관계의 복잡성을 통찰함으로써 또한 인간이 삶에서 기대하는 것에 대한 내용적 표상이 변화한다. 차례차례Nacheinander라는 형식에서 삶은 만회할 수 없는 것이다. 왜냐하면 삶은 실행 자체 즉 현실의 유일한 형식을 변화하는 내용과는 무관하게 서술하기 때문이다. 따라서 시간과 친숙해진다는 것은 두 가지를 의미 한다. 먼저 그것은 삶의 감정에서의 획기적 변화, 즉 "시대정신"을 자신의 고유한 삶으로 받아들이는 것을 의미한다. 이를 통해 인간은 환멸을 느끼면서 세상을 떠나지 않는다. 둘째, 그것은 시간의 정복 불가능성을 고려한다는 것을 의미한다. 이를 통해 우리는 운명의 시련들에 의해 명백하게 당하지 않는다. 탈근대적 삶의 기예의 소실점이 되어버린 무한한 가능성의 시간은 삶의 불공평함에 대한 어떠한 보호도 제공하지 않는 공허한 공간으로 남는다. 단지 시간에서 자기 자신과 일치하는 자, 자신의 것, 즉 필요한 것을 행하는 자만이 세계의 냉담함에 대항하여 자신의 자유를 보존할 수 있으며, 우연성에 대항하여, 삶의 실행과 동일한 것인 의미를 획득할 수 있다. 그런 것이 생철학에 기초한 삶의 기예론의 내용이다.

"자신의 것을 행한다는 것"은 임의적인 것을 욕구하지 않는다는 것, 오히려 시간의 요구를 충족시킨다는 것을 의미한다. 이것은 개별적 행위가 개인의 도야와 조화를 이루는 왕도를 가리킨다. 모든 행위는, 인간이 원하든 그렇지 않든 간에, 인간을 변화시킨다. 의식의 배후에는 끊임없이 성장의 과정이 진행된다. 그것에 삶의 기예의 규칙들이 동조同調되어야만 한다. 규칙들은 단지 시간의 분배에만 관계할 수 있다. 그러나 이것은 현명한 분배를 통해 양적 분배에 머물지 않는다. 행위의 시간과 기다림의 시간은 상이한 삶의 과정에서 동일하지 않은, 그 고유한 성질을 가진다. 자기 앞에 아직 삶의 가장 큰 부분을 남겨두고 있으며, 삶의 계획이 아직 미래의 실행 양식*modus futuri exacti*으로 성립하는 젊은 사람은 자신의 활동성을, 장기적 계획이 더 이상 의미가 없는 늙은 사람과 다르게 평가한다. 이러한 계획이 행복 개념 및 성공한 삶의 개념에 깊은 의미를 부여한다. 우리 모두가 추구하는 행복을 만들 수는 없다. 하지만 시간과의 교제의 규칙을 통해 삶이 시간이 경과한 이후에도 살 보람이 있다고 받아들이는 표본분포를 창출할 수는 있다.

물론 시간과의 친교는 복잡한 우정이다. 이것을 목적의 우정에서 덕의 우정으로 변환시킨다는 것은 극도로 어렵다. 모든 것은 삶의 기예의 미래 철학이 생애와의 친교를 위해 어떤 통찰을 얻게 되는가에 달려 있다. 초시간적 가치에 의한 정초는 순수한 상황의미론에로의 해체만큼

이나 거의 고려되지 않는다. 그러므로 오늘날 높게 평가된 "응용윤리"는, 그것이 도덕적 개별행위에 있어서 그렇게 도움이 될 수 있다고 하더라도, 삶의 기예의 철학을 대체할 수는 없다. 응용윤리는, 마치 시간성에 자신의 적절한 자리를 내어줄 수 있는 것처럼 행위이론적 단초에 너무 집착한다. 분명히 빠른 결단이 요구되는 많은 상황들이 존재한다. 왜냐하면 인간은 임의적으로 기다릴 수 없기 때문이다. 객관적 시간의 다모클레스의 칼[3]은 모든 머리위에 걸려있다. 그러나 실용적 관점이 도덕적 결정에 있어서 항상 올바른 것인지 여부에 대해서는 회의를 품을 수 있다. 살아본 시간은 '무행위das Nichthandeln'와 '무결정das Nichtentscheiden'을 종종 더 나은 선택으로 보이게 한다. 여기서 필요한 것은 불확실한 상황에서의 결정을 위한 매체로서의 고유한 시간이론이다.

따라서 "시간과 친숙하게 됨"은 삶의 기예의 가능성을 담보하는 조건을 위한 공식일 수도 있다. 이것은 자기가치감정과 시간성의 엄밀한 관계에 대한 고려가 없다면 추상적으로 머문다. 오늘날 삶을 지탱하는 상징적 형식들과 기능들은 시간의 이질적 연속성에서 확고한 토대를 가진다. 모든 실질적인 것이 정보들과 모의실험에서 용해될 수 있다 하더라도 행위와 존재의 해체할 수 없는 연결고리로서의 시간은 개인을 자기 자신과 타자에 대한 책임으로부터 자유롭게 해주지 않는다. 항상 심연이기도 한 시간의 근거와 이별하게 되는 곳에서는 삶의 기예가, 고통의 장소 앞에서 아무 것도 실행할 수 없는, 기호의 구속력 없는 놀이로 사라지고 만다. 그리하여 철학적 삶의 기예의 정초가 반성의 매체로서 살아본 시간의 실재성을 인정할 때에만 그것은 철학 체계 안에서 확고

---

3 역자 주: 환락 중에서도 늘 존재하는 위험에 대한 비유이다.

한 위치를 확신한다. 그렇다면 삶의 기예와 생철학의 수렴에는 아무런 장애도 없다.

역자 해제

1. 삶의 기예의 개념과 일반적인 의미

삶의 기예Lebenskunst, ars vivendi는 개인적 생존의 극복이 중요한 과제가 되는 상이한 연관에서 적용되는 철학에서 비롯된 개념이다. 따라서 삶의 기예라는 표상의 스펙트럼은 근심 없는 삶의 향유Savoir-vivre에서 삶에서 전개될 수 있는 모든 요구들과 어려움을 초연하게 대처하는 것을 넘어, 여러 예술가들이 추구했던 것처럼 삶을 예술작품으로 형성하려는 (또는 미화하는) 요구에까지 펼쳐진다. 그러므로 삶의 기예에는 항상 고유한 삶의 상황을 받아들이고 개선하려 노력하며, 처신을 가능성의 범위 안에서 적절히 형성하는 준비자세, 능력 그리고 의지가 속한다. 인간 삶에 일반적으로 적용되는 삶의 기예는 전통적이며 일반적으로 말해지는 '모두는 자신의 고유한 삶을 개척한다' 또는 '각자가 자신의 행복의 개척자이다'라는 격언과 일맥상통한다. 이러한 '정신적인 장인匠人'의 방식으로서의 삶의 기예는 고유한 불완전성(결함)을 창조적인 원천으로 인식하고 사용하는 기예이다. 그것을 넘어서 닥친 질병과 운명의 시련이 인간이 자신의 상황을 의식하고 변화하는 기회를 가진다면 치유될 수도 있는 것이다. 더 나아가 이 한계를 의식적으로 수용하고 인정함으로써 변화를 도모하는 과정은 하나의 포괄적인 창조적인 지성과 창조력으로 다가가는 문을 열어준다.

그것이 어떤 형태와 영역에서 이루어지든 진정한 창조적인 자기표현은 직업적이고 인격적인 차원에서 삶의 활력을 촉진시키고 삶의 문제와 한계를 극복하여 치료적으로 작용하는 잠재력을 가지고 있다. 삶의 기예의 이 창조적 형식은 고유한 코드와 정체성을 발견하는 것을 가능하게 한다. 창조적 인간으로서의 삶의 기예가는 스스로 '무엇을 원하는지', '왜 그것을 원하는지'를 제대로 인식하고 있다. 그리하여 그는 과정뿐만 아니라 치료, 사랑 그리고 기쁨과 같은 목표에 초점을 맞추면서 살아간다. 이런 방식으로 그는 자신의 협동적인 힘을 발휘하는데, 이로부터 삶을 풍요롭게 하는 새로운 생각(고안) 혹은 예술작품이 생겨날 수 있는 것이다.

2. F. 펠만의 『행복의 철학사』

1999년 초 베를린의 철학자 빌헬름 슈미트(Wilhelm Schmid)[1]는 라디오 브레멘(RADIO BREMEN)의 프로그램인 '정신과 시대'(Geist und Zeit)와의 인터뷰에서 "삶의 기예라는 과목의 기예가가 다루는 자료는 대리석 덩어리도, 캔버스도 그리고 악보도 아니다. 하지만 중요한 것은 모든 기예

---

[1] 이 책과 같은 독일어 제목을 가진 『삶의 기예의 철학』(*Philosophie der Lebenskunst*)(Suhrkamp Taschenbuch Wissenschaft, Frankfurt/ Main 1998)의 저자

들에 의해 작업되어야 하는 자료이다." 라고 설명했다. 이 '자료'에 대해 좀 더 구체적인 설명을 요구하자 그는 다음과 같이 답한다: "규명되어야할 자료는 삶의 자료이다. 그리고 이 삶의 자료를 기술하는 것은 매우 어려운 과제이다. 그것은 대리석 덩어리처럼 항상 그렇게 분명한 것이 아니기 때문이다. 오히려 그것들은 경험들, 감정들, 생각들, 사랑, 고뇌, 하나의 복잡한 뒤죽박죽, 하나의 혼돈이라고 말할 수 있다. 삶의 기예는 이 혼돈과 더불어 사는 것에서 성립한다."[2]

이 발언에서 읽을 수 있듯이 삶의 기예를 이론적으로 개념화하고 그 학문적 성격을 규명하는 작업은 매우 어려운 과제이다. 이런 배경에서 삶의 기예의 철학적 기초, 역사적 전개 그리고 미래의 전망을 종합적으로 다룬 페르난도 펠만(Fernando Fellmann)의 『행복의 철학사』(*Philosophie des Lebenskunst*, Hamburg, 2009)는 매우 중요한 학술적 가치를 지니고 있다.[3] 펠만은 이 책에서 실천과 이론의 조화라는 전통적이며 전형적인 철학의 목표를 현대 사회에서 드러나는 '윤리학의 규범성과 새로운 현실문제 사이의 괴리'를 극복하려는 과정에서 실현하려고 한다. 그는 삶의 기예의 철학을 그의 생철학의 범위 안에서 규범윤리학과 나란히 고유한 분과로서 제시한다. 이 철학의 주제는 현대적 인간에게 그의 실존의 외적이며 내적인 갈등을 극복하게 만드는 태도들을 반성하는 것이

---

2 RADIO BREMEN - Geist und Zeit. Der Berliner Philosoph Wilhelm Schmid, Autor des Buches Philosophie der Lebenskunst im Gespräch mit Ulrike Gropp; Aufnahmedatum 25. Januar 1999; Sendedatum: 13. Februar 1999; Printpublikation: Deutsches Allgemeines Sonntagsblatt vom 16. April 1999

3 이 책의 제목을 직역하면 '삶의 기예의 철학'이 되지만 이 책이 궁극적으로 행복에 대한 논의를 담고 있다는 의미에서 책 제목을 '행복의 철학사'로, 부제를 '삶의 기예에 대한 철학적 성찰'로 정하였다.

다. 이런 의미에서 철학적 삶의 기예의 규칙들은 단순히 전략적으로만 볼 수 없는, 자기경험의 정서적인 길을 제시한다.

철학을 포함한 인문학은 새로운 사회적 · 시대적 요구에 부응하여 '응답'할 수 있는 노력을 기울여야 하며, 그러한 과정에서 자신의 존재 이유를 정당화할 수 있다. 그러나 펠만의 재구성에 따르면 이러한 노력은 철학의 역사 특히 '행복의 철학사'에서 다양한 형태로 존재해 왔으며 그런 의미에서 역사적 고찰은 체계적 고찰을 위한 기초를 제공해준다. 인간의 삶에 대한 근본적인 통찰을 통해 행복한 삶을 위한 '방향설정'의 가능성을 제시하려는 노력은 서양뿐만 아니라 동양의 사고 전통에서 충분히 확인할 수 있는 보편적인 것이며, 이러한 토대 위에서 상호문화 철학의 가능성까지 제시되어진다.

이런 배경에서 삶의 기예의 철학은 철학사를 읽은 '고유한' 방법을 제시해준다. 이러한 '철학사 읽기'는 또한 모든 인간의 행복 추구라는 보편성에 의해서도 그 정당성을 부여받을 수 있다. 모든 인간의 활동을 행복과 연관시켜 말할 수 있을 정도로 인간 삶에 있어서 행복의 의미는 크다. 그러나 행복은 그것이 정신적이든 물질적이든 항상 인간의 자기 이해에 근거하고 있다는 점에서 인간의 행복과 각 시대마다 제시되는 인간상人間像은 같은 녹표를 가진다. 그러나 한편으로 이 인간상이 '이상理想'이라는 점에서 다른 한편으로 인간 능력이 한계를 가진다는 점에서 이 둘은 서로 일치할 수 없는 간극을 지니고 있다는 것도 분명하다. 그럼에도 불구하고 새롭게 제시되는 인간상이 또한 행복의 여지를 넓혀주었다는 것도 확실한 것 같다. 그런 의미에서 펠만의 『행복의 철학사』는 행복과 인간상사이의 긴장에서 형성되는 '행복의 이론과 실제'를 잘 포착하고 있다. 르네상스의 전인全人과 교양인教養人, 근대의 이성적 존재, 현대의 '결핍 존재'와 '자율적 인간으로서의 개인' 등이 바로 그러한 인간상의 사례이다.

3. 삶의 기예의 철학사

3.1. 고대와 중세의 삶의 기예

일반적으로 유럽세계에서 철학적 삶의 기예는 고대 그리스에서 출발한 것으로 간주한다. 거칠게 표현하면 고대의 전체 윤리학이 삶의 기예로서 등장한다고 할 수 있다.[4] 현대의 도덕철학이 일반적으로 규범의 정초를 목표로 하는 것과는 달리 확실히 고대 윤리학은 행복한 삶의 영위와 인격 형성을 목표로 한다. 즉 행복의 보장과 자기 돌봄이 목표이며, 이 목표를 달성하기 위해서는 실용적 사고와 기술적 능숙함 이상의 것, 즉 가치에 정위된 삶의 기예(그리스어: techne peri bion)가 요구된다. 이리하여 'Lebenskunst'를 단순히 '삶의 기술'로 번역할 수 없는 차원과 층위가 나타난다. 그러나 일반적으로 칸트의 표현처럼 '실천이성의 우위'라는 통찰이 헬레니즘의 철학에서 관철되었다는 것은 의심의 여지가 없다. 그러나 이 해석이 무난해 보이지만, 우리가 고대 철학의 개별 학파를 그 자체로 면밀히 고찰하면 삶의 기예의 이론적이고 실천적 요소들이 다르게 배치되어 있으며, 다른 강조점이 상이한 변종들을 야기했다는 것이 드러난다. 그러므로 고대 삶의 기예의 역사적 서술은 철학적 흐름들

---

4 P. Hadot, *Philosophie als Lebensform: Antike und moderne Exerzitien der Weisheit*, FfM 2002.

을 분리하여 고찰해야만 한다.[5]

일반적으로 인정할 수 있는 것은 이미 고대에서 오늘날의 개념에 상응하는 라틴어 'ars vivendi'가 사용되고 있었다는 점이다. 고대에서는 철학과 일상적 삶이 불가분의 관계를 유지하고 있었기 때문에 당연히 많은 윤리학 텍스트들은 현실 적용에 대한 실천적인 조건들을 담고 있다. 그리하여 실천적인 삶의 기예에 높은 위상이 부여된다. 여기서 학파에 따라 상이한 중심 개념들이 제시되는데, 예를 들면 행복eudaimonia, 자기 돌봄, 덕 그리고 금욕 등이었다. 종종 철학과 삶의 기예는 동일한 등급으로 설정되었는데, 이는 고대 철학 전체가 'ars vitae' 혹은 'ars bene vivendi', 즉 올바른 처신을 위한 전문지식으로 칭해졌기에 가능했다. 일차적으로 철학을 특징짓는 이러한 철학적(이론적) 태도에 대립하여 그 당시에 이미 대중적(실천적) 태도가 자리했는데, 이것은 의식적으로 인도된 삶의 요소들, 지도 그리고 실행에 대한 반성을 강조했다.

전해오는 바에 따르면 피타고라스(기원전 약 570-510)가 처음으로 올바른 처신의 문제를 다루었는데, 이것은 아마도 엄격한 의미에서 삶의 기예의 모델을 제시하지는 않는다. 오히려 피타고라스학파는 구체적

---

5 펠만은 비록 1970년대에 고대 덕윤리의 복권이 착수되었지만, 그것은 형식적인 것에 그쳤으며, 합리적 규범을 정초하는 윤리학에 대한 고대 덕윤리의 이점들에 가려서 (그 속에 포함된) 삶의 기예의 한계를 간과해서는 안 된다고 주장한다. 그에 따르면 고대의 삶의 기예는 현대의 규범 정초의 합리주의와 보편주의와의 비교해 볼 때만 결함을 드러내는 것이 아니다. 이 기예는 실제적 가치윤리학의 대안적 구상과의 비교에서도 학문적 합리성의 근대적 이해에서 더 이상 통용될 수 없는 형이상학적 입장과 결합되어 있다. 또한 경험적 관점에서도, 특히 심리학적·사회학적 전제들과 관련해서는, 고대의 삶의 기예는 전근대적 수준에서 전개되고 있다. 따라서 고대 윤리학과 현대 윤리학을 단순히 대립시키는 것을 피하는 대신 고대의 삶의 기예의 전체상像을 제시하는 것이 중요하다. 이 상은 역사적으로 차별화되고, 동시에 그러나 공통적 사고와 덕윤리의 상이한 형태들의 선도적 이념을 형성한다.

인 행동의 지침을 포함하고 있는 수많은 생활규칙들과 격언들을 발전시켰다.

많은 부분 대립적인 시각 차이에도 불구하고 소크라테스와 소피스트들은 철학과 삶의 기예는 동일시할 수 있다는 점에서, 또한 모든 인간의 인격은 이성적인 기초위에서 교육되어야 한다는 점에서 일치했다. 이런 연관에서 그들은 교육의 제공과 수사학에 큰 의미를 부여했다. 아리스토텔레스와 소크라테스의 제자인 플라톤도 계속해서 소크라테스의 견해를 추종했다. 플라톤은 철학을 또한 "영혼의 돌봄"으로 묘사했고, 그와 함께 삶의 기예에 대한 관계를 다시 수립했다. 아리스토텔레스는 실천적 처신보다는 이론적(관조적) 처신의 우위에 대한 연구에 몰두했었다.

헬레니즘의 철학 학파들(견유학파Kyniker, 퀴레네학파Kyrenaiker, 에피쿠로스학파Epikureer, 회의학파Skeptiker)과 스토아학파에서는 철학과 삶의 기예가 비록 외연이 일치하는 것은 아니지만 삶의 기예 자체의 모델로 풍부하게 주제화되었다. 스토아학파의 이상은 그 안에서 사람들이 보편적 법칙성을 탐구하고 지혜에 도달해야 하는 삶과 일치했다. 이 삶은 덕스러운 삶, 즉 자기의 강화로 이끄는 감정의 조절과 절제 있는 행동을 통해 도달할 수 있다. 이와는 반대로 에피쿠로스학파에 있어서는 삶의 기예가 주제화될 때에는 인간적인 공포와 고통으로부터 벗어나는 것이 관건이었다. 이 철학의 목표는 불쾌를 피하는 것이다. 그러나 쾌락의 추구는 조절되지 않은 상태로 진행되어서는 안 되며, 육체의 단련과 명상을 토대로 형성된 이성에 의해 인도되어야 한다.

플로티누스와 보에티우스 같은 철학자들이 제시하는 신플라톤적인 발상들(3-6 세기)을 제외하면 스토아철학자들은 오래기간동안 삶의 기예ars vivendi를 상세하게 다룬 최후의 철학자이다. 비록 중세에는 개별화된 통찰들이 존재했지만 16세기에 이르러서야 비로소 몽테뉴가 삶의 기예에 대한 글을 다시 작성하기 시작했다. 중세 말기까지의 기독교 시대에는 삶의 기예의 독자적 철학을 위한 체계적 장소가 존재하지 않았다. 원죄를 짊어지고 있는 피조물로서의 인간은 스스로 구원에 도달할 수 없다. 속세로서의 차안의 세계는 인간에게 지속적인 보금자리를 제공하지 않으며, 생활태도는 예비하지 못한 죽음에 대한 두려움을 통해 규정된다. 그래서 중세 후기에는 영원한 삶에 대한 준비로서 고유한 장르인 '죽음의 기술ars moriende'이 생겨났다. 삶과 죽음을 지배하는 종교의 교의는 물론 스콜라 철학이 철학적 삶의 기예의 발전에 지속적으로 영향을 끼쳤다는 것을 배제하지 않는다. 신의 선물로서의 삶과, 특히 신에 대한 인격적 관계에 종속되어 있는 인격존재는 고대 덕윤리의 한계를 넘어서는 새로운 형이상학의 영역을 창출했다. 기독교적 목적론을 통한 고대 목적론의 해체 그리고 창조주의 무한한 의지는 삶의 기예를 새로운 물음 앞에 서게 만들었다. 이 물음은 아타락시아Ataraxie와 아파테이아Apathie라는 헬레니즘의 사고형식으로는 더 이상 극복할 수 없는 것이었다.

3.2. 근대의 행복론: 칸트 윤리학의 한계와 그 극복

윤리학의 영역에서 칸트의 영향력은 엄청나지만, 삶의 기예에서 칸트의 입장은 결코 단순하지 않다. 임마누엘 칸트는 『실천이성비판』을 통해 도덕철학에서 패러다임의 교체를 성취했다. 이것은 도덕감 자체를 변화시켰다. 일반적으로 행위의 주체가 설정하는 주관적으로 타당한 행위 원칙의 자리에 누구도 벗어날 수 없는 보편타당한 도덕법칙이 등장한다. 또한 행복이 더 이상 최고선으로 설정되지 않기 때문에 행복 추구를 최고의 목표로 하는 철학적 삶의 기예는 철학체계에서 설자리가 없게 되었다. 그러나 펠만에 따르면 칸트에게서 도덕철학과 삶의 기예의 관계가 그렇게 단순한 것이 아니다. 일반적으로 정언명법이 도덕적 행위의 동기를 설명하지 못하고, 칸트의 윤리학이 순전히 형식적·논리적인 논증으로 이루어져 있기에 이런 관점에는 인간이 명법을 "생동적으로 선택하게" 만드는 정서적 명증성이 결여되어 있다고 평가된다. 그러나 주목해야할 사항은 칸트가 당연히 이 결함을 감지했고, "지성적 감정"으로서 법칙에 대한 존경이라는 개념을 통해 극복하려고 시도했다는 점이다. 그래서 도덕의 체계에서 추방된 삶의 기예가 뒷문을 통해 다시 들어오는 것, 심지어 실제로 추방되지 않았다는 것이다. 이런 배경에서 펠만은 어떤 형식에서 동기 물음이 칸트의 의무윤리학 '안에서in' 그리고 '이후에nach' 계승되는지를 해명하기 위해서는 17세기 삶의 기예의 전통에 대한 고찰이 매우 중요하다고 주장한다. 이 세기의 삶의 기예의 대표자들을 일반적으로 "도덕주의자"라고 불린다.

어쨌든 칸트의 윤리학적 형식주의는 인간을 감성 존재와 이성 존재로 분열시키는 결과를 초래했다. 이 형식주의는 행위자의 특수한 상황을 고려하지 않는 추상적 법칙들을 제시하기에 어떻게 행위자에게 동기를 부여하는가라는 물음은 여전히 대답이 유보되었다. 이 물음에 답하기 위해 19세기에 도덕철학의 체계들이 형성되었다. 이 체계들은 철학적 삶의 기예의 역사적 발전에 대한 서술에서 생략될 수 없다. 이 체계들은 "현명함 혹은 도덕성Klugheit oder Moralität"이라는 대안에 대한 오늘날의 논의에서도 나름의 역할을 수행하고 있다는 것이 펠만의 평가이다.

3.3. 근대에서 현대로: 심리학과 삶의 기예 그리고 푸코의 등장

20세기로의 전환기에 삶의 기예의 철학은 다양한 발상들을 경험하게 되는데, 그것은 일반적으로 '이성적 존재의 퇴조와 무의식과 감성의 부각'이라는 형식으로 파악될 수 있다.[6] 그러나 이 시기에 삶의 기예가 완전히 고갈되었다고 말한다면 올바른 평가가 아니라고 한다. 단지 철학이 아니라 프로이트(S. Freud)와 같은 심리학자들에 의해 삶의 기예가 집중적으로 다루어졌을 뿐이다. 물론 이러한 분리현상이 지속되었던 것은 아니다. 특히 현상학과 심리학의 접근이 이루어졌으며, 그 성과는 1920년대 실존철학에 반영되었다. 실존철학은 삶의 기예는 아니지만, 그 토대위에 20세기 후반부 삶의 기예의 철학이 새로운 결실을 맺을 수 있었다고 한다.

삶의 기예의 현대적 형식을 형성하는데 가장 큰 영향력을 발휘한 사상가는 의심의 여지없이 푸코이다. 철학적 삶의 기예는 1980년대 프랑스의 미셸 푸코(Michel Foucault)를 통해 놀라운 새로운 발상들을 경험했다. 푸코는 '고고학'이라 불리는 방법과 함께 사회를 지탱하는 지식의

[6] 당시 학술적 철학의 주요 흐름인 신칸트주의, 현상학 그리고 신실증주의는 심리학을 논리학으로 대체했고, 이러한 전조 아래에서 인식론과 학문이론에 관심을 집중했다. 이론 철학과 나란히 윤리학이 겸손한 두 번째 자리를 차지했다.

제도화된 형식을 발견한다. 마르크스주의 영향아래 억압 없는 사회의 유토피아에 매달리는 비판이론의 관점과는 달리 푸코는 현실감각이 있는 사회상像을 제시한다.[7] 푸코는 사회적 구조들을 지식의 관리에서 출발하는 권력관계로서 분석한다. 푸코가 인간 구금의 제도화된 형식들에서 증명하듯이 '소유로서의 권력'이 아니라 '구조로서의 권력'이 인간 삶의 모든 영역에 촘촘히 스며들어 있으며 확대 재생산된다. 이 형식들은 정상성의 판단 기준에서 벗어난 것이다. 특히 정신 의학은 인간을 치료하는 자신의 과제를 소홀히 했다는 푸코의 신랄한 비판은 비정상적인 개인과 사회에서 단지 위협으로만 경험되는 아웃사이더의 파괴에 대한 그의 염려를 인식하게 해준다. 지금까지 인간성을 내세우면서 사회의 중심적 규준으로 군림했던 관념론적 담론은 어떤 진리가 사회적으로 허용되는지를 결정하는 권력의 상황을 은폐하는데 기여한다는 비난에 직면한다.

지금까지 서술된 비판적 시각을 통해 푸코는 근본적인 발상의 전환을 요구한다. 구조로서의 권력에 의해 유지되는 사회 속에서 인간에게 행복과 연관해서 가능한 물음은 '내가 무엇을 행해야만 하는가?'가 아니라, '내가 어떻게 이 세상에서 내 자신에게 다가갈 수 있는가?'가 된다. 따라서 이제 관건이 되는 것은 합리적으로 논증되는 보편적 행위규범이 아니라, 구조라는 틀에서 벗어날 수 있는 생활형식이다. 여기서 '이론적' 철학은 '실천적' 삶의 기예로 바뀌게 되며, '지혜'는 미학적 창조성

7 펠만은 기본적인 입장 차이에도 불구하고 푸코가 제시하는 사회상이 비판이론의 아도르노(Theodor W. Adorno, 1903-1969)의 『부정의 변증법』과의 내적 유사성을 드러낸다고 지적한다.

으로 의미 부여된다.

3.4. 현대 사회와 행복론

푸코의 영향력에 대한 반작용도 나타나게 된다. 성에 관한 푸코의 인간학적 발상에 반해 예를 들면 신칸트학파의 전통에 서있는 강단철학자들은 행복과 도덕의 관계에 대한 전통적 물음에 초점을 맞추었다. 이들은 칸트처럼 도덕 원칙으로서의 행복 추구를 무조건적으로 거부하는 입장과, 자신의 행복을 도덕적으로 선한 삶에 수용하는 행복주의의 덕윤리 사이에서 하나의 해결책을 찾고자 시도했다. 이러한 과정에서 행복에 대한 고대적 관점이 단순히 복권되는 것은 아니지만, 새롭게 도래한 시대적·사회적 요청과 현실적 상황에서 용인가능한 행복의 모델을 찾으려고 하는 다양한 논의가 전개되었다. 당연히 행복에 대한 오늘날의 이해가 고대의 행복 개념과 일치하지 않으리라는 것은 분명하다. 자율적인 삶을 위해 투쟁하는 현대인의 특성에 맞게 탈근대적 행복개념은 현대인들이 상이한 역할을 수행하는 과정에서 자기정체성을 유지하면서도 소외되지 않게, 그러면서도 적극적인 삶을 추구할 수 있는 가능성 등을 고려해야만 한다.

펠만은 삶의 기예와 연관된 오늘날의 상황을 "자아발견의 행복을 위해 요청되는 기예는 배우俳優와 수공업자의 기예 사이에서 동요"라고 정의한다. 이제 어떤 행복개념이 현대의 인간상과 세계상에 상응하는가하는 물음이 제기된다. 행복개념은 훌륭한 삶에 관한 현대 윤리학을 위한 토대로서 그 유용성을 평가하는 개인심리학과 사회심리학의 통찰이라는 맥락에서 시험되었다. 펠만은 1980년대부터 급격히 증가추세를 보이는 행복의 주제를 다룬 다수 문헌 중에서 세 명의 독일어를 사용하는 작가를 선택했다. 이들은 강력하게 체계적으로 논증하고 삶의 기예의 철학과의 연결을 도모한다. 그들은 젤(Martin Seel), 토매(Dieter Thomä) 그리고 비른바허(Dieter Birnbach)이다. 이들은 각각 '형식적인 의미에서의 행복', '현대적인 의미에서의 행복' 그리고 '주관적인 의미에서의 행복'이라는 관점에서 행복론을 전개한다.

4. 삶의 기예와 새로운 과제들

4.1. 삶의 기예와 상호문화철학

펠만의 서술에서 눈에 띄는 점은 자신의 논의에 새롭게 등장하거나 구축된 세계의 변화를 포함시킨다는 것이다. 그것은 바로 지구화와 다문화 사회이다. 따라서 이런 시대에 삶의 기예의 철학을 유럽, 혹은 서구 전통의 윤리학에만 제한할 수 없다는 것은 자명하다. 이런 배경에서 유럽외의 생활형식들과 세계관들이 점점 더 진지하게 받아들여야만 하는 대안으로서 등장한다는 것은 자연스러운 흐름이다. 이 대안은 새로운 현실에 적용되기 위해서는 집중적 토론이 필요하며, 이를 통해 서구적 방식과의 생산적인 종합이 가능하게 한다. '이론적인 차원'에서는 이미 문화 상호간의 대화는 상당히 진행된 반면, '실천적인 차원'에서는 아직 해소되어야 할 구체적인 문제들이 많이 존재한다. 그리하여 펠만은 상호문화철학이 더 시급하고 어려운 곳은 공동생활의 실천이 관건이 되는 곳이라고 주장한다. 그러나 상호문화철학은 근본적으로 극복될 수 없는 '차이'를 전제로 하고 있다는 점도 분명히 인식되어야 한다.

4.2. 삶의 기예의 미래적 전망

지금까지의 역사적 고찰을 토대로 펠만은 미래에 제시될 삶의 기예의 철학의 용모에 대한 물음을 던지는데, 그는 이것이 '순전히 관념적 물음'이 아니라, 바로 하나의 '운명적 물음'이라고 규정한다. 이것은 우리가 어떤 상황에서 삶을 영위하게 될 것인가라는 우리 시대의 자기 이해와 연관된다. 탈근대적 세계에서 주관의 자율은 자기선택적 삶의 다양한 측면을 포괄하는 '대중개인주의'로 발전되었다. '삶의 자기 조직화'라는 프로젝트는 개인을 그의 가치평가와 결정에서 전적으로 그의 삶의 감정에 내맡긴다. 1990년대 울리히 벡이 "다른 현대로의 길Weg in eine andere Moderne"로 표방하는 탈전통적이며 해방적인 의식은 이런 개인의 주관화를 잘 드러내고 있다. '나의 길', '나의 자아', '나의 시간' 등으로 묘사되는 이러한 삶의 형식들은 일반적으로 타당한 규범을 속박과 소외의 원인으로 간주한다. 심지어 최고선으로서의 행복은 급진적 주관화를 참작할 때 매력을 잃었다.

그러나 개인화의 논제는 '매력적인 순기능'과 '부담되는 역기능'을 동시에 가진다. 개인화의 '대가'는 이 논제를 구체적 생활형식으로 전환시키는 것은 활동의 자유에서의 이익을 축소시키는 개인들의 도덕적 능력을 요구한다는 점이다. 공동체의 구성원에게 확고한 방향설정의 역할을 수행했던 전통적 가치 규준들이 해체된다는 것은 이제 개인 스스로가 삶의 가치와 의미에 대한 물음에 대해 답해야만 한다는 것을 의미한다. 그러나 개인화의 귀결은 대체적으로 긍정적인 것으로, 예컨대 '진정으로authentisch 살라!'와 같은 슬로건에서 잘 드러난다.

펠만은 개인화의 경향과 더불어 삶의 기예에 대한 서적에서 규범윤리에서 벗어나 문화과학으로 나아가는 새로운 추세가 표현된다고 포착한다. 여기에서는 규범의 제시가 아니라 다양한 관점(사회학적 혹은 심리학적 범주 등)에서 개별적 삶의 영역들이 서술이 중심적 의미를 획득한다. 이런 흐름의 배후에는 '삶이 자신의 고유한 증명'이라는 숙고가 자리하고 있다. 그래서 문화과학의 담론에서는 삶과 삶의 기예가 서로 뒤섞여 나아간다. 그리하여 서로 대립적인 관계에서 새로운 삶의 창조를 추구하는 노력들이 존재한다: "사람들이 말하는 것처럼 존재하려는 것, 그리고 사람들이 그렇지 않은 것처럼 말하려는 것so zu sein, wie man redet, und so zu reden, wie man nicht ist". 그러나 펠만은 이러한 현상이 공동체적 삶의 결속을 극단적으로 해체할 수도 있다는 우려를 완곡하게 표현한다.

5. 철학적 삶의 기예의 전형과 현대에서의 재발견

펠만이 제시하는 삶의 기예의 범례적 텍스트는 고대 덕윤리의 거장들이며, 그들의 중심 개념은 보편타당한 행복개념이다. 이 개념에는 대체로 극단사이의 중간자로서의 특정한 가치가 주어진다. 또한 삶의 기예의 대상으로서의 행복은 헬레니즘의 행복주의를 특징짓고 있는데, 헬레니즘은 에피쿠로스에서 로마의 스토아학파의 일원인 세네카까지 그 범위가 광범위하다. 예를 들면 세네카는 삶의 행복을 인간적 정념의 관점에서 조명하고 있다. 세네카는 풍부한 삶의 경험을 가치태도와 결합시키는데, 이 태도가 자기인식의 실천적 형식이다. 삶의 기예가 20세기의 마지막 십년 동안 철학으로 확립되기 까지는 고대 삶의 기예의 재발견, 덕윤리로부터 당위윤리의 분리 그리고 덕윤리의 복권이라는 굴곡진 역사가 선행되었다. 펠만은 독일에는 한스 크래머(Hans Krämer)와 빌헬름 슈미트(Wilhelm Schmid)라는 두 명의 저명한 대표자를 언급한다. 크래머는 삶의 기예의 철학이라는 개념을 최초로 사용했으며, 이 개념을 슈미트가 동명의 책에서 마침내 유명하게 만들었다고 한다. 슈미트는 전통적인 덕윤리에서는 불충분하게 노출된 충동적인 삶의 영역에로 자기 돌봄의 방향을 돌린 푸코에 접목해서 자신의 관점을 형성한다. 이러한 발상은 엄청난 성과를 만들어 냈으며 슈미트는 쥬어캄프-문화Suhrkamp-Kultur의 내부에서 고유한 전문분야로서 삶의 기예를 확립했다. 한편으로는 대중적인 상담서적에 반하여, 다른 한편으로는 학문적인 각 분야의 윤리학에 반하여 철학적인 삶의 기예의 텍스트를 사회에 적절한 형식으로 제시할 수 있었던 것은 크래머와 슈미트의 공로이다. 이런 과정을 거쳐 그 반성수준이 덕윤리의 고대 거장들에게 필적할 만한, 자신의 전제들을 반성하는 실천적인 분과가 생겨났다.

5.1. 철학적 삶의 기예의 선결과제

펠만에 따르면 삶의 기예의 철학을 소개하는 책은 기본적으로 먼저 세 가지 물음을 해명해야만 한다. 첫째, '삶의 기예의 철학이 도대체 무엇인가'하는 것이다. 이 물음이 정당한 이유는 원리의 학문으로서의 철학이 실용적으로 처신Lebensführung을 위해 제공된 지침들과 조화를 이룬다는 것은 일견 모순처럼 보이기 때문이다. 둘째, '그러한 철학의 존재를 전제한다면 그것이 과연 무엇을 위해 좋은 것인가'하는 것이다. 셋째, '삶의 기예에 관한 텍스트를 학문적으로 다루는 것은 어떤 형태를 취하는 가'라는 것이다. 삶의 기예에서는 일차적으로 실천적 목표를 달성하는 것이 중요하므로 텍스트를 순전히 내재적으로 해석하는 것만으로는 분명 불충분할 것이다. 오히려 체계적 개념들이 자신의 실천적 중요성을 인식하게 만드는 맥락을 고려하는 어떤 방법을 찾아내야만 할 것이다.

펠만은 이 책에서 역사적 접근과 체계적 접근을 병행한다. 따라서 그는 특정한 주제에 관한 입문을 제공하기 위해서는 삶의 기예를 다룬 철학사를 전개하기에 앞서 먼저 이 철학의 학문 이론적 위상이 명백히 확립되어야 한다고 주장한다. 삶의 기예가 보여주는 역사적 변천 자체가 취약한 학문적 위상의 원인을 제공하고 있기 때문이다.[8]

삶의 기예의 철학이 하나의 학문적 지위를 획득하기 위해서는 적어도 그것이 제공하는 지식이 정당화될 수 있는 근거를 가져야만 한다. 그러나 이론적 지식 보다는 실천적 지혜를 더 강조하는 입장에서 "정당화된, 참된 믿음"과 같은 고전적 정의는 더 이상 적절하지 못한 것처럼 보인다. 또한 '자연주의적 오류'가 가리키듯이 도덕규범이 자연법칙의 표

---

[8] 서양의 고대 세계에서는 삶의 기예(techne tou biou)가 덕윤리에 속했지만 합리적 규범의 논증으로서의 도덕철학에 대한 근대적 이해와 더불어 삶의 기예는 자신의 지위를 상실하게 되었다. 그러나 논증을 중심으로 하는 형식주의의 한계와 더불어 삶의 기예는 다시 경험적 심리학과 정신치료에 속한 것으로 분류되었다. 이로부터 20세기 후반에는 대중적인 상담자의 삶의 기예가 성장하게 된다. 그러나 현재 진행되고 있는 "삶의 기예의 철학"은 아직 확고한 학문적 위상을 확보하지 못하고 경험적 처세술(Lebenstechnik)과 규범적 윤리의 융합, 즉 그 논리적 지위가 매우 애매한 하나의 종합으로 이해된다.

본에 따라 타당한 것이 아니라는 점도 고려되어야 한다. 이러한 배경에서 펠만은 인간을 특정한 태도방식으로 이끌고, 그의 도덕적 판단력을 요청할 수 있는 실천적 의도에서의 방향설정을 위한 본보기가 중요하다고 주장한다. 그러므로 본보기가 이론적 차원에서 객관적인 것이 아니라 실천적 결단의 인격적 차원과 결합될 수 있기 위해서는 인간의 '자기성찰과 자기규정에 대한 서술'이 근본적인 중요성을 지니게 된다. 여기서 펠만은 "지식의 상이한 형식들을 자기 안에 통일시키는 규범성을 지닌 자기창조자"에 대해 언급한다.

참 고 문 헌 Literaturverzeichnis

Einleitung: Philosophie der Lebenskunst - Was? Wozu? Wie?

Bayertz, K., Warum überhaupt moralisch sein?, München 2006.

Bender, W., Ethische Urteilsbildung, Stuttgart/Berlin/Köln/Mainz 1988.

Breisbart, C., Lebenskunst - Eine Herausforderung für die moderne Moralphilosophie?, in: C. Sommerfeld-Lethen (Hg.), Lebenskunst und Moral. Gegensätze und konvergierende Ziele, Berlin 2004, S. 101-130.

Brenner, A./Zirfas, J., Lexikon der Lebenskunst, Leipzig 2002.

Caysa, V., Aktuelle deutschsprachige Konzeptionen einer Philosophie der Lebenskunst. Ein Bericht, in: Dialektik, Zeitschrift für Kulturphilosophie, 2/2000, S. 161-172.

Certeau, M. de, Die Kunst des Handelns, Berlin 1988.

Ebbermeyer, S./Kessler, E. (Hg.), Ethik - Wissenschaft oder Lebenskunst? - Modelle der Normenbegründung von der Antike bis zur Frühen Neuzeit, Berlin 2007.

Fellmann, F., Die Angst des Ethiklehrers vor der Klasse. Ist Moral lehrbar?, Stuttgart 2000.

Friesen, H./ Berr, K. (Hg.), Angewandte Ethik im Spannungsfeld von Begründung und Anwendung, Frankfurt/M. 2004.

Grün, A./Lichtenauer, A., Das Buch der Lebenskunst, Freiburg 2006.

Höffe, O., Lebenskunst und Moral: oder macht Tugend glücklich?, München 2007.

Hossenfelder, M., Gibt es eine Lebenskunst?, in: Friesen, H./ Berr, K. (Hg.), Angewandte Ethik im Spannungsfeld von Begründung und Anwendung, Frankfurt/M. 2004, S. 383-404.

Krämer, H., Plädoyer für eine Philosophie der Lebenskunst, in: Information Philosophie, Heft 3,

1988, S. 5-17.

Krämer, H., Integrative Ethik, Frankfurt/M. 1992.

Larmore, Ch., Strukturen moralischer Komplexität, Stuttgart/Weimar 1995.

Marten, R., Lebenskunst, München 1993.

Martens, E., Zwischen Gut und Böse. Elementare Fragen angewandter Philosophie, Stuttgart 1997.

Pauer-Studer, H., Einführung in die Ethik, Wien 2003.

Schmid, W., Schönes Leben? Einführung in die Lebenskunst, Frankfurt/M. 2000.

Sommerfeld-Lethen, C. (Hg.), Lebenskunst und Moral. Cegensätze und konvergierende Ziele, Berlin 2004.

Werle, J.M., Klassiker der philosophischen Lebenskunst. Von der Antikbis zur Gegenwart, München 2000.

Tugendhat, E., Probleme der Ethik, Stuttgart 1984.

Zimmer, R. (Hg.), Glück und Lebenskunst, Aufklärung und Kritik, Sonderheft, Nürnberg 14/2008.

1. Der Ort der Lebenskunst im System der Philosophie

Heidegger, M., Sein und Zeit, Tübingen 1953 (Einzelausgabe, 7. Aufl.).

Heidegger, M., Gesamtausgabe, Frankfurt/M. 1978ff. (GA).

Husserl, E., Logische Untersuchungen, Bd. 1, Prolegomena zur reine Logik, Tübingen 1968.

McIntyre, A., Der Verlust der Tugend. Zur moralischen Krise der Gegenwart, Frankfurt/M. 1995.

Patzig, G., Art. Logik, in: Fischer-Lexikon Philosophie, Frankfurt/M. 1958

Rinofner-Kreidl, S., 》Das Leben selbst sagen lassen《 : das Berliner Mode einer lebensphänomenologisch fundierten Psychotherapie, in: Phänomenologische Forschungen, Hamburg 2007, S. 193-217.

Scheler, M., Der Formalismus in der Ethik und die materiale Wertethil Bern 1980.

Taylor, Ch., Quellen des Selbst. Die Entstehung der neuzeitlichen Identität, Frankfurt/M. 1996.

2. Hellenistischer Individualismus: Von der Eudämonie zum Hedonismu

Aristoteles, Nikomachische Ethik, übers. v. O. Gigon, hg. v. M. Fuhmann, München 1992.

Epiktet, Handbüchlein der Ethik, übers. v. E. Neitzke, Stuttgart 1977.

Epikur, Von der Überwindung der Furcht - Katechismus, Lehrbrief Spruchsammlung, Fragmente. übers. v. O. Gigon, Zürich/München 194

Hadot, P., Wege zur Weisheit - oder Was lehrt uns die antike Philosophie?, Frankfurt/M. 1999.

Horn, Ch., Antike Lebenskunst. Glück und Moral von Sokrates bis zu den Neuplatonikern, München 1998.

Hossenfelder, M., Der Epikureismus - eine Wissenschaft der Lebenskunst, in: Ebbersmeyer, S./Kessler, E. (Hg.), Ethik - Wissenschaft oder Lebenskunst?, Berlin 2007, S. 41-50.

Hossenfelder, M., Die Philosophie der Antike 3. Stoa, Epikureismus und Skepsis, München 1985.

Luckner, A., Klugheit, Berlin 2005.

Nehamas, A., The Art of Living. Socratic Reflections from Plato to Foucault, Berkeley u.a. 1998.

Platon, Sämtliche Werke, 4 Bände, Reinbek bei Hamburg 1994.

Schälike, J., Willensschwäche und Selbsttäuschung. Über die Rationalität des Irrationalen und das Verhältnis von Motivation und Evaluation, in: Deutsche Zeitschrift für Philosophie, 52/2004, S. 362-380.

Sellars, J., The Art of Living. The Stoics on the Nature and Function of Philosophy, Aldershot/Burlington 2003.

Seneca, Vom glückseligen Leben. Auswahl aus seinen Schriften, hg. v. H. Schmidt, Stuttgart 1978.

Sextus Empiricus, Grundriß der pyrrhonischen Skepsis, übers. v. M. Hossenfelder, Frankfurt/M. 1968.

Snell, B., Leben und Meinungen der Sieben Weisen, München 1948.

Vogt, K., Gibt es eine Lebenskunst? Politische Philosophie in der frühen Stoa und skeptische Kritik, in: Zeitschrift für philosophische Forschung, Bd. 59, 2005, S. 1-21.

Wendland, P., Die hellenistisch-römische Kultur in ihren Beziehungen zum Judentum und Christentum, 4. Aufl., Tübingen 1972.

3. Die Wiederentdeckung der Lebenskunst im Humanismus der Renaissance

Alberti, L.B., Vom Hauswesen, übers. v. W. Kraus, München 1986.

Boethius, Trost der Philosophie, übers. v. K. Büchner, Stuttgart 1976.

Castiglione, B., Das Buch vom Hofmann, übers. v. F. Baumgart. München 1986.

Dilthey, W., Gesammelte Schriften, hg. v. B. Groethuysen, G. Misch u. a., Stuttgart/Göttingen 1975 ff. (GS).

Guicciardini, Fr., Vom politischen und bürgerlichen Leben. »Ricordi«, übers. v. K.J. Partsch, Berlin 1942.

Krüger, H.-P., Gehirn, Verhalten und Zeit. Philosophische Anthropologie als Lebenspolitik, Berlin 2008.

Machiavelli, Der Fürst, übers. v. R. Zorn, Stuttgart 1978.

Marc Aurel, Selbstbetrachtungen, übers. v. W. Capelle, Stuttgart 1973.

Montaigne, M. de, Essais, übers. v. H. Stilett, Frankfurt/M. 1998.

Pico della Mirandola, G., Über die Würde des Menschen, Hamburg 1990.

Skinner, Q., Niccolò Machiavelli zur Einführung, 5. Aufl., Hamburg 2008.

Thomas v. Aquin, Summa theologica.

4. Von den Moralisten zu Kants Trennung von Ethik und Lebenskunst

Gracian, Handorakel und Kunst der Weltklugheit, übers. v. A. Schopenhauer, Stuttgart 1951.

Hinske, N., Kant als Herausforderung an die Gegenwart, Freiburg/München 1980.

Kant, I., Werke, Akademie Textausgabe, Berlin 1968 (Akad. Ausg.).

Knigge, A. Freiherr, Über den Umgang mit Menschen, Leipzig 1975.

La Rochefoucauld, Maximen und Reflexionen, übers. v. J. v. Stackelberg München 1987.

Moritz, K. Ph., Anton Reiser. Ein psychologischer Roman, Frankfurt/M 1979.

Moritz, K. Ph., Gnothi seauton oder Magazin zur Erfahrungsseelenkunde in: ders., Schriften, hg. von P. u. U. Nettelbeck, Bd. 1-10, Nördlingen 1986.

Requadt, P., Lichtenberg. Zum Problem der deutschen Aphoristik, Hameln 1948.

Shaftesbury, Earl of, Der gesellige Enthusiast. Philosophische Essays(Untersuchung über die Tugend, Die Moralisten u. a.), hg. v. K.-H. Schwabe, München 1990.

Sommerfeld-Lethen, C., Wie moralisch werden? Kants moralistische Ethik Freiburg/München 2005.

Zimmer, R., Die europäischen Moralisten zur Einführung, Hamburg 1999.

5. Moralpsychologie und Lebenskunstlehre im 19. Jahrhundert

Carus, C.G., Die Lebenskunst nach den Inschriften des Tempels zu Delphi, hg. v. K. Boegner, Stuttgart 1968.

Gay, P., Die Macht des Herzens. Das 19. Jahrhundert und die Erforschung des Ich, München 1999.

Hegel, G.W.F., Phänomenologie des Geistes, Stuttgart 1996.

Mill, J. St., Der Utilitarismus, übers. v. D. Birnbacher, Stuttgart 1985.

Nietzsche, F., Sämtliche Werke, Kritische Studienausgabe, 15 Bände, hg. v. G. Colli und M. Montinari, München 1988(KSA).

Sachs-Hombach, K., Philosophische Psychologie im 19. Jahrhundert. Entstehung und Problemgeschichte, Freiburg/München 1993.

Schopenhauer, A., Sämtliche Werke, 5 Bände, hg. v. W. von Löhneysen, Frankfurt/M. 1986.

Siep, L., Anerkennung in der »Phänomenologie des Geistes« und in der praktischen Philosophie der Gegenwart, in: Information Philosophie, 1/2008, S. 7-19.

6. Vom Sinn des Lebens zur Kunst des Liebens

Adler, A., Der Sinn des Lebens, Frankfurt /M. 1973

Buer, F., Morenos therapeutische Philosophie. Die Grundideen von Psychodrama und Soziometrie, Opladen 1991.

Buer, F./Schmidt-Lellek, Chr., Life-Coaching. Über Sinn, Glück und Verantwortung in der Arbeit, Göttingen 2008.

Erikson, E.H., Dimensionen einer neuen Identität, Frankfurt/M. 1975.

Frankl, V.E., Das Leiden am sinnlosen Leben. Psychotherapie für heute, Freiburg 1977.

Freud, S., Das Unbehagen in der Kultur, in: Ges. Werke, Bd. ⅩⅣ, S. 419-506.

Fromm, E., Haben oder Sein. Die seelischen Grundlagen einer neuen Gesellschaft, München 1976.

Fromm. E., Die Kunst des Liebens, München 2001.

Kohut, H., Die Heilung des Selbst, Franfurt/M. 1981.

Laing, R., Das geteilte Selbst, Reinbek bei Hamburg 1976.

Längle, A., Wertbegegnung, Phänomene und methodische Zugänge, Wien

Moreno,J.L., Gruppenpsychotherapie und Psychodrama, Stuttgart 1973. München 2005.

Wittgenstein, L., Schriften, Werkausgabe, Franfurt/M. 1989.

7. Selbstsorge im Garten der Lüste

Becker, H., u.a. (Hg.), Michel Foucault - Freiheit und Selbstsorge, Frankfurt/M. 1993.

Butler, J., Kritik der ethischen Gewalt, Frankfurt/M. 2007.

Fasshauer, U., Emotionale Leistungsfähigkeit - vom »Erkenne dich selbst! « zum »Erfinde dich selbst!«, in: Neue Sammlung, Vierteljahres-Zeitschrift für Erziehung und Gesellschaft, Becker, G.(Hg.), 39. Jg., Heft 4, 1999 S. 543-561.

Foucault, M., Der Wille zum Wissen. Sexualität und Wahrheit 1, Frankfurt/M. 1977.

Foucault, M., Der Gebrauch der Lüste. Sexualität und Wahrheit 2, Frankfurt/M. 1989.

Foucault, M., Die Sorge um sich. Sexualität und Wahrheit 3, Frankfurt/M. 1989.

Foucault, M., Von der Freundschaft - Michel Foucault im Gespräch, Berlin o.J.

Hadot, P., Philosophie als Lebensform. Antike und moderne Exerzitien der Weisheit, Frankfurt/M. 2002.

Hügli, A., Kümmere dich um dich selbst - eine nicht nur pädagogische Forderung und ihre Bedeutung für die Pädagogik, in: Existenzanalyse 2/2007, S. 76-81.

Kersting, W./Langbehn, C. (Hg.), Kritik der Lebenskunst, Frankfurt/M. 2007.

Rolf, Th., Normale Selbstverwirklichung. Über Lebenskunst und Existenzästhetik, in: Kritik der Lebenskunst, hg. v. W. Kersting u. C. Langbehn, Frankfurt/M. 2007, S. 315-341.

Rorty, R., Kontingenz, Ironie und Solidarität, Frankfurt/M. 1992.

Sarasin, Ph., Michel Foucault zur Einführung, 3. Aufl., Hamburg 2008.

Schmid, W., Die Geburt der Philosophie im Garten der Lüste. Miche Foucaults Archäologie des platonischen Eros. Frankfurt/M. 1994.

Schmid, W., Philosophie der Lebenskunst - Eine Grundlegung, Frankfurt/M. 1998.

Schmid, W. (Hg.), Leben und Lebenskunst am Beginn des 21. Jahrhunderts, München 2005.

Shusterman, R., Kunst leben. Die Ästhetik des Pragmatismus, Frankfurt/M. 1994.

Shusterman, R., Philosophie als Lebenspraxis, Berlin 2001.

8. Philosophie des Glücks im Überfluss

Birnbacher, D., Philosophie des Glücks, in: Information Philosophie, 1/2006, S. 7-22.

Engelhardt, P., Glück und geglücktes Leben, Mainz 1985.

Jean Paul, Leben des Quintus Fixlein, Stuttgart 1972.

Keltner, D., Born to be Good. The Science of Meaningful Life, New York 2009.

Krämer, H., Was leistet die Glücksethik?, in: Deutsche Zeitschrift für Philosophie 4/2000, S. 565-577.

Musil, R., Der Mann ohne Eigenschaften, Reinbek bei Hamburg 1952.

Seel, M., Versuch über die Form des Glücks, Frankfurt/M. 1995

Simmel, G., Das individuelle Gesetz. Philosophische Exkurse, hg. v. M. Landmann, Frankfurt/M. 1968.

Thomä, D., Vom Glück in der Moderne, Frankfurt/M. 2003.

Thomä, D., Erzähle dich selbst. Lebensgeschichte als philosophisches Problem, München 1998.

9. Interkulturelle Philosophie der Lebenskunst

Dalai Lama, Logik der Liebe: Aus den Lehren des tibetischen Buddhismus für den Westen, München 1998.

Eucken, R., Das Lebensproblem in China und in Europa, Leipzig 1922.

Gu, X., Konfuzius zur Einführung, 3. Aufl., Hamburg 2008.

Habermas, J., Die Einheit der Vernunft in der Vielheit ihrer Stimmen, in: Nachmetaphysisches Denken. Philosophische Aufsätze. Frankfurt/M.

Herrigel, E., Zen in der Kunst des Bogenschießens, Bern 1948.

Kama Sutra, übers. v. H.-H. Wellmann, Stuttgart 1996.

Kimmerle, H./Sandkühler H. J./Stenger, G., Was leistet interkulturelle Philosophie?, in: Information Philosophie 4/2007, S. 30-37.

Konfuzius, Gespräche, übers. v. R. Wilhelm, Jena 1923.

Laotse, Vom Sinn und Leben, übers. v. R. Wilhelm, Jena 1921.

Münnix, G., Zum Ethos der Pluralität. Postmoderne und Multiperspektivität als Programm, Münster 2004.

Nagl-Docekal, H./Pauer-Studer, H. (Hg.), Jenseits der Geschlechtermoral. Beiträge zur feministischen Ethik, Frankfurt/M. 1993.

Sun Tsu, Über die Kriegskunst, über. von Pat Lauer, Wiesbaden 2005.

Waldenfels, B./Därmann, I., Der Anspruch des Anderen. Perspektiven phänomenologischer

Ethik, München 1998.

Waldenfels, B., Fremdheit, Gastfreundschaft und Feindschaft, in: Information Philosophie 5/2006, S. 7-17.

Welsch, W., Transkulturalität. Lebensformen nach der Auflösung der Kulturen, in: Information Philosophie 2/1992, S. 8-20.

Wihelm, R., Chinesische Philosophie. Eine Einführung, Wiesbaden 2007.

10. Konvergenz von Lebenskunst und Lebensphilosophie

Arendt, H., Vita activa oder Vom tätigen Leben, München 1960.

Angehrn, E. u.a. (Hg.), Dialektischer Negativismus. Michael Theunissen zum 60. Geburtstag, Frankfurt/M. 1992.

Augustinus, Confessiones/Bekenntnisse, übers. v. J. Bernhart, Frankfurt/M. 1987.

Bergson, H., Zeit und Freiheit, Frankfurt/M. 1998.

Fellmann, F., Lebensphilosophie. Elemente einer Theorie der Selbsterfahrung, Reinbek bei Hamburg 1993.

Bieri, P., Zeit und Zeiterfahrung. Exposition eines Problembereichs, Frankfurt/M. 1972.

Blumenberg, H., Lebenszeit und Weltzeit, Frankfurt/M. 1986.

Forum für Philosophie Bad Homburg (Hg.), Zeiterfahrung und Personalität, Frankfurt/M. 1992.

Hundeck. M.. Welt und Zeit. Würzburg 2000.

Kiein, O. G., Zeit als Lebenskunst, Berlin 2007.

Lübbe, H., Zeit-Verhältnisse. Zur Kulturphilosophie des Fortschritts, Graz 1983.

Minkowski, E., Die gelebte Zeit, 2 Bde., Salzburg 1971/72.

Stoellger, Ph. (Hg.), Zeit geben, Hermeneutische Blätter 1/2, Zürich 2006.

Theunissen, M., Negative Theologie der Zeit, Frankfurt/M. 1991.

Tillich, P., Der Mut zum Sein, Berlin 1991.

Whitehead, A.N., Kulturelle Symbolisierung, Frankfurt/M. 2000.

한국전쟁 이야기 집성 1

- 이것이 전쟁이다 -

신동흔 김경섭 김귀옥 김명수 김명자
김민수 김정은 김종군 김진환 김효실
남경우 박경열 박샘이 박현숙 박혜진
심우장 오정미 유효철 이부희 이승민
이원영 정진아 조홍윤 한상효 황승업